RITUAIS FAMILIARES AOS
SAGRADOS
ORIXÁS

CRIS EGÍDIO
E LURDES DE CAMPOS VIEIRA

RITUAIS FAMILIARES AOS
SAGRADOS
ORIXÁS

MADRAS®

© 2017, Madras Editora Ltda.

Editor:
Wagner Veneziani Costa

Produção e Capa:
Equipe Técnica Madras

Revisão:
Jerônimo Feitosa
Maria Cristina Scompanini
Ana Paula Luccisano

Dados Internacionais de Catalogação na Publicação (CIP)
(Câmara Brasileira do Livro, SP, Brasil)

Egidio, Cris
    Rituais Familiares aos Sagrados Orixás / Cris Egidio e Lurdes de Campos Vieira. -- São Paulo : Madras, 2017.
    ISBN: 978-85-370-1069-3
    1. Cultos afro-brasileiros 2. Deuses afrobrasileiros 3. Espiritualidade 4. Mediunidade 5. Religiões afro-brasileiras 6. Orixás 7. Umbanda (Culto) I. Vieira, Lurdes de Campos. II. Título.
    17-04859   CDD-299.63

Índices para catálogo sistemático:
1. Orixás : Deuses : Religião de origem africana
299.63

É proibida a reprodução total ou parcial desta obra, de qualquer forma ou por qualquer meio eletrônico, mecânico, inclusive por meio de processos xerográficos, incluindo ainda o uso da internet, sem a permissão expressa da Madras Editora, na pessoa de seu editor (Lei nº 9.610, de 19/2/1998).

Todos os direitos desta edição reservados pela

MADRAS EDITORA LTDA.
Rua Paulo Gonçalves, 88 – Santana
CEP: 02403-020 – São Paulo/SP
Caixa Postal: 12183 – CEP: 02013-970
Tel.: (11) 2281-5555 – Fax: (11) 2959-3090
www.madras.com.br

AGRADECIMENTOS

Somos imensamente gratas ao Caboclo Arranca Toco, que, por meio do seu médium, Pai Rubens Saraceni, quando ainda encarnado, nos delegou a tarefa que ora apresentamos sob a forma de livro. Nele, procuramos expressar as nossas almas e oxalá tenhamos cumprido com honra o que nos foi veementemente solicitado pelo Caboclo.

Agradecemos também ao web designer Bernard Castilho, ilustrador da presente obra.

ÍNDICE

I – Apresentação 9
II – Deus e Suas Divindades 12
III – Orixás: Tronos de Deus 13
IV – Centelha Divina: a Presença do Criador em Nós 19
V – Ritual de Umbanda: Via Evolucionista 22
VI – Formas de Cultuar os Orixás 26
VII – A Importância do Culto Familiar 30
VIII – Como Cultuar em Família 33
IX – Culto Familiar ao Divino Criador Olorum 53
X – Culto Familiar à Divindade Masculina da Fé: o
Divino Pai Oxalá 62
XI – Culto Familiar à Divindade Feminina da Fé: a Divina
Mãe Logunã 73
XII – Culto Familiar à Divindade Feminina do Amor: a
Divina Mãe Oxum 84
XIII – Culto Familiar à Divindade Masculina do Amor: o
Divino Pai Oxumarê 95
XIV – Culto Familiar à Divindade Masculina do
Conhecimento: o Divino Pai Oxóssi 106
XV – Culto Familiar à Divindade Feminina do
Conhecimento: a Divina Mãe Obá 118
XVI – Culto Familiar à Divindade Masculina da Justiça:
o Divino Pai Xangô 128
XVII – Culto Familiar à Divindade Feminina da Justiça:
a Divina Mãe Oroiná 140

XVIII - Culto Familiar à Divindade Masculina da Lei:
o Divino Pai Ogum 152
XIX - Culto Familiar à Divindade Feminina da Lei:
a Divina Mãe Iansã 163
XX - Culto Familiar à Divindade Masculina da Evolução:
o Divino Pai Obaluaiê 174
XXI - Culto Familiar à Divindade Feminina da Evolução:
a Divina Mãe Nanã 184
XXII - Culto Familiar à Divindade Feminina da Geração:
a Divina Mãe Iemanjá 194
XXIII - Culto Familiar à Divindade Masculina da Geração:
o Divino Pai Omolu 205
XXIV - Culto Familiar à Divindade da Vitalidade: o
Divino Orixá Exu 218
XXV - Culto Familiar à Divindade do Desejo e do
Estímulo: a Divina Orixá Pombagira 231
XXVI - Culto Familiar à Divindade das Intenções: o
Divino Orixá Exu-Mirim 242
XXVII - Culto Familiar à Divindade dos Interesses: a
Divina Orixá Pombagira-Mirim 253
XXVIII - Considerações Finais 264
Bibliografia 269

I – APRESENTAÇÃO

Umbandistas, vamos juntos pensar e repensar a forma de apresentação da Umbanda, para que ela possa ser vista como uma religião, no sentido amplo da palavra...!

Rubens Saraceni, *Os Arquétipos da Umbanda*

Esta obra surgiu a partir das preocupações e alertas apresentados por nosso Pai Espiritual, mestre Rubens Saraceni, e o Caboclo que lhe dava assistência, a quem ele carinhosamente chamava de Pai Arranca Toco, transparecidos em conversas e em diversas de suas obras.

No livro *Os Arquétipos da Umbanda*,* referindo-se aos Orixás, ele diz: "não será ensinando que basta oferendá-los para que nos ajudem, pois estaremos estimulando o toma lá dá cá"... "Um ato mágico de suma importância e de grandes responsabilidades fica resumido a uma troca".

E continua: "até quando o culto aos Orixás ficará limitado ao lado magístico deles?"... "Até quando só os que podem oferendá-los serão beneficiados por eles, que são muito mais do que magia, são religião, religiosidade e objetos de cultos íntimos e permanentes no íntimo dos seres?"... "Até quando o lado mercantilista irá bloquear o lado religioso do culto aos sagrados Orixás?".

Ensinando os Orixás dessa forma estaremos estimulando a ideia de troca, de barganha, deixando de torná-los presentes no íntimo dos seus ofertadores. Existem vários meios de nos conectarmos com o Divino Criador e com suas Divindades. Não podemos limitar o culto a eles apenas ao lado magístico; e não é ensinando que só seremos ajudados se oferendarmos que estaremos colaborando para o crescimento da religião umbandista. Aqueles que não podem comprar os elementos para as oferendas não serão ajudados?

---

* N.E.: Obra publicada pela Madras Editora.

No *Tratado Geral de Umbanda*,* Pai Rubens nos fala, também, sobre a mediunidade e a valorização do médium, em detrimento do estímulo para que ele depure sua consciência, suas posturas, sua emotividade e outros negativismos, para que não tenhamos pessoas intolerantes, vaidosas e frustradas em uma corrente mediúnica. Os Cultos Familiares poderão ajudar muito na mudança de posturas e consciência dos médiuns.

Ainda nesse *Tratado*, ele se preocupa com o fato de os Templos de Umbanda receberem frequentadores esporádicos, maus seguidores, que só os procuram para resolver suas dificuldades, vendo-os como pontos de descarga ou pronto-socorro dos seus problemas.

"Percebemos certa acomodação dos umbandistas com este estado de coisas, todos voltados para o socorro aos necessitados e deixando de lado o culto intenso a Deus na Sua forma mais elevada."

Outra de suas preocupações: "Nunca é demais reavivar a fé nos seres e renovar as interpretações sobre o nosso Divino Criador e Suas manifestações na forma de Divindades-Mistérios. É certo que não encontramos muitos textos que associam integralmente as divindades às manifestações d'Ele, e sim que dão total autonomia a elas e as colocam em situação e posição contrárias às que são realmente. Colocam o culto a uma divindade como um fim em si... Os canais de acesso a Ele tornaram-se mais importantes que Ele" (Deus).

"A forma de apresentação aos Orixás, em que só seremos auxiliados por eles por meio de oferendas na natureza, se é útil em casos específicos, no entanto não é a única." Também não é único o culto espiritual nos Templos, com o auxílio dos Guias Espirituais.

Pai Rubens completa: "Não será cultivando esse estado das coisas na Umbanda que fortaleceremos uma religião familiar, já que só alguns são médiuns de fato, mas todos são necessitados de uma crença forte na existência de Deus e uma religiosidade e fé inabaláveis ante os eventos doloridos que nos assoberbam constantemente".

"Só uma doutrina que explique racionalmente a presença de Deus na vida dos umbandistas e o porquê do culto às suas manifestações na forma de Orixás será realmente capaz de mudar esse estado de coisas na Umbanda." Apenas com uma teologia forte e bem pensada será possível congregar todos os membros de uma família, independentemente de serem médiuns ou não, em torno da doutrina religiosa umbandista e colaborar para a expansão da Umbanda.

---

* N.E.: Obra publicada pela Madras Editora.

Pai Rubens, nos seus textos e em conversas, pedia que fossem associadas integralmente as divindades às manifestações do Divino Criador. O culto a cada Divindade não é um fim em si mesmo, mas um meio de chegarmos a Deus, o plano divino da criação, onde reside de fato todo o poder.

Acreditamos que, se nosso Pai Espiritual ainda estivesse entre nós, já teria, com toda a sua maestria, sanado essa lacuna em alguma obra, abordando na doutrina umbandista ensinamentos que não se limitassem apenas ao lado magístico e ritualístico na natureza (oferendas) ou nos Templos (trabalho espiritual). Uma doutrina apresentando ensinamentos para que TODOS possam cultuar e adorar as Divindades-Mistérios de Deus, os Orixás, em seus íntimos, no dia a dia em seus lares, com seus vizinhos e amigos, em benefício de suas vidas, de seus entes queridos e de seus caminhos.

A generosidade desse mensageiro do conhecimento divino, para conosco, foi gigantesca, deixando estruturados e abertos os caminhos, para que todos continuassem bebendo de sua fonte inesgotável de saber, fonte essa fundamentada nos infinitos mistérios de Deus e das suas Divindades-Mistérios, os amados e Divinos Orixás. Temos o dever de honrar nosso Pai Espiritual e Mestre Rubens Saraceni.

E, bebendo nessa fonte, vamos descobrindo as possibilidades de evoluirmos, percorrendo diferentes caminhos.

As Autoras

II – DEUS E SUAS DIVINDADES

> Ele é a força que nos sustenta e nos impulsiona em nossa evolução contínua e eterna, tal como faz pela estrela distante localizada na mais longínqua das constelações.
>
> Rubens Saraceni, *Os Arquétipos da Umbanda*

As religiões fazem parte da evolução humana e estão presentes em todas as culturas e em todas as épocas históricas da humanidade. E, apesar de cada uma delas possuir diferentes filosofias, todas têm algo em comum, na certeza da existência de um ser supremo (Deus), Criador de tudo e de todos. Todas têm em sua essência o mesmo propósito, que é estabelecer um elo entre os seres humanos e o ser Divino.

Deus é o que é: o Criador Incriado, a fonte criadora, a verdade última e ninguém é dono da verdade nem d'Ele. É o Criador Infinito, presente no macro e no microcosmo como vida. Como princípio criador, é impossível de ser penetrado e imaginado sob uma forma física e nada escapa às suas leis imutáveis.

Olorum é em Si mesmo o princípio masculino e feminino, indiferenciado, porque Sua natureza divina é impenetrável, una, indivisível, indissociável. Costumamos chamá-lo de Pai, mas Ele é Pai e Mãe ao mesmo tempo e muito mais.

Por meio das religiões os seres humanos buscam respostas ao enigma de sua existência, da criação do Universo e meios de promover melhor qualidade em suas vidas. Nessa experiência religiosa, a fé é despertada. Todas as religiões têm um objetivo semelhante, que é o aperfeiçoamento do ser humano.

Olorum, o Senhor Supremo do destino, gerou em Si seus Mistérios, individualizados nas Divindades, os Orixás, que são Tronos Sagrados, distribuídos por toda a Sua Criação. Se em um nível da Criação tudo é uno, e Olorum é a unidade original, após esse nível o que é uno começa a nos mostrar a dualidade macho-fêmea, ativo-passivo, irradiante-concentrador, positivo-negativo, etc.

Exemplos da unidade de Olorum, individualizada nos seus Orixás:

- Oxalá – mistério masculino da Fé, qualidade congregadora, oniquerência de Olorum.
- Logunã – mistério feminino da Fé, da religiosidade, qualidade condutora de Olorum.
- Oxum – mistério feminino do Amor, qualidade conceptiva de Olorum.
- Oxumarê – mistério masculino do Amor, qualidade diluidora e renovadora de Olorum.
- Oxóssi – mistério masculino do Conhecimento, qualidade expansora, onisciência de Olorum.
- Obá – mistério feminino do Conhecimento, qualidade concentradora de Olorum.
- Xangô – mistério masculino da Justiça, qualidade equilibradora de Olorum.
- Oroiná – mistério feminino da Justiça, qualidade purificadora de Olorum.
- Ogum – mistério masculino da Lei, qualidade da ordenação, onipotência de Olorum.
- Iansã – mistério feminino da Lei, qualidade direcionadora de Olorum.
- Obaluaiê – mistério masculino da Evolução, qualidade evolucionista de Olorum.
- Nanã Buruquê – mistério feminino da Evolução, qualidade racionalizadora e decantadora de Olorum.
- Iemanjá – mistério feminino da Vida, qualidade geradora criativista de Olorum.
- Omolu – mistério masculino da Vida (morte), qualidade estabilizadora de Olorum.

Olorum está em Suas Divindades; em cada uma encontramos Sua presença e cada uma delas pode nos conduzir a Ele, pois cada Orixá é uma via, um caminho até o Divino Criador.

Na Umbanda Sagrada, não analisamos as Divindades de Deus, Orixás, com base em aparências exteriores e "humanas" dos mitos e lendas referentes a eles, mas, sim, interpretando os conhecimentos ocultos sobre os mistérios velados por eles. As Divindades Orixás são o que são: mistérios do Criador.

As ilustrações dos Orixás, apresentadas no decorrer deste trabalho, são arquétipos culturais das suas hierarquias, os seres naturais "Orixás".

Quanto a nós, meros humanos, nossa origem e destino estão em Deus, pois somos centelhas emanadas d'Ele. A nós compete, em nossa caminhada evolutiva, equilibrar essa herança divina e desenvolvê-la, ampliando seu poder de realização em nossas vidas.

III – ORIXÁS: TRONOS DE DEUS

> Um ser manifestador de uma qualidade divina só assume a condição de Divindade se for em si mesmo essa qualidade.
>
> Rubens Saraceni, *Orixás: Teogonia de Umbanda**

Um Orixá é uma Divindade-Mistério do Divino Criador que traz em si uma frequência vibratória mental só dela, com todos os poderes e qualidades existentes na criação, que fluem para tudo e para todos. Cada Orixá é pleno em si e é um caminho evolutivo no amparo e na sustentação da vida dos seres, com todos os recursos necessários capazes de suprir as necessidades de seus filhos.

"Quando falamos em vibração divina estamos nos referindo a um fluxo de ondas emitido por Deus e pelas suas Divindades" (SARACENI, Rubens. *Tratado Geral de Umbanda*). Todos os sagrados Orixás são tronos de Deus; são sete irradiações divinas, exteriorizadas de forma dupla, por sete pares de divindades, correspondentes ao Setenário Sagrado, que regem tudo, inclusive o planeta Terra e as múltiplas dimensões da vida aqui existentes.

Orixás são Divindades de Olorum (Deus), manifestadoras de Suas qualidades e irradiadoras de Seus mistérios. Deus é o Todo e os Orixás são as partes desse Todo. Portanto, em cada Divindade cultuada na Umbanda, entendemos que há a manifestação de poderes, mistérios e aspectos divinos, e, em cada Divindade, está Deus. As Divindades nunca se chocam, pois cada uma manifesta uma qualidade divina visível no próprio caráter e natureza que ela é em si mesma e a irradia, com seus fatores, para tudo o que existe.

Cada Trono se desdobra e se polariza em trono Masculino e Feminino, Universal e Cósmico, passivo e ativo, irradiante e absorvente,

---

*N.E.: Obra publicada pela Madras Editora.

positivo e negativo, etc., complementando-se na mesma qualidade, engendrando os sete pares ou 14 Orixás que fundamentam o panteão umbandista.

Os Orixás universais atuam no lado luminoso, nos níveis positivos, a partir da Direita. São portadores de uma natureza passiva, tolerantes conosco e nos veem a partir das nossas capacidades de modificarmos nossas condutas negativas, assumindo uma evolução virtuosa.

Os Orixás Cósmicos atuam nos níveis mais densos, a partir da Esquerda. São intolerantes com nossos erros, falhas e "pecados". Porém, com nosso arrependimento, podemos recorrer a eles para que nos ajudem em nossa transformação. Um Orixá Cósmico, a seu modo, ama os seres colocados sob sua irradiação direta, aquietando-os e redirecionando-os a uma evolução sadia, sólida e ordenada. Quando alguém está caindo vibratoriamente, eles não se sensibilizam com nossas falhas, porém nos auxiliam em nossa evolução porque nos amam e também querem ser amados, respeitados e adorados.

Trono	ORIXÁS UNIVERSAIS E CÓSMICOS				
	Orixás Universais	Qualidades	Orixás Cósmicos	Qualidades	
Da Fé	Oxalá	Fé, esperança, fraternidade, humildade, congregação, perdão, simplicidade.	Logunã Tempo	Religiosidade, retidão, rigor, esgotadora de desequilíbrios.	
Do Amor	Oxum	Amor, agregação, concepção, candura, compaixão, afetividade, prosperidade.	Oxumarê	Diluição dos desequilíbrios e desarmonias, moralidade, respeito, renovação.	
Do Conhecimento	Oxóssi	Conhecimento, doutrinação, aconselhamento, busca, fartura, nutrição, saúde.	Obá	Concentração, caráter, verdade, firmeza, rigor, fixação, absorção, retidão.	
Da Justiça	Xangô	Justiça, equilíbrio, razão, juízo, sensatez, equidade, purificação, abrasamento.	Oroiná	Purificação, rigor, equilíbrio, justiça, entusiasmo. Consome vícios e desequilíbrios.	
Da Lei	Ogum	Lei, ordem, retidão, lealdade, rapidez mental, movimento, liberdade, proteção, virtuosismo.	Iansã	Direcionamento, agilidade, movimento, determinação, controle, lealdade, encaminhamento de seres desequilibrados.	

Da Evolução	Obaluaiê	Evolução, estabilidade, transmutação, mudança de situação, cura, regeneração, vontade de seguir em frente.	Nanã	Maturidade, racionalidade, flexibilidade, persistência, sapiência, maleabilidade, absorção e decantação.
Da Geração	Iemanjá	Criação, geração, cuidado, sentimento, vida, maternidade, amparo, proteção.	Omolu	Paralisação dos vícios e desvirtuamentos, rigor; cura do corpo e da alma, senhor dos mortos.

Além de poderes manifestados por Olorum, nosso Divino Criador, os Orixás são também mistérios da Criação Divina, colocados para todos que queiram cultuá-los, adorá-los e neles se fortalecerem religiosa e espiritualmente.

Como tudo o que existe no Universo, também os seres e criaturas criados pelo Criador estão em contínua evolução, sustentados pelas hierarquias divinas, originadas em Deus e seguidas pelas Divindades Orixás. No Planeta Terra, tudo é regido por essas emanações, que são sete estruturas básicas ou sete códigos genéticos divinos, também identificados com os fatores divinos, com a natureza terrestre, com os sentidos da vida e com a natureza íntima dos seres.

Nesse nível dos mistérios divinos, podemos acrescentar o trono gerador do fator vitalizador, Orixá Exu, o trono gerador do fator estimulador, Orixá Pombagira, o trono gerador do fator intensionador, Orixá Exu-Mirim, e o trono gerador do fator interessador, Orixá Pombagira-Mirim, pois criam nos seres as condições de alterarem seus comportamentos e fornecerem recursos e estímulos para que as mudanças aconteçam.

- Exu – masculino, trono da vitalidade, mistério do vazio, qualidade vitalizadora de Olorum.
- Pombagira – feminina, trono dos desejos, mistério dos abismos, qualidade estimuladora de Olorum.
- Exu-Mirim – masculino, trono das intenções, mistério do nada, qualidade das intenções de Olorum.
- Pombagira-Mirim – feminina, trono dos interesses, mistério dos precipícios, qualidade dos interesses de Olorum.

Desde o momento em que Deus nos emanou como seres espirituais, para que iniciássemos nossos ciclos evolutivos, somos sustentados pelos Tronos Divinos. Nossas faculdades e herança genética divina, guardadas em nossos mentais, foram sendo abertas e somos atraídos e alimentados por esses magnetismos dos mentais divinos, por sua natureza, que lentamente nos imanta, magnetiza e individualiza.

Toda pessoa, umbandista ou não, possui ligações com os sagrados Orixás, nossos elos com o Criador na cadeia divina e, ainda que nada saiba sobre eles, pode recorrer e amparar-se neles, Divindades de Deus, recursos permanentes à nossa disposição. Mas precisa, antes de tudo, desenvolver em seu íntimo a interação com eles, por meio dos sentidos da fé, amor, conhecimento, justiça, lei, evolução e geração.

A Umbanda se diferencia de todas as outras religiões pela dinâmica própria de sua teogonia, na qual reinterpretou, reorganizou e adaptou o modo de evocar e cultuar os Orixás, substituindo as práticas ritualísticas por outras mais simples, pelas quais os fiéis, moradores predominantemente urbanos, puderam e podem acessar os Orixás e ter os seus clamores atendidos.

Os Orixás são caminhos evolutivos que sustentam e amparam em nós a fé e a religiosidade; eles despertam em nossos íntimos sentimentos nobres e elevados que nos iluminam. Eles são os elos que nos unem a Olorum; são poderes divinos oniscientes, onipotentes e oniquerentes que devemos ter no íntimo, para o nosso fortalecimento espiritual.

Cada Orixá é um poder que brota de dentro para fora do espírito, daí serem como são: um diferente do outro, pois um é o sentido da Fé; outro, do Amor, do Conhecimento, da Justiça, da Lei, da Evolução e da Vida. Eles estão à disposição de todos nós, para clamarmos por seu amparo e auxílio divinos, por meio de orações, rezas, cantos, cultos individuais, cultos familiares e cultos coletivos nos Templos, e estão em todas as vibrações, magnetismos, energias e irradiações e, neles, estão presentes as suas hierarquias de seres divinos.

Na Umbanda Sagrada aprendemos a entender os atributos divinos dos Orixás, suas naturezas elementais básicas, seus mistérios, hierarquias e as energias que irradiam. Isso é fundamental, para que o filho de Orixá tenha um verdadeiro conhecimento da doutrina e do ritual de sua religião e saiba que basta nos posicionarmos corretamente diante das Divindades e clamar por seu auxílio que certamente receberemos suas ações em nossas vidas.

É disso que tratamos nesta obra; como podemos nos socorrer nos poderes divinos e sentirmo-nos "amparados e confortados intimamente, desenvolvendo a espiritualidade e fortalecendo a religiosidade dos adeptos e simpatizantes, em um culto aos sagrados Orixás" (SARACENI, Rubens. *O Código de Umbanda* – Madras Editora).

IV – CENTELHA DIVINA: A PRESENÇA DO CRIADOR EM NÓS

> E Deus criou o homem à sua imagem e semelhança...
> **Gênesis 1:26**

Somos a própria manifestação divina, pois Deus, nosso Divino Criador Olorum, como é cultuado na Sagrada Umbanda, nos gerou em seu íntimo e nos exteriorizou. Assim como herdamos dos nossos procriadores humanos as características genéticas, herdamos, como filhos de Deus, Seus mistérios divinos, todos eles armazenados na centelha, que é a nossa herança genética divina, depositada e gravada em nosso mental. É o nosso elo com o Criador; é a semente de Deus que habita em nós.

A nós compete em nossa caminhada evolutiva compreender que nosso espírito é uma emanação pura do Divino Criador, um ponto de luz que, aos poucos, vai evoluindo e se desenvolvendo. Afinal, nosso Criador nos dotou de princípios criadores, potenciais adormecidos que são ativados gradualmente. À medida que despertamos para esse potencial interior da nossa natureza divina, pelo autoconhecimento e aperfeiçoamento de nós mesmos, vamos despertando nosso imenso potencial e nos tornando como Ele, em grandeza, esplendor e glória, pois somos seus filhos. Cada um traz essa capacidade de desenvolver seu poder realizador na vida, sua autoiluminação.

Deus está em tudo, sempre presente, envolvendo-nos, abraçando-nos e saudando; só precisamos saber lidar cotidianamente com o sagrado, com cuidado, pois somos meros humanos. Mas, mesmo humanos, cada um de nós traz em si uma divindade, desde que foi criado por Deus; cada um de nós é um bem divino, que pouco a pouco vai evoluindo rumo a esse fim, também divino.

A perfeita sintonia vibracional entre o ser humano com Olorum e com os Orixás é o que se costuma chamar de iluminação ou despertar espiritual. É o acionamento do dom de conexão existente no mental humano que faz despertar a luz interior. No Ocidente, a iluminação espiritual é vista como algo incomum, transcendental, que toca raríssimos eleitos. Mas, na tradição oriental, esse despertar é corriqueiro e pode ter vários graus de intensidade. Pode ser alcançado com uma bênção, com um estado de bem-aventurança, com uma sintonia vibracional profunda com uma Divindade ou entidade espiritual.

O despertar espiritual é ativado pelo acionamento do dom de conexão existente no mental humano, que faz despertar a luz interior e pode ter vários graus de intensidade, desde uma irradiação prânica até o grau elevadíssimo do encontro de Deus em nós mesmos. A evolução é o destino exterior do ser espiritual. O ser qualidade vive em Deus e seu destino interior é a manutenção em si das qualidades divinas de sua ancestralidade.

A Umbanda Sagrada nos oferece as sete vias evolutivas e de ascensão do espírito humano: Fé, Amor, Conhecimento, Justiça, Lei, Evolução e Vida. São sete caminhos que temos de percorrer em nossas muitas existências, para que os tenhamos em nós e os manifestemos, sob a forma de pensamentos, palavras, sentimentos e atitudes virtuosas para com nossos semelhantes. Esse processo compete a nós e só assim nos conectaremos com nossa centelha divina.

O retorno ao interior de Deus só ocorrerá quando o ser estiver qualificado como gerador, manifestador e irradiador da qualidade divina que recebeu em sua origem, ajudando os outros irmãos em sua evolução.

Para darmos um passo evolutivo, temos de arrastar milhões de seres conosco. Ajudando os outros, com misericórdia, estaremos nos beneficiando. Deus nos exteriorizou para que o tenhamos dentro de nós e o espalhemos pela criação.

O LIVRE-ARBÍTRIO

No plano da evolução humana é possível recorrer continuamente ao discernimento, para qualificar se o que estamos vivenciando é bom ou não. Isso acontece porque o Divino Criador nos dignificou com o Livre-Arbítrio, Sua maior prova de confiança em nós. Concedeu-nos a capacidade de fazermos escolhas, de tomarmos decisões por conta própria e decidirmos qual o caminho que seguiremos para retornar a Ele de forma consciente.

Depois da concessão da vida, o direito de dirigirmos nossa existência é uma das maiores dádivas de Deus para conosco, pois permite que cada um manifeste e desenvolva sua individualidade humana como espírito imortal de origem divina. A partir do livre-arbítrio, nossa vida deixa de ser controlada por Deus ou pelo destino e respondemos pelos nossos atos. Nosso caminho passa a ser edificado por nós, por nossas escolhas; a responsabilidade por nossas decisões, seus efeitos e suas consequências é totalmente nossa. A nossa vivência nas várias encarnações, o nosso esforço exercitando o livre-arbítrio, nos propicia o amadurecimento e o desenvolvimento das nossas faculdades. Não há outro caminho para a evolução espiritual.

O despertar da consciência, que é a finalidade básica do estágio humano de evolução, é lento e gradual e cada um exerce o seu livre-arbítrio, vivenciando os valores mais afinizados com o seu íntimo e natureza pessoal. Alcançar uma consciência plena do universo à nossa volta e à nossa disposição requer muitas reencarnações. No início desse processo o ser se individualiza, mas, à medida que vai se conscientizando, torna-se apto a emitir julgamentos procedentes sobre as mais diferentes situações e, assim, avança rumo à universalização e ao Divino Criador.

Deus e Suas Divindades Orixás franqueiam a todos que os acessam a oportunidade de desenvolverem seu humanismo, de progredirem moral e eticamente, de terem atitudes mentais emocionais e espirituais corretas, de serem luz na vida dos semelhantes. As escolhas são nossas. Você, irmão umbandista, já fez as suas?

V – RITUAL DE UMBANDA: VIA EVOLUCIONISTA

> A Umbanda não constrói templos gigantescos ou luxuosos, pois pompa e luxo não fazem parte de seus fundamentos.
> **Rubens Saraceni**

As religiões se estabelecem na relação do homem com Deus, no contato com o sagrado, por meio de cerimônias, de louvações, de rituais. Assim, possibilitam aos seres que se libertem de seus ceticismos, racionalismos doentios e antropocentrismos exagerados, ligando-os àquilo que é superior, que é sagrado, principalmente no que diz respeito à espiritualidade, que não está voltada a nenhuma religião específica.

Espiritualidade é a capacidade do ser desperto em conectar-se com Deus, com o todo universal, com as dimensões espirituais, com as energias sagradas da natureza. É a capacidade de prestar atenção à sua voz interior, de sentir a paz interior, de buscar o sagrado em tudo, de transcender.

Todo ritual tem a finalidade de concentrar, despertar, focar e ampliar a energia mental e emocional de seus participantes, desenvolvendo a espiritualidade e fortalecendo a fé.

A Umbanda Sagrada tem seus próprios rituais, todos fundamentados nas hierarquias divinas dos sagrados Orixás, assentados na Natureza. Nos templos umbandistas, os sacerdotes e as sacerdotisas realizam rituais, de acordo com sua doutrina, visando à integração religiosa entre os médiuns e os irmãos da assistência, em uma "gira", onde todos juntos louvam, cantam e saúdam os sagrados Orixás, em uma única vibração de fé e amor.

Muitas vias evolutivas estão à disposição dos espíritos, no astral, e cada um segue aquela que se mostra mais afim com sua natureza íntima.

A Umbanda Sagrada é uma dessas vias evolucionistas e, tão atraente para os espíritos, tornou-se religião aqui no plano material.

Na Umbanda, cremos em Pai Olorum, o Divino Criador, em Suas sete emanações, os Tronos Sagrados, nos sete pares de Orixás, mistérios divinos. Essas sete emanações que se iniciam a partir dos Orixás essenciais chegam à Terra como sete Linhas de Força que acomodam todos os Orixás em seus vários níveis vibratórios, positivos e negativos.

A Umbanda não é um grupo dissidente ou uma seita, pois não surgiu para se opor a ninguém. É uma religião com fundamentos próprios, recebidos diretamente da espiritualidade, diferentes dos fundamentos de todas as demais religiões. Cultuamos o Divino Criador Olorum, cultuamos suas Divindades Orixás, as forças e elementos da Natureza, os Encantados, os espíritos luminares ou mentores, os espíritos santificados ou ascensionados, os mortos ou as almas, os ancestrais ou antepassados.

A Umbanda ritualizou, elaborou e diferenciou a incorporação controlada, já praticada há milênios por diversos povos. Ela é a manifestação do espírito para a caridade, onde cantamos para Olorum, o Divino Criador, para os Orixás, que são os senhores concretizadores da criação divina e regentes da evolução dos seres, criaturas e espécies, e cantamos para as entidades que se manifestam mediunicamente como Guias Espirituais.

Deus irradia Seus mistérios, Seus recursos que sustentam tudo e todos, e um mistério divino possui suas hierarquias espalhadas por todas as religiões, pois tem alcance planetário e multidimensional, e, quando uma nova religião é fundada, hierarquias espirituais inteiras são deslocadas para dar sustentação a ela, até que se estabeleça com suas próprias hierarquias. Foi o que ocorreu com o Ritual de Umbanda Sagrada.

A Umbanda, além de religião, é um sofisticado e complexo sistema científico. Arte, religião, filosofia, ciência e medicina nela se entrelaçam, mantendo uma correspondência analógica, pois as ondas vibratórias ordenam a formação de tudo, desde um elemento, uma gema preciosa, um órgão do corpo humano, uma flor, até a natureza individual do ser.

Os Orixás possuem uma identificação associada aos quatro elementos básicos e aos três derivados. Os básicos são o fogo, a água, a terra e o ar, e os derivados deles são o vegetal, o mineral e o cristal.

SETENÁRIO VIBRACIONAL PLANETÁRIO			
TRONOS	ESSÊNCIA	PARES DE ORIXÁS	QUALIDADE	FATORES
Masculino da Fé Feminino da Fé	Cristalina	Oxalá Logunã Tempo	Religiosa, congregadora. Compenetrada, harmonizadora.	Tolerância, fraternidade, esperança, paciência, perseverança, humildade, resignação.
Feminino do Amor Masculino do Amor	Mineral	Oxum Oxumarê	Conceptiva, amorosa. Agregadora, cuidadosa.	Amor, união, caridade, bondade, prosperidade, concepção, amabilidade.
Masc. do Conhecimento; Fem. do Conhecimento	Vegetal	Oxóssi Obá	Expansora. Concentradora, conselheira.	Especulação, curiosidade, aprendizado, versatilidade, inventabilidade.
Masc. da Justiça Feminino da Justiça	Ígnea	Xangô Oroiná	Judiciosa, racional. Equilibradora, observadora.	Imparcialidade, reflexão, moralidade, equilíbrio, racionalidade.
Masculino da Lei Feminino da Lei	Eólica	Ogum Iansã	Ordenadora. Direcionadora, impositiva.	Lealdade, retidão, caráter, tenacidade, rigidez, rigor, combatividade, ordem, direcionamento.
Masculino da Evolução Feminino da Evolução	Telúrica	Obaluaiê Nanã	Transmutadora. Decantadora, simples.	Flexibilidade, maturidade, transmutabilidade, racionalismo, persistência, sapiência.
Feminino da Geração Masculino da Geração	Aquática	Iemanjá Omolu (terra seca)	Criativa, autoritária. Resoluta, paralisadora.	Maternidade, estabilidade, fartura, vida, criatividade, adaptação, maleabilidade, preservação, amparo.

Esses sete elementos, essenciais para a sobrevivência do ser humano e do mundo, não surgiram por acaso, mas têm por trás de sua existência poderes divinos que os regem e graduam suas ações em nossas vidas.

VI – FORMAS DE CULTUAR OS ORIXÁS

> Ajuda-te e o céu te ajudará, e não aos que tudo esperam do socorro alheio, sem usar as próprias faculdades.
> **Allan Kardec**

Diante dos alertas e preocupações do Mestre e Pai Rubens Saraceni e de seus mentores, pensamos nas várias formas umbandistas de cultuarmos o Divino Criador e suas Divindades Orixás, nos centros e na natureza, e explanamos um pouco sobre as que estão mais de acordo com os propósitos destes escritos:

O Culto Divino Individual – Consiste no ato pessoal de se dirigir diretamente ao Divino Criador, a todos os Orixás ou a um só deles e, por meio de orações e clamores pessoais, entrar em sintonia mental com as divindades ou com a Entidade acionada. O adorador que optar por essa forma de culto poderá seguir as mesmas sugestões oferecidas no Culto Familiar, utilizando apenas uma unidade de cada elemento.

O Culto Pessoal – Ocorre quando uma pessoa adota um Orixá como divindade de sua fé e, a partir daí, o cultua diariamente e só a ele recorre sempre que se sente necessitada de amparo e auxílio divino.

O Culto Natural – Nem tudo é realizável no Templo; há casos que devem ser trabalhados no centro e outros que só devem ser trabalhados, magística ou religiosamente, na natureza, como a firmeza de Guias Espirituais e Orixás, a oferta de oferendas, os descarregos, etc. Neste caso, o culto deverá ser realizado nos Pontos de Força ou santuários naturais dos Orixás na natureza, onde as Divindades respondem aos que ali cultuam e confiam a elas a solução de suas dificuldades.

Na natureza, os trabalhos magísticos são realizados por meio de oferendas, e, nos trabalhos religiosos, os médiuns abrem uma gira completa e seus guias trabalham no ponto de forças nos campos do Orixá.

OS CAMPOS VIBRATÓRIOS NA NATUREZA

Os Orixás são Mistérios Divinos que abrigam muitas formas de vida em seus campos vibratórios na natureza, que atuam em todos os pontos da Terra, pois o movimento das linhas de força envolve todo o planeta. Eles atuam em nosso espírito, em nosso organismo e até em nossa religiosidade, e nos mantêm em sintonia direta com o Divino Criador.

QUADRO COMPARATIVO ORIXÁS-PONTOS DE FORÇA (*)				
SENTIDO	ORIXÁ	PONTO DE FORÇA	ELEMENTO	ATUAÇÃO/FUNÇÃO
Da Fé	Oxalá	Campo aberto	Cristal translúcido	Congregar, estruturar e sustentar o magnetismo mental dos seres e direcioná-los para Deus, pela fé.
	Logunã	Campo aberto	Cristal fumê	Conduzir os seres a Deus, estabelecendo os ciclos de cada um.
Do Amor	Oxum	Cachoeira e rio com corredeira	Mineral	Agregar, conceber novos sentimentos, energizar as faculdades conceptivas dos seres.
	Oxumarê	Campo aberto e cachoeira	Cristal/ mineral	Diluir o que perdeu função e renovar sentimentos e expectativas.
Do Conhecimento	Oxóssi	Mata	Vegetal	Estimular o aprendizado e expandir o raciocínio e as faculdades mentais.
	Obá	Mata ciliar	Terra vegetal	Concentrar o ser em um objetivo, fixando-o em uma linha de evolução.

Da Justiça	Xangô	Montanha	Fogo	Equilibrar as faculdades e graduar o magnetismo mental de um ser.
	Oroiná	Pedreira	Fogo	Reequilibrar e energizar as faculdades de um ser em desequilíbrio
Da Lei	Ogum	Caminhos	Ar	Ordenar e potencializar os procedimentos corretos dos seres e estimular sua mobilidade.
	Iansã	Pedreira	Ar	Dar movimento e direcionar os seres em suas evoluções.
Da Evolução	Obaluaiê	Campo-santo	Terra-água	Transmutar os sentimentos paralisantes e dar amparo à evolução do ser.
	Nanã	Lagos	Água-terra	Decantar a emotividade e desenvolver a razão dos seres.
Da Geração	Iemanjá	À beira-mar	Água	Gerar sentimentos positivos nos seres, estimular a geração de vidas e dar mobilidade. Atuar na criatividade.
	Omolu	Campo-santo	Terra seca	Estabilizar o ser num ponto em que retome sua evolução e paralisá-lo se estiver regredindo conscienciamente

(*) In: VIEIRA, Lurdes de Campos. *Os Guias Espirituais da Umbanda e Seus Atendimentos.* São Paulo: Madras Editora, 2015.

– **O Culto Espiritual, no Templo** – O trabalho de assistência espiritual é dirigido pela mãe ou pai espiritual, incorporada(o) pelo guia responsável pelo trabalho, que sustenta a sessão. Cabe aos médiuns estarem em harmonia e equilíbrio, para o bom andamento da gira, e cabe a quem dirige e a seus auxiliares realizarem as firmezas necessárias para ativar a segurança da casa. Em um Templo existe uma estrutura espiritual de assentamentos e firmezas das forças espirituais regentes, que dão sustentação aos trabalhos mediúnicos de incorporação e segurança para os médiuns, que somente deverão incorporar para atendimento nesse espaço do templo.

O Culto Mágico – É o ato de magia, ativado por um mago devidamente preparado, na força de um ou mais Orixás, realizado em locais específicos (Templo, Natureza, Núcleo de Magia e afins).

O Culto Coletivo – É o culto que objetiva a realização de uma cerimônia que tenha efeitos curadores e libertadores para um grande número de adeptos, desenvolva sua reflexão e sua religiosidade. Isso promoverá a criação de um novo patamar de pensamentos, positivos e inspiradores, que ajudarão a todos na superação de seus problemas pessoais, familiares e profissionais. Nesse culto, não há atendimento individual.

Pai Rubens Saraceni foi o precursor dos Cultos Coletivos, nos quais ele realizava a abertura do trabalho espiritual tradicional da "gira" e, a seguir, todos os médiuns se organizavam em um grande círculo ao redor dos fiéis. Ao comando do sacerdote e da curimba, uma linha de trabalhos determinada se manifestava nos médiuns (Caboclos, Baianos, Naturais Orixás...), formando uma grande corrente espiritual energética que recobria o Templo, dando amparo e auxílio espiritual e energético a todos, previamente orientados para elevarem seus pensamentos a Deus, aos sagrados Orixás e às forças ali firmadas, e mentalmente realizarem seus pedidos, apelos e agradecimentos. Assim, iam se despertando e desenvolvendo a fé, a religiosidade e a espiritualidade de todos.[1]

– O Culto Familiar – É o culto que podemos realizar em casa, reunindo familiares, vizinhos e amigos. É um culto doméstico, para o fortalecimento da fé, em nosso núcleo familiar e de amigos, que nos coloca em sintonia e comunhão religiosa com o Alto do Altíssimo, nosso Divino Pai Olorum e com os sagrados Orixás. Não é só no Templo e na Natureza que podemos nos sintonizar com eles.

Nesta obra, vamos apresentar uma proposta, com sugestões para a realização dos Cultos Familiares que, devidamente adaptados, também servirão para a realização dos cultos divinos individuais, possibilitando a todos realizá-los com segurança, confiança, fundamento e funcionalidade.

---

[1]. Para os dirigentes espirituais que queiram realizar esses cultos em seus templos, sugerimos a leitura do *Manual Doutrinário, Ritualístico e Comportamental Umbandista* (coordenação de Lurdes de Campos Vieira, supervisão de Rubens Saraceni. Madras Editora, p. 256-259).

VII – A IMPORTÂNCIA DO CULTO FAMILIAR

Somos templos vivos, através dos quais o Pai chega ao nosso semelhante. Temos que espelhar o Pai.
Rubens Saraceni

A Umbanda é uma via rápida de evolução e nos coloca, enquanto fiéis, em contato direto com Pai Olorum, com o universo das suas Divindades Orixás, hierarquias divinas aceleradoras e sustentadoras das evoluções e com o mundo dos espíritos.

Toda religião que surge na Terra atende a uma vontade do Divino Pai, que reserva lugares específicos no plano espiritual, para acolher seus fiéis após o desencarne, para que sua religiosidade não sofra interrupção. A partir do momento em que somos recebidos e aceitos em uma religião, passamos a fazer parte de uma comunidade (irmandade), de uma família espiritual e encontramos, também, a nossa morada espiritual.

Para alcançarmos o bem duradouro da fé e da luz para nossa vida, é preciso nossa frequência ao Templo, principalmente nos dias de cultos doutrinários com atendimento pelos Guias Espirituais e de cultos coletivos, além do culto individual, o estudo e entendimento da religião de Umbanda, a realização de orações e cultos familiares e o contato com a natureza.

A Natureza, especialmente em seus pontos de força, é o espaço sagrado do umbandista, mas, em virtude das atuais dificuldades de cultuarmos Deus e suas Divindades Orixás nos santuários naturais, foram criados os Templos, onde ocorrem os atendimentos dos Guias Espirituais incorporados em seus médiuns, e, algumas vezes, os Cultos Coletivos.

É importantíssimo cultuarmos os Orixás no Templo e na natureza, cultuarmos mentalmente, com orações e cantos, e realizarmos cultos religiosos domésticos, para o fortalecimento da fé, no núcleo de nossa família e amigos. O culto familiar nos coloca em sintonia e comunhão religiosa com o Templo que frequentamos habitualmente e com os sagrados Orixás, os senhores do alto do Altíssimo, Divindades de Olorum, o Criador.

Os Orixás são poderes divinos em si mesmos e atuam na vida dos seus cultuadores como energias vivas e divinas, capazes de promover ações abrangentes, que podem modificar suas vidas. Esses poderes de Deus, seres divinos "personificados", são irradiados continuamente e doados graciosamente a todos que a eles recorrem religiosamente, movidos pela fé, por meio de cantos e orações.

O Culto Familiar visa à realização do culto a Deus e às Suas Divindades Orixás em casa, para, como umbandistas convictos, acolhermos cada vez mais adeptos, praticantes e participantes, realizando um aprendizado conjunto com nossa irmandade, em uma verdadeira missão evangelizadora umbandista.

O momento atual, de transição pelo qual nosso Planeta Terra e seus moradores estão passando, exige de cada um de nós a responsabilidade de reconhecermos que somente por meio da transformação consciencial e da reeducação mental e emocional nos harmonizaremos verdadeiramente com o Criador. É de extrema urgência a remodelação dos nossos pensamentos e atitudes e uma postura íntima sadia, para chegarmos ao equilíbrio espiritual e mental.

Vivenciando nossa religiosidade com fé, amor e dedicação, estaremos desenvolvendo em nós os recursos, para que deixemos de ser dependentes dos guias espirituais, dos médiuns e dos trabalhos práticos. Estaremos estabelecendo nossa comunhão direta com os Sagrados Orixás, colaborando para a expansão da nossa religião, e estaremos fazendo parte da poderosa egrégora[2] umbandista, que irradiará sua luz sobre nossas vidas materiais e sobre nossas moradas.

O progresso e a evolução da humanidade são contínuos, no caminho da evolução espiritual; não há como detê-los e são vários e diferenciados os caminhos a se percorrer para o reencontro com nossa essência divina. As religiões cumprem seu papel na evolução dos seres, mas o verdadeiro Templo Sagrado está dentro de nós, pois somos seres

---

2. Egrégora: é a força de um pensamento coletivo. Designa a força gerada pela mediação de energias físicas, emocionais e mentais de um grupo de pessoas, no plano da matéria e do espírito. Quanto mais elevado for o indivíduo, mais força estará fornecendo à egrégora da qual faz parte.

gerados por Deus; nossa origem é divina e somos dotados de múltiplas faculdades, ainda que animados por uma natureza humana.

Podemos aperfeiçoar cada vez mais as nossas relações com essas forças sagradas da natureza, sem subtrair as ferramentas existentes, mas somando e elevando o culto aos Orixás a um patamar universal. Podemos contribuir para que mais e mais pessoas sigam seus caminhos de evolução espiritual, conectando-se com Deus e com Suas Divindades Orixás, participando dos Cultos Familiares, em nossas casas ou nas casas de outros familiares, amigos ou vizinhos.

A Centelha Divina que trazemos dentro de nós é a ligação direta que temos com Deus; trazemos em nosso interior o poder de transformarmo-nos e de transformar os que estão ao nosso redor, tornando-nos manifestadores e irradiadores dos mistérios que recebemos em nossa origem. Essa luz também se estenderá à nossa vida espiritual, que se iniciará após o desencarne, pois nossa consciência religiosa, pautada na fé, no amor, no respeito, na solidariedade e na sabedoria, nos direcionará a faixas vibratórias celestiais reservadas à religião de Umbanda.

VIII – COMO CULTUAR EM FAMÍLIA

Na vida familiar harmoniosa e em seu serviço religioso, estabelecemos um contínuo contato com a Luz e com a Palavra de Deus.

O culto deve ser realizado em casa, com a família, podendo convidar os amigos e os vizinhos. Todas as nossas práticas religiosas são benéficas e podemos realizá-las visando ao bom convívio social e à expansão da consciência religiosa umbandista. Fazemos parte de um todo e podemos, e devemos, oferecer a nossa cota de participação.

Os rituais devem ser simples, afins com as Divindades Regentes e, no culto, devemos ser reverentes, cerimoniosos, dedicados e com muito amor e respeito. Esses rituais são importantes para que aprendamos a lidar cotidianamente com as coisas sagradas, sem misturá-las com o profano, embora os pratiquemos em nossos lares. É fundamental que se crie o hábito, a frequência do culto (uma vez por semana, a cada 15 dias, todo mês), para o aperfeiçoamento cada vez maior da nossa natureza humana.

Relembramos que no culto familiar não há incorporação, pois a mesma só deve ocorrer nos Templos, onde há os devidos assentamentos e firmezas, além da orientação do Dirigente Espiritual. Nos cultos familiares vamos nos conectar com as Divindades Maiores do Criador, que são poderes, energias, qualidades, mistérios e princípios do nosso Pai Maior.

A seguir, sugerimos uma sequência (numerada) para os cultos familiares, com as devidas explicações.

1 – PREPARAÇÃO

O responsável pela condução do Culto Familiar deverá tomar um banho de ervas e poderá solicitar aos outros participantes do culto que também o façam, caso queiram. Se quiserem e não souberem quais ervas usar e como fazer o banho, o anfitrião (ou anfitriã) poderá ensiná-los. Sugerimos, também, fazer alguns preceitos, como abster-se de sexo, bebidas alcoólicas e carnes vermelhas, nas 24 horas anteriores ao culto.

BANHO DE ERVAS

Os banhos de ervas, preferencialmente frescas, são indicados para diversas finalidades. Antes de ser derramado sobre o corpo, devemos fazer uma oração, pedindo a imantação do banho, a ativação da força das ervas e o direcionamento da energia para o propósito desejado. Há dois tipos básicos de banhos, os de descarrego ou limpeza do corpo astral, para eliminação de fluidos negativos, e os de energização ou fixação, que servem para ativar e afinizar as funções psíquicas do religioso, reativando os chacras, positivando a aura e melhorando a sintonia com a espiritualidade. Neste caso dos cultos familiares, o banho de energização servirá para condensar as energias necessárias à pessoa e para a fixação da vibração desejada. Nos capítulos dedicados aos cultos a Deus e a cada Orixá, sugerimos os devidos banhos.

ARRUMAR UM PEQUENO ALTAR

Sobre uma mesa, coberta com uma toalha branca ou da cor correspondente ao Orixá, poderão ser colocados alguns elementos, como flores, líquidos (água, chás, sucos), frutas, ervas, minerais e cristais, velas, imagens, etc., organizando tudo como um pequeno altar, conforme as possibilidades financeiras dos participantes.

Os convidados deverão ser comunicados, antecipadamente, para irem com roupas claras e, se puderem, levar frutas e flores relacionadas ao culto, as quais levarão para casa ao término da cerimônia.

Todos deverão se sentar ao redor dessa mesa/altar.

O ALTAR

Todo altar é um local onde, se nos postarmos reverentes diante dele, estaremos bem de frente e bem próximos de Deus e de Suas Divindades.
Rubens Saraceni

Toda religião tem seu altar, com imagens, símbolos e elementos indispensáveis à sua liturgia ou prática religiosa. Sua função principal é a de criar um magnetismo atrativo para as irradiações das divindades nele cultuadas, alcançando os fiéis posicionados diante dele.

Existem os altares naturais, a céu aberto, os pontos de força dos Orixás, locais altamente magnetizados ou vórtices eletromagnéticos, cujo magnetismo e energia criam um santuário natural. Neles, as pessoas entrarão naturalmente em comunhão com as divindades naturais regentes da natureza. Mas há também os altares preparados por nós, os humanos.

Nos Templos de Umbanda, o altar é chamado de congá e é diferente dos altares caseiros, pois é preparado com os assentamentos necessários à sua manutenção.

O altar tem como principal função criar um magnetismo específico, um portal de captação das irradiações verticais das divindades que se irradiam como energias positivas que se espalharão horizontalmente, ocupando todo o espaço da reunião. O altar esteticamente organizado atrai o olhar do fiel, criando um magnetismo maior, que beneficia a comunhão com as divindades e entre os participantes, especialmente se houver uma imagem que recebe constantemente orações fervorosas de um devoto.

AS IMAGENS

Uma imagem não é simplesmente um enfeite de barro, pedra, vidro, madeira ou outro material. É uma concepção humanizada da divindade, que possibilita reverência e conexão rápida do fiel com a mesma, através de uma consciência pura e repleta de energia no momento de prece. O uso de imagens é um recurso que tem a finalidade de inspirar respeito e despertar nas pessoas uma postura religiosa, de fé, silêncio e reverência, elevando as vibrações mentais e aumentando a conexão com as qualidades divinas do Criador.

A Umbanda é universalista e aceita os ícones sagrados de outras religiões (como os santos católicos, os Orixás do Candomblé, as divindades orientais, como Buda e outros), pois são espíritos que se universalizaram e abriram um campo de atuação tão amplo que ultrapassou a religião que possibilitou sua elevação e ascensão nas hierarquias divinas. O Divino Jesus Cristo, por exemplo, ocultava, com sua singela imagem humana, o Divino Mestre Oxalá. Um mistério divino tem alcance planetário, multidimensional e possui suas hierarquias espalhadas por todas as religiões. A Umbanda aceita todas as divindades como exteriorizações dos mistérios divinos, acolhe todas e reserva a cada uma um meio de melhor amparar os espíritos que Deus Pai lhe confiou.

Essa fé e o uso correto da vontade conferida por Deus ao homem são forças imensamente poderosas. Conforme a pessoa vai orando diante da imagem, ela vai sendo cada vez mais imantada com o fervor de sua fé. Cada vez que o fiel voltar a orar diante da imagem, aquela imantação o estimulará a vibrar em uma frequência sempre mais elevada.

Quem imantou a imagem é sempre beneficiado com isso, pois, quando não estiver em condições de elevar a própria vibração, basta chegar perto dela, aquietar-se e receber a irradiação da energia que ele(ela) mesmo(a) imantou com suas preces, e entrar em estado vibracional elevado.

O SIGNIFICADO DOS ELEMENTOS:
OS VEGETAIS

As plantas em geral emitem irradiações energizadoras, purificadoras, curadoras, cicatrizadoras, higienizadoras e potencializadoras. Nos vegetais encontram-se muitos princípios ativos terapêuticos medicinais, fungicidas, bactericidas, profiláticos, etc. Folhas, flores, frutas, sementes, caules, raízes, pós vegetais, azeites e essências são elementos mágicos que podem nos auxiliar, pois são os meios sólidos que permitem que as vibrações, fatores e energias irradiadas pelas divindades atuem em nosso benefício. Todos os campos dos vegetais estão sob a regência do Orixá Oxóssi.

Na Umbanda, esse conjunto de elementos vegetais é denominado genericamente por ervas que, mesmo sem serem consagradas, já têm inúmeras qualidades, pois estão cheias de forças magnéticas que são potencializadas com a consagração. Na Umbanda são utilizadas para Oferendas, Amacis, banhos, imantações, cura, etc., pois geram essências curadoras, que limpam a aura, absorvem energias negativas, cicatrizam, energizam e higienizam o corpo espiritual dos participantes. Maceradas, liberam o axé vegetal pelo sumo; queimadas na defumação, dispersam seus princípios químicos no ambiente astral. São também potencializadoras da saúde humana, usadas na ingestão, em banhos, emplastros, defumações, chás, incensos, patuás, etc.; elas agem, trabalhando a nosso favor, em nossos corpos astrais e no campo vibratório espiritual de ambientes diversos.

CLASSIFICAÇÃO DAS ERVAS POR ORIXÁS (*)				
TRONOS	ORIXÁS	ERVAS QUENTES	ERVAS MORNAS	ERVAS FRIAS
Trono da Fé	Oxalá	Orégano, tabaco, alho, açoita-cavalo, erva-de-bicho, mamona, comigo-ninguém-pode	Alecrim, hortelã, alfazema, rosa branca, sálvia, boldos, girassol.	Anis-estrelado, jasmim, louro, sândalo, pichuri, verbena, cravo-da-índia, angélica...
	Logunã	Bambu, pinhão branco, cânfora, eucalipto, tiririca, chorão, cipó-suma.	Chapéu-de-couro, mentas, benjoim, rosa amarela, obi, peregum rajado	Cipó-prata, erva-de-santa-luzia, losna, pichuri, verbena, mil-folhas, sensitiva...

Trono	Orixá			
Trono do Amor	Oxum	Cipó-cabeludo, cipó-seda, buchinha-do-norte...	Flores calêndula, camomila, macela, pau-de-resposta, canela, catuaba...	Rosas, malva-cheirosa, erva-doce, melissa, maçã, patchuli...
	Oxumarê	Angico, espinheira-santa, buchinha-do-norte, urucum, dandá.	Raiz de açafrão e de angélica, canela, cipó-caboclo, gengibre, pacová...	-----
Trono do Conhecimento	Oxóssi	Guiné, picão-preto, cânfora, espinheira-santa, casca de jurema-preta, buchinha-do-norte	Alecrim, alfavaca, abacate, hortelã, abre-caminhos, louro, samambaia, sene.	-----
	Obá	Dandá, peregum roxo, valeriana, confrei, buchinha-do-norte...	Limão-cravo, folhas de rabanete, casca de tamarindo, menta, pata-de-vaca, coentro	-----
Trono da Justiça	Xangô	Angico, aroeira, arruda, jurema-preta, urucum, garra-do-diabo...	Folha de café, cipó-cravo, barbatimão, carapiá-raiz, quebra-pedra, hibisco flor.	---
	Oroiná	Arruda, cânfora, limão, tiririca, eucalipto, para-raio, jurema-preta...	Alfavaca, arnica-do-mato, canela, louro, semente de guaraná...	----
Trono da Lei	Ogum	Espada e lança-de-São-Jorge, picão-preto, para-raio, guiné, eucalipto, quebra-demanda, olho-de-cabra, pinhão-roxo.	Anis-estrelado, assa-peixe, abre-caminha, pau-de-resposta, folha de manga, gengibre, cavalinha, colônia...	----
	Yansã	Espada-de-Santa-Bárbara, mamona, picão-preto, bambu, limão, vence-demanda, cânfora...	Folha-pitanga, capim-cidreira, cavalinha, chapéu-de-couro, cipó-cravo, imburana	----
Trono da Evolução	Obaluaiê	Casca de alho, cebola desidratada, mamona, cipó-cruz, valeriana, garra-do-diabo, fumo.	Barba-de-velho, sete-sangrias, sálvia, flor de sabugueiro, arroz, folhas de beterraba...	----
	Nanã	Cipó-suma, pinhão-roxo, chorão, peregum roxo...	Alfavaca, assa-peixe, alfazema, capim-rosário, mentruz...	----

Trono da Geração	Iemanjá	Erva-de-bicho, alho desidratado, casca de alho...	Alfazema, flor de camomila, mentruz, anis-estrelado, rosa branca, erva-de-santa-maria.	----
	Omolu	Cipó-cabeludo, dandá, olho-de-cabra, mamona e pinhão-roxo, peregum roxo, urtiga, chorão...	Folhas de alcachofra, capim-rosário, chapéu-de-couro, obi seco, cravo-da-índia.	----
Trono Mahor-Yê	Exu	Casca de alho, pinhão-roxo, casca de cebola, dandá, açoita-cavalo...	-----	-----
Trono Mehor-Yê	Pombagira	----	Patchuli, malva-rosa, rosa vermelha, canela, amora, hibisco, pitanga -----	-----
Trono das Intenções	Exu-Mirim	Casca de alho, casca de cebola, carapiá	Casca de laranja, folha de limão, estévia.	
Trono dos Interesses	Pombagira-Mirim	----	Patchuli, malva-rosa, rosa vermelha, canela, hibisco, pitanga, mel.	

(*) Conforme Adriano Camargo: O Erveiro da Jurema.

Ervas Quentes ou agressivas são aquelas que limpam "em profundidade, anulando, quebrando, dissolvendo larvas, acúmulos energéticos negativos, ligações densas com planos do baixo astral, magias inteiras fixadas no plano material... que obstruem os canais luminosos" (CAMARGO, Adriano. *Rituais com Ervas* – Livre Expressão Editora). Essas ervas devem ser usadas nos banhos, com cautela. Sugerimos que não sejam colocadas na cabeça, mas do ombro para baixo.

Ervas Mornas ou equilibradoras "são ervas que podem ser usadas por todos, sem distinção, pois... carregam em si um poder de limpeza relativo e muito interessante" (Idem). Elas reestruturam os nossos campos vibratórios, regeneram os corpos espirituais cicatrizando aberturas energéticas, alinham e fortalecem os chacras e corrigem desvios energéticos, além de poderem ser usadas sem restrição.

Ervas Frias ou específicas não são assim chamadas porque sua potência energética é pequena, mas porque sua ação é localizada, pontual. Em determinados casos, uma erva pode ser morna ou fria.[3]

---

3. Para aprofundamento no assunto, sugerimos a obra, já citada, do irmão de fé Adriano Camargo.

FLORES E FRUTAS

As flores são muito mais que enfeites, pois produzem um efeito mágico não só de beleza, mas também de transmutação de energias, absorvendo as energias negativas e transformando-as em positivas.

Os frutos são fontes energéticas que têm várias aplicações no plano etérico. Cada fruta é uma condensação de energias que formam um composto energético sintético que, se corretamente manipulado pelos espíritos, torna-se plasma astral, usado pelos socorristas espirituais.

As energias das frutas, no astral, podem ser armazenadas em frascos cristalinos, cujo conteúdo se transforma em um poderoso plasma energético, quando acrescido de água mineral. Esse material astral é utilizado para curar espíritos ou pessoas doentes. As vibrações mentais das divindades energéticas vegetais só podem ser trazidas à dimensão espiritual humana por meio dos elementos vegetais que fixarão suas vibrações e as irradiarão às pessoas que buscam o auxílio espiritual.

Vegetais como o coco, o abacate e outras frutas, e eventualmente legumes, servem para recolher seres e negativismos e carregar com energia positiva, ajudando no fortalecimento, equilíbrio e calma.

São derivados das ervas o azeite de oliva, o azeite de dendê, os incensos, as essências e os banhos de limpeza, de defesa e de atração. A verdadeira essência está nos odores das substâncias vegetais; ela é volátil e se espalha tanto no ar quanto na água, onde pode ser usada também nos banhos.

O azeite de oliva tem como princípio formador a energia e o poder vegetal da oliveira e é utilizado, desde a Antiguidade, tanto como alimento como nos rituais e cerimônias religiosas, nas mais diferentes religiões e culturas, sendo considerado sagrado após sua consagração pelos sacerdotes. Quando consagrado, esse óleo tem como função básica o desbloqueio e a purificação. Pode ser usado para limpeza e equilíbrio de chacras, fechamento de buracos energéticos e portais magísticos negativos, selo de proteção para casas e ambientes.

O azeite de dendê é considerado "quente", deriva de erva quente, de energia ativa e agressiva. Aquecido, torna-se ainda mais ativo e desagregador de qualquer tipo de carga ou energia negativa.

Vasos de ervas com terra são usados para lidar principalmente com os problemas do físico dos presentes, ou seja, com a saúde, pois fortalecem vibratoriamente as pessoas, transmutando, curando e energizando. Além disso, o elemento terra está ligado também à matéria e ao trabalho, a novos projetos, favorecendo a estabilidade em empregos e as conquistas materiais, e é ideal para quem necessita segurança e determinação.

OS MINERAIS E OS CRISTAIS

Pedras minerais ou cristalinas são elementos mágicos por excelência, de uso milenar, pois absorvem e irradiam energias e ondas que podem ser direcionadas mentalmente. São autênticas fontes de luz, além de energias curadoras, pois, quando consagradas, podem harmonizar os campos energéticos, atuar no mental e no emocional, equilibrar e curar os seres. Podem acumular, emanar e projetar energias para o desenvolvimento espiritual. Cada pedra possui vibração própria e traz para o ambiente a força do sítio da Natureza do qual foi retirada.

Os cristais podem trazer para junto de nós energias positivas e benéficas que vibram na natureza, em suas frequências específicas, conforme seus componentes internos, como magnésio, sódio, manganês, potássio, ferro e outros. Possuímos esses mesmos elementos em nossos organismos e podemos compensar determinadas deficiências energéticas, pela atuação vibratória eficiente dos cristais e dos minerais, com seus elementais interiores.

TABELA DE CORRESPONDÊNCIA ORIXÁ, PEDRA, MINÉRIO			
ORIXÁ	LINHA	PEDRA	MINÉRIO
Oxalá	Cristalina ou da Fé	Quartzo translúcido	Ouro
Logunã		Quartzo fumê rutilado	Estanho
Oxum	Mineral ou do Amor	Ametista ou quartzo-rosa	Cobre/ouro
Oxumarê		Opala ou fluorita	Antimônio
Oxóssi	Vegetal ou do Conhecimento	Esmeralda ou quartzo-verde	Manganês
Obá		Calcedônia ou madeira petrificada	Hematita
Xangô	Ígnea ou da Justiça	Pedra do sol ou jaspe vermelho	Pirita
Oroiná (kali)		Ágata de fogo ou calcita laranja	Magnetita
Ogum	Eólica ou da Lei	Rubi, granada ou sodalita	Ferro, hematita
Iansã		Citrino	Níquel
Obaluaiê	Telúrica ou da Evolução	Turmalina negra ou ametista	Cassiterita
Nanã		Rubelita ou ametrino	Prata
Iemanjá	Aquática ou da Geração	Diamante, água-marinha ou zircão	Platina
Omolu		Ônix preto	Molibdenita

As pedras (cristais e minerais), utilizadas nas cerimônias, poderão ser levadas para casa e usadas como enfeites protetores. São talismãs.

AS VELAS

As velas nos rituais representam o elemento fogo, manipulado por meio de suas chamas e pela brasa utilizada nas defumações, juntamente com as ervas. A vibração do fogo é purificadora e energética, pois queima miasmas e larvas astrais e tem o poder de desintegrar trabalhos de magia negativa; pode corrigir e equilibrar, proporcionar entusiasmo e otimismo, transformar desânimos em motivações e ânimos, além de aumentar o bom humor e a criatividade. "Um culto realizado ao redor de uma fogueira queima miasmas ou larvas astrais e energiza positivamente o espírito das pessoas alcançadas por suas ondas quentes" (SARACENI, Rubens, *Umbanda Sagrada* – Madras Editora).

A vela é neutra no momento em que a acendemos, mas, ao ser consagrada a um Orixá, imediatamente é estabelecido um cordão de ligação entre o Orixá e ela.

O teor ígneo nos trabalhos de Umbanda é de importância fundamental e é fornecido pelo uso de velas brancas e coloridas, em triângulo, em cruz, em pentagrama, em círculo ou outro arranjo. As velas significam luz, dão vida ao altar e recebem das divindades às quais foram consagradas fluxos de energia divina que se irradiam pelo espaço interno do local, alcançando os que se encontram dentro dele. Elas ajudam na concentração, absorvem energias, essências e elementos negativos, consomem cordões energéticos negativos e irradiam uma gama de ondas vibratórias transportadoras de benéficas energias ígneas, capazes de alterar a energia de uma pessoa ou de um ambiente. Além de alterar o estado energético de pessoas e ambientes, podem concentrar a energia das intenções e propósitos das nossas solicitações e pensamentos, ativar a fé, mantendo a sintonia com o astral superior.

Também as velas unem vários elementos e podem ser de diferentes cores, conforme a pigmentação. A parafina, derivada do petróleo, representa os elementos terra e mineral; a chama é energia ígnea; a fumaça exalada representa a energia eólica; e os materiais desprendidos na combustão formam moléculas de água.

CORRESPONDÊNCIA ORIXÁ, COR, VELA			
ORIXÁ	**COR**	**VELA**	**SIMBOLIZA**
Oxalá	Branco cristalino	Branca	União de todas as cores, paz, calma.
Logunã	Azul-escuro, fumê	Azul-escura	Sustentação do magnetismo mental, direcionamento divino.
Oxum	Rosa, dourado, azul	Rosa	Aconchego, inspiração, amor, conforto para a alma.
Oxumarê	Azul-turquesa, furta-cor	Azul-turquesa	Diluição do que perdeu função, renovação de sentimentos e expectativas.
Oxóssi	Verde	Verde	Esperança, cura, abundância, fim das tensões.
Obá	Magenta, vermelho	Magenta	Concentração, objetividade.
Xangô	Marrom-claro, dourado, vermelho	Marrom	Equilíbrio, razão, graduação do magnetismo mental.

Oroiná (kali)	Laranja, dourado, vermelho	Laranja	Reequilíbrio e energização das faculdades em desequilíbrio.
Ogum	Azul-escuro, prata, vermelho	Vermelha	Dinamismo, força, coragem, ânimo.
Iansã	Amarelo, dourado, coral	Amarela	Alegria de viver, alto astral, movimento.
Obaluaiê	Violeta, branco, prata	Violeta	Transformações, evoluções.
Nanã	Lilás, azul-claro, branco	Lilás	Decantação do excesso de emotividade, desenvolvimento da razão.
Iemanjá	Azul, prata, branco	Azul-clara	Crescimento pessoal, melhor autocontrole, criatividade.
Omolu	Roxo, branco	Roxa	Estabilidade, para retomar evolução.
Exu	Preto, vermelho	Preta	Vazio, para transformação.
Pombagira	Vermelho, preto	Vermelha	Dinamismo interior, força, coragem, ânimo, vontade.
Exu-Mirim	Preto, vermelho	Bicolor (preta e vermelha)	Intenções, complicar, descomplicar.
Pombagira-Mirim	Vermelho	Vermelha	Interesses, favorecer, desfavorecer.

Ao acendermos as velas e pedirmos a um ou mais dos nossos Orixás a proteção divina e proteção durante um culto, abre-se um polo magnético positivo das linhas por onde fluem suas irradiações que atuarão nas manifestações do espaço religioso, dando sustentação ao trabalho enquanto ele não for encerrado. Ao final, o polo se fechará para o lado material, permanecendo aberto e ativo no lado espiritual por sete dias.

OS LÍQUIDOS

A ÁGUA

A água é verdadeira fonte de vida, e vida com abundância. Com o ar, ela forma o conjunto de elementos essenciais para a nossa existência. Alguns poucos seres sobrevivem em meios sem ar (anaeróbios), mas nenhum vive sem água. Sabemos que a maioria dos animais, entre eles o homem, é gerada e desenvolve seus primeiros meses de vida mergulhada em água, na bolsa gestacional das suas futuras mães. As plantas necessitam de água para germinar suas sementes, crescer e frutificar durante toda a sua existência. O próprio corpo humano é constituído por água em sua maior parte. A água serve para nos purificar, embelezar, higienizar, refrescar, reanimar e saciar a nossa sede.

Na Umbanda, a água representa a purificação e a corrente energética divina que alimenta e reequilibra os seres, dando continuidade à procriação e à vida. A água flui a corrente elétrica divina, gerando nela a energia da vida, por onde é conduzida. Quando imantada ou fluidificada, seu poder gerador se expande, ampliando a força de suas correntes elétricas, unindo-as a outros elementos, como sais, ervas e pedras.

Quando bebemos água imantada ou fluidificada, ela corre pela corrente sanguínea, passando uma energia azul-celeste por toda a pessoa, revitalizando a aura que, por segundos, fica com a primeira camada na cor azul-neon. Essa água, ao ser ingerida, começa a regenerar os órgãos energeticamente deficientes. Ela percorre todo o cérebro, indo até a glândula pineal, onde inicia um processo de aceleração que envia e devolve automaticamente ondas de comando ao cérebro. Como banho, limpa, vitaliza e reequilibra o ser.

Quando a água imantada ou fluidificada é utilizada para banhos rituais com ervas, limpa as camadas da aura e, ao chegar à primeira delas, vai alinhando a energia de toda a aura da pessoa, deixando essas camadas equilibradas e harmônicas. Esse processo se inicia na coroa (cabeça), passando por toda a coluna (espinha dorsal) e descarregando (na altura dos joelhos), como um para-raios no chacra básico, jogando essa energia para a terra.

A água é um meio de cura ou harmonização para o corpo, a mente, a alma, o espírito, as emoções; é um modo importante de se manter a saúde, pois:

- É a melhor bebida para a sede, além de promover o equilíbrio entre as substâncias úteis e bem aproveitadas pelo organismo e as toxinas que devem ser eliminadas.
- É remédio para acalmar nervos abalados: bebe-se água com açúcar. É grande elemento relaxante: tomar uma ducha de água fria ou quente; nadar para tirar as tensões; ouvir o barulho das águas correntes de um rio, as quedas de uma cachoeira; ouvir as ondas do mar ou dormir com o barulho gostoso de chuva caindo no telhado.

OS SUCOS

Os sucos são elaborados com a junção da água e de frutas. Cada Orixá tem suas frutas, energeticamente correspondentes, que serão citadas no decorrer deste trabalho.

O VINHO

O vinho, produto da videira, é fruto da terra e do trabalho humano e, na infância de todas as grandes culturas, sempre foi considerado um néctar dos deuses.

O ânimo, o arrebatamento, a alienação e a "saída de si", que o vinho desperta em quem o ingere, induziram a lhe atribuírem qualidades divinas e ele desempenhou papel importante nos mistérios ou ritos iniciáticos dos mais diversos povos, como os celtas, os sumérios, os egípcios, os gregos e outros.

Vemos que desde a Antiguidade o vinho é tratado com muita reverência nos rituais. Em práticas magísticas e religiosas, é usado e aproveitado no seu potencial energético-vegetal, pois carrega a força ancestral. O vinho envelhecido carrega a força do tempo e, na Umbanda, é usado em rituais consagratórios e os Orixás e os Guias se servem de sua força vibratória, manipulam seu teor energético, utilizando-se dele em seus trabalhos de atendimento e aceitando-o em suas oferendas.

2 – FAZER A DEFUMAÇÃO DO AMBIENTE E DAS PESSOAS PRESENTES AO RITUAL

DEFUMAÇÃO

Usar o carvão em brasa e ervas secas, em um pequeno turíbulo ou incenso. A defumação é a queima ritualística de determinadas ervas ou essências sólidas, para higienização dos ambientes e das pessoas. Nessa queima, as plantas desprendem delas as energias positivas, para afastar as energias negativas, despertar o psiquismo dos presentes e adequar sua mente para o culto.

A propriedade primordial do carvão é a fácil absorção dos fluidos de qualquer natureza, retendo todas as emoções astrais e desimpregnando objetos materiais. A defumação une o carvão vegetal com as ervas secas, o fogo e o ar, sensibilizando o olfato com os aromas que harmonizam e aumentam as vibrações psíquicas das pessoas presentes, acalmando e sutilizando a mente. A queima de certas ervas é tão incômoda e agressiva para espíritos negativados que eles são compelidos a se retirar do local. Após a defumação, os participantes já vão ficando mais sossegados e o espaço ganha um novo aspecto de serenidade, paz e limpeza energética.

Existem diferentes composições de ervas para as defumações, conforme a finalidade a que se destinam, mas apenas queimá-las não tem grande significado e resultado magístico. O responsável pelas defumações deve conhecer essas finalidades e os diferentes tipos de ervas, e manipular o turíbulo com a defumação não como um simples ato mecânico, mas estar devidamente concentrado, para potencializar os efeitos da defumação, pois esse processo é mental, aliado ao recurso material. Para maiores esclarecimentos sobre as ervas, indicamos a consulta às obras do irmão de fé, Pai Adriano Camargo.

3 – INÍCIO DO CULTO

PRELEÇÃO

A pessoa que está conduzindo o culto deverá fazer uma pequena preleção sobre o motivo de estarem reunidos, explicando o que é o culto familiar, a sua finalidade, Deus ou a Divindade Orixá que será reverenciado no dia, etc. A seguir, faz uma prece à Divindade cultuada. Aqueles que puderem se ajoelham e os demais, que puderem, permanecem de pé, em reverência, durante a oração. Caso queiram, a seguir todos poderão cantar pontos condizentes com o culto do dia.

4 – ORAÇÃO – A CHAVE DOS PORTAIS SAGRADOS

A oração ou prece é um ato de se colocar em sintonia mental com Deus, com suas Divindades Orixás, com as forças sagradas espirituais existentes na natureza e em toda a criação, para estabelecer uma permuta de energias com as entidades a quem nos dirigimos. É vibração, energia e poder que elevam e manifestam nossa origem divina, acendendo nossa centelha divina e aflorando a presença do Criador em nosso íntimo. Uma evocação e um clamor íntimo, feitos com fé, respeito e convicção, dignificam o ser "diante das divindades, e elas tudo farão para atender quem assim proceder, pois é um pedido dignificado pela Lei Maior como um procedimento reto, diante da balbúrdia religiosa a que todos estão sujeitos no dia a dia..." (SARACENI, Rubens. *Gênese Divina de Umbanda Sagrada* – Madras Editora).

O objetivo da oração pode ser um louvor, um pedido, um agradecimento. Podemos orar por nós mesmos ou pelos outros, pelos vivos ou pelos mortos. Essa energia tem um grande poder, desde que realizada com fé e consciência na sua força, impulsionada pela vontade de mobilizar a capacidade depositada em nosso interior.

Pela prece, atraímos bons fluidos e adquirimos a força moral necessária para vencer as dificuldades e desviar os males que atrairíamos pelas nossas próprias faltas. A prece é uma expressão profunda que brota do coração, muitas vezes sem palavras, buscando a íntima união com Deus, nosso Divino Criador Olorum e com Suas Divindades Orixás. A prece é o canal que liga o nosso espírito ao Espírito de Pai Olorum, estabelecendo um cordão energético luminoso que modifica nosso padrão mental e nossa frequência vibratória, e Sua graça pode então fluir livremente para nós.

Quando pronunciamos uma prece, Pai Olorum nos responde no nosso próprio interior, pois Ele é a inteligência, a força que permeia o Universo, do qual somos parte integrante, Suas centelhas vivas. Deus pode criar os caminhos para a satisfação das nossas necessidades e desejos e sempre nos dará a coragem, a paciência e a resignação necessárias. Deus faz tudo por nós em resposta às nossas orações, mas os nossos pedidos devem ser, antes de tudo, justos. Podemos pedir a Deus o que quisermos, mas temos sempre de aceitar a Sua vontade. O que Ele nos der sempre será melhor do que aquilo que pedimos, mesmo que não pareça.

O mesmo processo ocorre quando dirigimos uma oração a um Orixá, a um Guia Espiritual, a um encarnado ou a um desencarnado.

A prática da oração imbuída de fé e de sentimentos nobres nos assegura a criação de uma aura ou barreira vibracional ao nosso redor, que nos dá proteção energética e defesa até mesmo para a investida de atuações negativas de qualquer natureza. Todo ser que ora com fervor torna-se, gradativamente, um foco de energia radiante da Divindade.

Quando formos orar, não devemos somente pedir; é preciso reconhecer as bênçãos recebidas e agradecê-las de coração. É importante, também, orarmos em intenção de pessoas que nos fizeram algum mal, pois assim estaremos manifestando o nosso perdão a elas e afastando de nós o ressentimento, que é a maior barreira ao crescimento de nossa força espiritual.

Rezas e Orações[4]

"A oração traz alívio ao coração e esperança ao ser que ora. A reza limpa os campos vibrados, com sua emissão. Ambas podem se associar, pois é possível fazer rezas com diferentes orações. Basta ter sensibilidade e escolher orações que facilitem a criação de um ritmo e melodia propícios." Mestre Pena Branca

"Orar é uma das maneiras de se fazer a conexão com o plano divino; é uma ponte com a espiritualidade superior, pois se a oração é efetuada com fé, com o coração sublimado e feliz, faz vibrar positivamente nossos chacras, permitindo a troca de energias positivas com o cosmo, com maior facilidade. A oração abre nossa comunicação com o plano superior, faz vibrar nosso coração e nossa mente em uma frequência positiva, ajuda a descarregar energias negativas e nos une às esferas de luz, independente-

---

4. *Sermões de um Mestre Pena Branca,* psic. Lurdes de Campos Vieira, Madras Editora.

mente de se pedir algo em troca. O ideal é mesmo que nada se peça, e sim que haja a conexão com os seres celestiais e com os planos de luz.

A própria vibração que se estabelece nessa conexão vai permitindo a limpeza do campo áurico daquele que vibra amor e fé em seu coração, retirando energias negativas e até mesmo seres que ficam perturbando seu equilíbrio. Orar, com o coração limpo e conectado ao plano divino, é manter uma ponte entre o ser que ora e os seres de luz que enviarão suas energias, em uma alta frequência positiva. Essa é uma das maneiras de se fazer a cura do espírito, com a limpeza dos campos vibratórios. É por isso que muitas orações são repetidas várias vezes, pois funcionam como mantras, que sacodem com suas vibrações os campos ao redor do ser, limpando-os. A vibração das rezas, entoadas individualmente ou em grupo, são verdadeiras cargas energéticas positivas, que atuam nos campos áuricos das pessoas, limpando-os e energizando-os. A emissão contínua e constante forma um grande fluxo positivado que, além de limpar as pessoas, limpa também os ambientes.

Rezar é dirigir-se aos seres superiores, para clamar ajuda e misericórdia, para aliviar as dores e os sofrimentos na matéria ou no espírito. É uma forma de clamor ao Pai Celeste ou às suas divindades, para que nos ofereçam amparo e consolo nas horas de dificuldade. As preces não devem ser feitas somente em momentos de sofrimento ou para solicitar ajuda na realização de desejos materiais. Elas devem ser feitas sempre, mesmo quando tudo corre bem e a vida está em ordem.

Essa corrente contínua (reza) já era conhecida por povos antigos, que sabiam exatamente o que faziam, quando entoavam suas orações. No mundo de hoje, poucos sabem o significado e o poder das orações e das rezas e como funcionam, mas, mesmo desconhecendo o fenômeno, ele ocorre e traz o retorno esperado, quando é feito com verdade, amor e fé inquebrantáveis.

Rezar não é pedir; é movimentar energias positivas, é ligar-se com o plano divino e realizar a cura do espírito, através da grande limpeza promovida pelas vibrações em frequências superiores. É deslocar seres, criaturas e outros negativismos atuantes nas vidas dos indivíduos que rezam.

Estar ajoelhado e de cabeça baixa, além de ser uma atitude de respeito e humildade, para louvar o Criador e suas Divindades, facilita o trabalho de limpeza espiritual, pela proximidade com o elemento terra, onde os negativismos são descarregados. O chão serve de ponto de descarga para esses negativismos puxados pela terra. Rezar é, portanto, muito mais que pedir; é um tratamento que se pode proporcionar ao espírito e ao corpo, pois, se beneficia o plano etérico, com certeza o benefício se estenderá ao corpo material.

Orar é dirigir-se ao plano Divino, por meio de uma prece espontânea ou lida. Rezar é entoar as preces, com ritmo e melodia, contínuos e constantes, durante determinado período de tempo, para fazer as vibrações necessárias ao plano espiritual, para o deslocamento e retirada dos negativismos impregnados nos seres e nos ambientes."

5 – OS PONTOS CANTADOS

Os sons em geral e a música, em particular, com sua ação energética vibratória, têm poder sobre o ambiente e no organismo das pessoas, e podem ser usados como poder terapêutico na cura de doenças físicas e mentais. Entendemos que a música, também na Umbanda, se devidamente composta, tocada e cantada, com ritmo, afinação e harmonia, tem papel importante para o tratamento espiritual e até mesmo físico dos participantes de seus cultos.

Os Pontos Cantados fornecem recursos para dar uma visão mais elevada aos ouvintes, pois a música é uma energia capaz de religar-nos e harmonizar-nos com as forças da vida, permitindo-nos alcançar estados de consciência mais sublimes e encontrarmos a direção correta. Ela é capaz de equilibrar as nossas energias, de manter e renovar a nossa vida. Esses pontos são uma das maiores forças mágicas da Umbanda e devem ser cantados e tocados sem exageros, com harmonia, afinação, melodia e ritmo, pois liberam os arquétipos existentes nas imagens cantadas, para que eles se manifestem em nossas vidas.

A letra, a música, o tom, o ritmo correto do ponto cantado e tocado, a afinação e a harmonia constituem a Magia do Verbo na Umbanda e imprimem matizes aos rituais, unindo os participantes, sintonizando-os com entidades de luz e com os aspectos sagrados do ritual, criando maior sentimento de disciplina, organização, solidariedade e colaboração.

Vibrados de coração, os pontos cantados atuam diretamente nos chacras superiores e no chacra cardíaco, intermediário entre os chacras inferiores e superiores, ativando-os e sintonizando-os com a espiritualidade superior. Cantar para Olorum e para os Orixás é chamar suas forças para junto de nós, renovando nossas energias.

6 – CLAMORES

O condutor do culto, nesse momento, faz os apelos à Divindade cultuada, pedindo aquilo que os participantes mais necessitam. Deve lembrar que os pedidos, preferencialmente, precisam ser condizentes com os sentidos e qualidades da Entidade reverenciada.

Esse é o momento, também, de pedir a imantação das ervas e dos demais elementos que estão sobre a mesa, para que os mesmos beneficiem os participantes, quando da sua utilização posterior. As ervas poderão ser utilizadas em chás e em banhos; a água e as frutas serão consumidas como alimentos.

7 – ORAÇÃO DE AGRADECIMENTO E ENCERRAMENTO

O condutor do Culto Familiar faz uma oração e os devidos agradecimentos, para o encerramento do culto.

A água, suco ou outros líquidos poderão ser oferecidos aos participantes. As frutas poderão ser distribuídas e levadas para casa ou consumidas no local, bem como os alimentos, aguardando pelo menos 30 minutos após o encerramento do ritual.

IX – CULTO FAMILIAR AO DIVINO CRIADOR OLORUM

> O culto ao nosso Divino Criador Olorum tem de ser algo sublime, pois é o culto à vida.
>
> Rubens Saraceni, *Os Arquétipos da Umbanda*

PREPARAÇÃO

Os participantes deverão ser comunicados, antecipadamente, para irem com roupas claras, preferencialmente brancas, e que poderão levar água mineral, frutas (melão, uva verde ou coco verde) e flores brancas, em vasos ou avulsas, as quais levarão para casa ao término da cerimônia. Se quiserem, poderão usar um tapetinho ou almofada, para se ajoelhar.

Banho de ervas – O anfitrião responsável pela condução do Culto Familiar deverá tomar um banho de rosas brancas, da cabeça aos pés, e poderá ensiná-lo aos demais participantes do culto para que também o façam, caso queiram. Antes, firmar uma vela branca de sete dias, para Deus e ao seu Anjo da Guarda, com um copo com água ao lado ou a quartinha consagrada, se a tiver, fazendo as devidas orações e pedindo firmeza e proteção na condução do culto que se realizará.

O banho de rosas brancas é excelente para trazer paz e clarear a mente, além de nos ajudar a ter novas ideias. Pode ser preparado colocando dois litros de água para ferver. Após a fervura, desligar o fogo, adicionar pétalas de três, cinco ou sete rosas brancas, abafar por uns cinco minutos. Aguardar até a temperatura ficar amena. Tomar seu banho normalmente. Após se enxaguar, eleve a vasilha com o banho de rosas acima de sua cabeça e peça: "Amado Pai Olorum! Irradie suas energias e abençoe este banho, para o meu benefício espiritual e físico". Derrame a água com as pétalas da cabeça aos pés. Recolha os restos das rosas e deposite na terra de um vaso ou de um jardim, agradecendo à natureza.

Pequeno altar – Sobre a mesa, ao redor da qual será realizado o ritual, estender uma toalha branca com barrado de renda dourada ou apenas branca.

Enfeitar com vasos de louça branca ou vidro transparente, com flores brancas em geral, mas sempre tendo algumas rosas brancas.

Firmar uma vela branca no centro da mesa, sobre um prato de louça branca. Cobrir o prato com farinha de trigo ou grãos de trigo ao redor da vela, açúcar e mel por cima da farinha. Ladear a vela com velas nas cores azul, verde, rosa, lilás, amarela, vermelha e violeta, cada uma firmada sobre um pires branco, também coberto com farinha de trigo, açúcar e mel.

Colocar sobre a mesa jarras, brancas ou transparentes, com água mineral, pequenos vasos com folhas de manjericão e uma travessa com as frutas, organizando tudo como um pequeno altar. Todos deverão sentar-se ao redor dessa mesa/altar.

O anfitrião ou um dos outros participantes poderá preparar uma defumação ou acender um incenso de mirra ou sândalo e incensar as pessoas presentes e o ambiente.

PRELEÇÃO

A pessoa que está conduzindo o culto deve fazer uma pequena preleção sobre o motivo de estarem reunidos, explicando o que é o culto familiar, a sua finalidade, e, no caso deste culto, falar sobre Deus, nosso divino Pai, que está sendo reverenciado.

Sugestão: Olorum é o nosso Divino Criador e criou tudo que nos cerca e se mostra aos nossos olhos na grandeza infinita da sua criação. A Ele devemos nossa vida. Ele é a fonte da vida e seu sustentador Divino.

"Devemos cultuar Olorum, o nosso Divino Criador, com todo o nosso amor, fé, reverência e gratidão, porque Ele nos gerou como seres espirituais, como Suas centelhas divinas, e nos deu a vida. Ele nos animou com Seu Sopro Divino e tem nos sustentado, desde que, em um ato de generosidade, nos dotou com uma consciência, com o livre-arbítrio, dando a cada um de nós um destino a ser cumprido, antes de retornarmos a Ele e n'Ele nos reintegramos como mais um de Seus mistérios. Ele nos gerou e gerou o meio onde devemos cumprir nosso destino, por isso podemos cultuá-lo em todos os lugares, pois tudo o que existe provém d'Ele e está n'Ele" (*Manual Doutrinário, Ritualístico e Comportamental Umbandista*. Coordenação de Lurdes de Campos Vieira – Madras Editora).

Nosso Divino Pai Olorum merece receber de nós a devida adoração, respeito e reverência e ocupar lugares muito especiais em nossos íntimos, pois é a fonte e o sustentador das nossas vidas, o Pai capaz de amparar a todos ao mesmo tempo e tornar-nos plenos na fé, no amor e na vida.

Adorá-lo e reverenciá-lo é um ato de gratidão e de amor a Ele, nosso Pai Eterno.

SÓ EXISTE UM DEUS, OLORUM

Divino Criador Olorum, não temos de Vós uma noção apurada ou exata.
Sois muito mais do que podemos imaginar ou conceituar, mas pedimos licença para tecer algumas considerações sobre Vossa criação.
Rubens Saraceni

A unidade religiosa da Umbanda está em Olorum, o Divino Criador, Deus, princípio de tudo. A palavra Olorum é de origem yorubá, uma contração de Olodumaré (Senhor Supremo do Destino). *Olo* significa senhor e *Orum*, o além, o alto, o céu. Olorum é o Senhor do Alto do Altíssimo, infinito em Si mesmo, onisciente, onipotente, onipresente, oniquerente e indivisível. Ele é em Si toda a criação e rege tudo no Universo.

Deus é UM, sempre foi e sempre será, mas muitos são os nomes pelos quais Ele é conhecido. Os nomes usados por diferentes povos e religiões referem-se simplesmente aos diversos caminhos por meio dos quais Deus manifesta a Si mesmo na criação, para cada povo com sua cultura específica.

Deus não tem um início; é princípio, meio e fim; é o Criador, o Gerador de tudo o que existe e está tanto na Sua criação como nas criaturas e nos seres que gera. Deus é vida, é o mistério que anima e fornece os meios ideais para que nos multipliquemos em nossos filhos, que também trazem em si a capacidade de se reproduzir, pois são gerados em um meio vivo.

Olorum, Senhor Supremo do Destino, é infinito em tudo e também o é nas Suas Divindades, os Sagrados Orixás. Ele as gerou em Si e elas complementam-se umas às outras na sustentação da criação divina e na manutenção dos princípios que as regem, manifestando-se através dos sentidos da Fé, do Amor, do Conhecimento, da Justiça, da Lei, da Evolução e da Geração.

Os Orixás são mistérios individualizados do Divino Criador, são Divindades, Tronos Sagrados distribuídos por toda a Sua criação; são manifestações das qualidades divinas. Olorum é o todo e Suas divindades são as partes formadas por esse todo. Cada divindade atua em um campo só seu e em momento algum elas se chocam. Adorar as divindades significa adorar as qualidades de Deus. A magnitude, a grandeza infinita de Olorum, nos agracia e contempla com Suas divindades, através das quais podemos perceber quanto o Divino Criador é infinito em Si mesmo.

A Umbanda não é politeísta e os Orixás não são deuses. Eles são Divindades de Deus, são irradiações divinas que amparam os seres até que evoluam, desenvolvendo seus dons naturais, para alcançar seus fins em Deus. Deus se manifesta e se irradia em todos os níveis onde vivem os seres e as criaturas, através do Setenário Sagrado, os sete sentidos da vida, pelos quais fluem as essências divinas (cristalina, mineral, vegetal, ígnea, aérea, telúrica e aquática) que chegam até nós pelas vibrações mentais, sonoras, energéticas e magnéticas.

Quem se afasta do Pai, por Livre-Arbítrio ou livre e espontânea vontade, vai sofrendo acentuadas deformações em seu corpo espiritual, perdendo suas características humanas. Podemos perceber se estamos próximos ou distantes d'Ele, ou quanto, a partir de nossas virtudes ou de nossas imperfeições.

Olorum é o meio pelo qual tudo se realiza e se concretiza. Ele nos gerou em Seu íntimo e nos exteriorizou como Seus filhos humanos, dotados com Sua programação genética humana, para que, em nossa vivência, encontremos nossa forma pessoal de evolução e ascensão, pois só assim nos tornaremos em nós mesmos as Divindades humanas de Deus, o nosso Divino Criador. "Nós Vos louvamos e Vos agradecemos, Divino Pai Criador Olorum!"

CANTO

Caso queiram, todos poderão cantar pontos condizentes com o culto do dia.

Domínio Público

Os anjos tocam seus clarins, lá no céu,
Anunciando o alvorecer. } bis
Pai Olorum que tudo vê lá de Aruanda,
Criou a Umbanda pra seus filhos proteger! } bis

A seguir, aqueles que puderem se ajoelham e os demais permanecerão de pé, em reverência, durante as orações e a evocação. (Os que não conseguem se ajoelhar nem ficar de pé poderão ficar sentados.)

ORAÇÃO A OLORUM

Olorum, Senhor Nosso Deus e Nosso Divino Criador! Hoje nos reunimos aqui para louvá-lo, aclamá-lo, adorá-lo e reverenciá-lo, com toda nossa fé e amor, neste momento de nossa vida e de nosso destino.

Pai! Acolha-nos em Sua bondade infinita e envolva-nos com Seu manto de luz viva e divina, vivificando nossa alma imortal, iluminando e expandindo em nossos íntimos Suas centelhas vivas que animam os nossos espíritos.

Faça de cada um de nós um de Seus Templos Vivos, capaz de transbordar e expandir nosso íntimo vivificado por Suas Luzes Divinas. Pedimos que em nossos íntimos aflore essa Sua Divindade e que acenda nossos espíritos, iluminando-os de dentro para fora, tornando-os capazes de irradiar a todos à nossa volta, sempre que se fizer necessário.

Amado Pai Olorum, Criador de Tudo e de Todos! Ao Senhor, fonte geradora e generosa de vida, nos dirigimos, humilde e respeitosamente, para pedir que Suas luzes vivas e divinas iluminem as nossas caminhadas, para que assim sejamos movidos pela bondade, bom senso, discernimento e capacidade de estender as mãos aos nossos irmãos e ajudar a erguê-los, sempre que for preciso, e que nunca em nosso coração se manifeste um desejo de mal a quem quer que seja. Que tenhamos sabedoria, diante dos acontecimentos da vida, para olharmos o mundo à nossa volta como uma grande escola, como um grande caminho evolutivo, onde sempre possamos aprender com os que sabem mais e orientar os que sabem menos, como já nos ensinava o Caboclo das Sete Encruzilhadas.

Pai amado, Onipotente! Manifeste em nossos mentais e em nossos corações a Sua sabedoria Divina, para que possamos sempre agir com prudência, tolerância, compaixão, misericórdia e compreensão, diante das mais difíceis situações que possam se apresentar em nossas vidas.

Amado Olorum! Que os Seus mistérios vivos se manifestem nestas sete velas firmadas ao redor da Sua vela branca, e que eles, Seus manifestadores divinos e Seus exteriorizadores, se assentem à nossa volta e nos cubram com Suas luzes vivas e divinas. Que eles nos envolvam em Suas vibrações originais e, como Suas Divindades, possam abençoar todos os nossos encontros familiares, em Seu nome Sagrado!

Que Pai Oxalá nos cubra com seu manto de fé, harmonia e paz, e Mãe Logunã desperte cada vez mais a nossa religiosidade!

Que Pai Oxumarê dilua e afaste os maus pensamentos e instintos que possam nos obscurecer, e Mamãe Oxum desperte o Amor incondicional em nossas vidas!

Que Pai Oxóssi, caçador de almas, expansor e difusor do Conhecimento, envolva nossas mentes com suas vibrações, e Mãe Obá nos vigie atentamente, sustentando-nos nos caminhos do rigor e da verdade, proporcionando-nos conhecimento e sabedoria!

Que Pai Xangô, o Senhor da Justiça Divina, do alto de sua pedreira, lance seus raios iluminadores, trazendo-nos Justiça e equilíbrio, e que Mãe Oroiná nos aqueça com seu fogo vivo e queime as impurezas de nossos corpos e de nossas almas e espíritos, purificando-os!

Que Pai Ogum, com a força da Lei Maior e com sua espada luminosa, nos defenda dos ataques de seres trevosos e ordene nossas vidas nos caminhos de elevação a Deus, e Mãe Iansã nos direcione pelos caminhos de retidão, conduzindo-nos ao Senhor, Divino Criador!

Que Pai Obaluaiê, com sua sabedoria e humildade, nos auxilie nos caminhos da evolução, e Mãe Nanã nos tranquilize, aquiete e nos proporcione as condições para desenvolvermos nossa maturidade e razão!

Que Mamãe Iemanjá lave com suas sete águas sagradas as impurezas de nossos corpos, de nossos corações e de nossos espíritos, e Pai Omolu nos conceda a cura das chagas que corroem nossos corpos e nossas almas!

Que o Orixá Exu nos dê a vitalidade suficiente para não esmorecermos em nossas caminhadas, sempre buscando a elevação e os caminhos de retidão e luz, e que recebamos da Mãe Pombagira o desejo de seguir em frente, estimulados e com muita vontade de alcançar, cada vez mais, uma sintonia vibratória com o Divino Criador Olorum!

Que tenhamos do Orixá Exu-Mirim as intenções e a ajuda para descomplicarmos os liames da vida, e que da Orixá Pombagira-Mirim tenhamos os interesses em nossas pessoas, favorecendo nossas vidas com paz e harmonia, despertando em nós a bondade e a fraternidade.

Amado Pai, Divino Criador Olorum! Elevamos esta prece para agradecê-lo pela magnitude e beleza da Sua criação e pelas bênçãos que diariamente recebemos das Suas Divindades, os amados Orixás.

Agradecemos, Senhor, pela Fé que cresce em nosso coração e por nossa Religiosidade na Umbanda Sagrada! Agradecemos pelo Amor que podemos dar e receber de nossos irmãos e pela constante Renovação em nossas vidas!

Agradecemos pela capacidade de conhecer e aprender e pelo dom do Raciocínio e da Memória. Agradecemos pelo Equilíbrio que nos traz harmonia e paz e pela Purificação de nossos vícios e desequilíbrios! Agradecemos pela Ordenação de nossa evolução e pelo Direcionamento correto na vida!

Agradecemos, Senhor, pela encarnação que nos permite Evoluir, pela Estabilidade que nos traz confiança e calma e pelo amparo que receberemos, quando da nossa morte na carne!

Agradecemos, Senhor, pela Vida!

Amado Pai Olorum, Divino Criador, Senhor de tudo e de todos! Permita-nos, em nossos encontros, que chamamos de cultos familiares, acessarmos as Suas Divindades-Mistérios e sermos cobertos por Seus mantos de luz. Amém!

CLAMORES

Rogamos ao Senhor, Divino Pai Olorum, que Suas irradiações vivas e divinas ativem os princípios sagrados e energéticos destes elementos ao Senhor oferendados, consagrando-os, imantando-os e potencializando-os, para o nosso benefício. Que Seu mistério nos envolva completamente e fortaleça a nossa fé, harmonizando-nos com toda a Sua criação, para que, irmanados em uma única corrente, possamos senti-lo em nós, na iluminação cada vez maior e na expansão da nossa centelha viva e divina. Amém!

Ensine-nos a perdoar os nossos inimigos e a enviarmos a eles os nossos mais nobres e elevados sentimentos e pensamentos de fraternidade e compreensão. Que eles também aprendam a perdoar e a anular em seus íntimos os sentimentos que tornam os seres humanos desumanos, fazendo também deles expressão do humanismo, que é a mais elevada nobreza do ser.

Somente com fé, amor, compreensão, compaixão, perseverança, humildade, resignação e fraternidade poderemos transpor as barreiras que nos têm impedido de chegar mais perto do Senhor, Pai Amado! Só assim o sentiremos mais intensamente em nosso íntimo e acreditaremos verdadeiramente que o Senhor ali está e nos quer como expansores da Sua Divindade.

Divino Criador, Senhor Nosso Deus e amado Pai, que tudo gera e que está em tudo o que gerou em nós, gerações Suas, fortaleça a nossa alma imortal e resplandeça nosso espírito humano, livrando o nosso íntimo, nossa mente e nossa consciência das vibrações nocivas e contrárias ao destino que reservou para cada um de nós, Seus filhos e razões da Sua existência exterior. Afaste, ó Pai, do nosso destino os maus pensamentos, as más palavras, os desvirtuados sentimentos e as ações contrárias aos Seus desígnios para nossa vida e para conosco.

Inunde-nos com Seus eflúvios de amor e de fé, de sabedoria e de tolerância, de resignação e de compreensão, pois só assim, amorosos, reverentes, sábios, tolerantes, resignados e compreensivos, quanto à nossa vida e ao nosso destino, cumpriremos Seus desígnios para conosco e os manifestaremos através da nossa consciência, da nossa mente, dos nossos pensamentos, dos nossos atos e das nossas palavras. Ao expressarmos Sua Divindade, estaremos cumprindo os desígnios que deu a todos nós: o de sermos Seus filhos, Seus refletores naturais para os nossos semelhantes.

Dê-nos serenidade e capacidade para que encontremos orientações, soluções e apoios, para despertarmos nossos próprios recursos internos e sermos capazes de vencer os obstáculos interpostos às nossas vidas. Desperte em nós, amado Criador, muita esperança, e pacifique nossos pensamentos, sentimentos e atitudes, para que tenhamos a têmpera, a perseverança e a força necessárias para enfrentarmos e vencermos as dificuldades do mundo, no trilhar das sinas a nós destinadas.

Neste momento, cada um deve pensar em suas dificuldades e clamar por suas dissoluções; procurem, também, mentalizar seus inimigos ou seus perseguidores e opressores e clamar pela transmutação dos seus sentimentos negativos (ódios, invejas, etc.), anulando da vida e do destino deles e dos seus todas as coisas contrárias aos desígnios divinos para com todos nós.

(Aguardar alguns minutos, para que cada um pense.)

Pai! Que as nossas casas sejam as Suas casas e que nestas os Seus sete mistérios se assentem e façam delas as Suas moradas humanas, pois só assim, abençoados pela Sua presença viva e sagrada e a presença viva e divina dos Seus sete mistérios vivos em nossas casas, não haverá doenças incuráveis, fomes insaciáveis e discórdias insolúveis.

Só assim os maus e os males não encontrarão abrigo nas nossas moradas, que são as Suas moradas e as moradas dos Seus mistérios vivos e divinos, os Sagrados e Senhores Orixás. Pai Amado! Conceda-nos a graça de, em nossos cultos familiares, evocarmos esses Seus Mistérios Vivos e Divinos! Amém!

Bênçãos! Bênçãos! Bênçãos! Senhor da nossa vida e do nosso destino! Paz e Luz, Amado Olorum!

Salve nosso Divino Pai Olorum! (Todos devem responder: Olorum é nosso Pai!)

ORAÇÃO DE AGRADECIMENTO E ENCERRAMENTO

O condutor do culto faz uma prece de agradecimento e encerramento do mesmo, como a sugestão a seguir:

Com todo amor e respeito agradecemos ao nosso Divino Criador Olorum pela possibilidade de estarmos aqui reunidos, neste culto familiar de louvação, e que cada um de nós se sinta fortalecido na prática do bem, na fé e no amor ao próximo e desperto para a vida superior.

Desejamos, igualmente, que todas as palavras proferidas neste culto sejam proveitosas aos espíritos sofredores, nossos irmãos ainda ignorantes e viciosos que tenham assistido a esta reunião, para os quais imploramos a misericórdia de Deus.

Amado Pai Olorum, Senhor nosso Deus! Nós Lhe agradecemos por nossas moradas que nos abrigam e às nossas famílias, e somos imensamente gratos pela segurança e proteção recebidas do Senhor e de Suas Divindades Sagradas, os Orixás. Agradecemos o rumo que gentilmente nos indicou, a Umbanda Sagrada, a segurança e o conforto de poder pedir e encontrar respostas a tudo que em justa medida nos tem outorgado, de acordo com a Lei Maior.

Divino Criador! Ilumine, oriente e proteja todos aqueles que aqui entraram e entrarão, zelando, defendendo esta casa e fazendo com que os nossos irmãos, parentes, amigos, vizinhos e demais frequentadores tenham a satisfação de estar conosco, partilhando nossa amizade e carinho e desenvolvendo sua religiosidade e fé. Rogamos-lhe, Senhor, que se manifeste em cada centímetro de área desta casa e que ela seja purificada e abençoada hoje e sempre.

Amado Pai! Pedimos que nos sustente nas Suas Sete Luzes Vivas e Divinas e que cada um receba as Suas graças conforme o seu merecimento. Amém! Salve Olorum! (Todos devem responder: Olorum é nosso Pai!)

Após o clamor da oração, a oração de agradecimento e o encerramento, todos devem agradecer mentalmente a Olorum e aos Seus Sete Mistérios Vivos e Divinos; permanecer em absoluto silêncio por alguns minutos só mentalizando luzes e vibrando bons sentimentos, cruzar o solo com respeito e reverência e levantar-se, deixando as cadeiras postas ao redor da mesa, até a queima de todas as velas.

LÍQUIDOS, FRUTOS, ERVAS E FLORES

A água, os outros líquidos e as frutas energizados serão oferecidos aos participantes, para serem levados para casa ou consumidos no local, como alimentos, aguardando pelo menos 30 minutos após o encerramento do ritual. O manjericão poderá ser utilizado como tempero dos alimentos ou em banhos de energização.

No dia seguinte, o resto das velas e dos elementos no prato e nos pires devem ser recolhidos e despachados na terra de um vaso, de um jardim ou mata, ou em água corrente, pedindo à natureza que absorva os restos do que ela, generosamente, nos propiciou.

X– CULTO FAMILIAR À DIVINDADE MASCULINA DA FÉ: O DIVINO PAI OXALÁ

PREPARAÇÃO

Os participantes deverão ser comunicados, antecipadamente, para irem com roupas claras, preferencialmente brancas, e que poderão levar água mineral, água de coco, frutas de polpa branca (pera, goiaba branca, uva verde, coco verde ou outras) e flores brancas, que levarão para casa ao término da cerimônia. Se quiserem, poderão usar um tapetinho ou almofada para se ajoelhar.

Banho de ervas – O anfitrião responsável pela condução do Culto Familiar deverá tomar um banho de rosas brancas, manjericão e jasmim, da cabeça aos pés, e poderá ensiná-lo aos demais participantes do culto para que também o façam, caso queiram. Antes, firmar uma vela branca de sete dias, para Deus e ao seu Anjo da Guarda, com um copo com água ao lado ou a quartinha consagrada, se a tiver, fazendo as devidas orações e pedindo firmeza e proteção na condução do culto que se realizará.

O banho indicado é excelente para trazer paz ao espírito, harmonizar, desenvolver as faculdades psíquicas, purificar os chacras, principalmente o coronal, o frontal e o cardíaco, clarear a mente, além de nos ajudar a ter novas ideias. Também propicia excelente conexão com o plano espiritual.

Pode ser preparado colocando dois litros de água para ferver. Após a fervura, desligar o fogo, adicionar as ervas e as rosas brancas, abafar por uns cinco minutos. Aguardar até a temperatura ficar amena. Tomar o banho normalmente. Após enxaguar, eleve a vasilha com o banho acima de sua cabeça e peça: "Divino Pai Olorum! Amado Pai Oxalá! Irradiem Suas energias neste banho, para o meu benefício". Derrame a água de ervas da cabeça aos pés. Recolha os restos e deposite na terra de um vaso ou de um jardim, agradecendo à natureza.

Pequeno altar – Sobre a mesa, ao redor da qual será realizado o ritual, estender uma toalha branca. Enfeitar com vasos de louça branca ou vidro transparente, com flores brancas (rosas, cravos, palmas, crisântemos ou outras), mas sempre tendo algumas rosas brancas.

Fazer um círculo de sete velas brancas, firmadas sobre pires brancos. No centro da mesa, dentro do círculo de velas, colocar um prato branco com algodão dentro, cristais de quartzo, jarras de louça branca ou de vidro transparente com água mineral e água de coco, frutas de polpa branca (goiaba branca, coco verde aberto e com a água, pera, uva verde, etc.), um vaso com manjericão ou manjerona, algumas unidades de anis-estrelado e uma garrafa ou mais de vinho branco doce ou suave. Se quiser, pode colocar dentro do círculo de velas comidas brancas, como arroz-doce, canjica, coalhada adocicada e pães.

Também pode pôr sobre a mesa, dentro do círculo de velas, uma imagem de Pai Oxalá ou do Divino Mestre Jesus, santo sincretizado com a força desse Orixá. Todos deverão sentar-se ao redor dessa mesa/altar.

O anfitrião ou um dos outros participantes poderá preparar uma defumação ou acender um incenso de mirra ou sândalo e incensar as pessoas presentes e o ambiente.

PRELEÇÃO

A pessoa que está conduzindo o culto deve fazer uma pequena preleção sobre o motivo de estarem reunidos, explicando o que é o culto familiar, a sua finalidade, e, no caso deste culto, falar sobre Deus, nosso divino Pai e Sua Divindade da Fé, o Orixá Oxalá, que está sendo reverenciado nesse dia.

Sugestão: Hoje, estamos aqui reunidos para louvar nosso Pai Oxalá, a Divindade Masculina da Fé. Olorum é o nosso Divino Criador, e criou tudo que nos cerca e se mostra aos nossos olhos na grandeza infinita da Sua criação. Ele criou a Divindade Masculina da Fé, Pai Oxalá, o espaço e a fé que, com Mãe Logunã, rege a Linha da Fé, na qual atua como congregador religioso, fluindo a fé na caminhada evolutiva dos seres.

PAI OXALÁ – A DIVINDADE MASCULINA DA FÉ

Oxalá é o Orixá da Fé, qualidade divina benevolente do Criador Olorum, considerada a principal, pois tudo tem de ter por princípio a fé no Divino Criador, porque sem ela nada existe religiosamente. Pai Oxalá irradia fé o tempo todo a todos os seres; é o ser abençoado de luz cristalina, profundo conhecedor da alma humana. Na Criação, tudo se sustenta por vibração magnética e sem o fator magnetizador de Oxalá nada tem existência. Oxalá é um trono masculino, universal, atemporal, caloroso, que irradia a fé contínua e estavelmente. É o amado caminho reto que conduz a Deus.

O Divino Oxalá é o Orixá que tem o axé das formas, é o Orixá que rege o espaço e que estabelece a ligação com a espiritualidade. Ele é adorado como o pai amoroso que irradia a fé em nível planetário e multidimensional e que fortalece o nosso íntimo, conduzindo-nos ao encontro de Deus, estimulando o despertar da fé e da religiosidade em todos os seres. Uma das maiores qualidades desse pai é a simplicidade, e sua natureza é religiosa, congregadora, compenetrada e emotiva. Sua atuação é estável, passiva, permanente e contínua.

A Fé, principal atributo de Pai Oxalá, é um estado mental consciente e racional, um estado de espírito, o reconhecimento do ser como qualidade divina, como centelha viva do Criador, o elo do ser com Olorum. Na Fé, o ser sempre buscará Deus.

Nosso Pai Oxalá é em si mesmo essa qualidade. A Fé é a consciência das faculdades que trazemos adormecidas em nosso íntimo e que precisam germinar e crescer. Ela é a principal via evolutiva para chegarmos até Deus, mantendo-o em nosso íntimo.

O fator congregador é característico de Pai Oxalá e é gerador do sentimento de fraternidade, além da fé e da religiosidade. Sua energia cristalina propicia a pureza de sentimentos e a superação de defeitos. Ele é a compaixão; é a energia cristalina que se irradia por meio de todos os elementos e sua captação inunda nosso íntimo e nosso corpo energético espiritual, fazendo com que nos sintamos balsamizados e serenos.

O Divino Pai Oxalá é a força maior da Umbanda, pois é o seu regente. Por isso, é a presença soberana em nossa religião; é a luz que atua no ritual como o Orixá Maior, pois está em tudo e em todas as outras divindades, congregando as pessoas em um único ideal. Ele desperta nos seres os mais nobres e elevados sentimentos religiosos.

A energia de pai Oxalá atua propiciando a pureza de sentimentos e a superação de defeitos, pois ele é o símbolo das forças criativas em ação. Ele é a força capaz de transformar os desconsolados e fracos em pessoas tenazes, esperançosas, confiantes e felizes. Oxalá é o pai silencioso, imponente, equilibrado e tolerante, mas também é capaz de tomar decisões enérgicas. É conhecido como Oxalufã na fase serena e Oxaguiã na fase tempestiva.

Associado às artes, música e literatura, Oxalá é o símbolo das forças criativas em ação, capaz de trazer fé e esperança aos desconsolados e fracos. Ele é a paz, harmonia, fé, esperança, confiança e submissão, o perdão e o amparo do divino Criador Olorum. É representado pelo branco, que é a união de todas as cores, e seu elemento é o cristal translúcido. Todos os espaços pertencem a Pai Oxalá, mas podemos reverenciá-lo nos campos abertos.

O que Pai Oxalá mais espera de nós é que desenvolvamos a religiosidade, humildade, tolerância, fraternidade, esperança, paciência, perseverança, resignação e a capacidade de perdoar.

A FÉ

Quem tiver a fé do tamanho de um grão de mostarda, removerá montanhas.
Jesus Cristo

O atributo principal de nosso amado Pai Oxalá, a Fé, não se ensina; ela é buscada ou fortalecida no íntimo de cada um. Não é fanatismo nem é apenas um sentimento; é um estado mental consciente e racional; é o reconhecimento do ser como criatura divina; é o elo do ser com o Divino Criador. Nosso amado Pai Oxalá é, em si mesmo, essa qualidade Divina da Fé.

A Fé, para nós umbandistas, é muito mais que um sentimento ou uma questão de crença; é um estado de espírito e, muito mais que o ato de crer em Olorum, nosso Deus, é o ato de realizarmo-nos n'Ele. É sinônimo de trabalho em prol do próximo. A fé é a consciência das faculdades que trazemos adormecidas em nosso íntimo, que precisam germinar e crescer. Ela é a principal via evolutiva, pela qual trazemos o céu para a Terra, sem precisar aguardar a morte do corpo físico, para chegarmos até Deus. Nós O temos vivo, vibrante, atuante e gratificante em nós mesmos.

A Fé se fundamenta em três pilares essenciais, que fortalecem o ser para que tenha bom êxito naquilo que quer, precisa ou pelo qual luta: crença, confiança e certeza. Na Fé não existem dúvidas; ou se crê ou não se crê. A crença é de foro íntimo de quem a tem e, se a temos, ela assegura o bom êxito dos nossos empreendimentos. Se confiarmos em Deus, positivamente e com otimismo, atraímos as forças criadoras do Universo. Com a sólida certeza de que Deus existe e está presente em nossas vidas, magnetizamos essa condição de certeza e, quando nos entregamos a uma tarefa, ela será coroada de êxito.

Nós, os humanos, podemos nos beneficiar da comunhão com o Divino Criador, nos momentos em que nos voltamos para Ele por meio da Fé. A sintonia com o Altíssimo, pela Fé, gera um campo magnético de proteção, força interior, paz e equilíbrio, fazendo com que a força mental e a força espiritual se manifestem e se realizem. Essa sintonia necessita de corações limpos, simples, corajosos e repletos de fé no Divino Criador Olorum. As montanhas que a Fé remove são as dificuldades, as resistências, a vaidade, o egoísmo, o orgulho e a má vontade.

Os mecanismos da Fé são ativados a partir do íntimo de cada um ou de seu exterior. Ela se fundamenta em atitudes para conosco e para com nossos semelhantes e se expressa em modificações das coisas à nossa volta. É o simples, ou grande, mistério do "eu sou, eu posso, eu faço"; é o despertar da força e do poder dos semideuses que somos, uma vez que fomos criados à imagem e semelhança de nosso Pai-Mãe Absoluto. Temos partes da Essência Divina latentes, adormecidas, e, à medida que as despertamos e desenvolvemos, as coisas acontecem a partir de nós, abençoadas pelo Criador.

Nosso Pai Celestial, com Seus princípios Divinos, é o ideal norteador de nossa conduta e da nossa evolução, espiritual e material, por meio da Fé.

CANTO

Caso queiram, todos poderão cantar pontos condizentes com o culto do dia.

Hino a Oxalá
Lurdes de Campos Vieira

Vou caminhando nas estradas desta vida
e me protegem sete luzes de Orixás,
filhos de Umbanda minha fé é que me guia,
nos caminhos de Aruanda, sob a paz de Oxalá. } bis

Oxalá é paz, Oxalá é o rei,
Divino pai, divina força que me encanta,
Nos caminhos de Aruanda sua luz é minha lei! } bis } bis

A seguir, aqueles que puderem se ajoelham e os demais permanecerão de pé, em reverência, durante as orações e a evocação. Os que não conseguem se ajoelhar nem ficar de pé poderão ficar sentados.

ORAÇÃO A PAI OXALÁ

Senhor Deus, nosso Divino Criador Olorum, Senhor Supremo do nosso destino e princípio Criador de tudo e de todos! Pedimos Sua licença para louvar e cultuar o Seu Divino Mistério da Fé, em Sua Divindade Congredadora, o Divino e Amado Pai Oxalá. Amém!

Divino Pai Oxalá, Senhor do Mistério da Fé do nosso Criador Olorum! Nós o reverenciamos com respeito e amor e reunidos estamos aqui para louvá-lo, cultuá-lo, adorá-lo e aclamá-lo com toda a nossa fé em Seu divino poder. Amém!

Permita-nos, Pai querido, encontrarmos sempre na casa de Deus Pai-Mãe a luz necessária para que não fraquejemos nem sucumbamos diante das perturbações. Possibilite-nos encontrarmos em nossa fé, religiosidade e crença a paz, a felicidade e o caminho em direção ao Pai Eterno.

Pai Oxalá, Força Divina! Fé, Vida e Luz que guia a todos nós! Fortaleça-nos na Fé, para que tenhamos nossas almas sintonizadas com Deus e não sobrecarreguemos nossas vidas com tristezas!

Ó Bondoso Mestre! Nós rogamos as Suas bênçãos, para que possamos sentir cada vez mais viva em nossos corações a chama do amor pelo Divino Pai, o Criador! Mantenha-nos, Pai Amoroso, integrados ao Corpo Divino de Olorum e conscientes dessa integração, para não sermos folhas soltas ao vento!

Sagrado Pai! Não permita que nossas atividades diárias matem em nós o senso de reverência espiritual! Guie-nos, para que jamais troquemos a senda para o Deus Criador por nenhuma outra felicidade momentânea e ilusória!

Afaste de nós, Senhor, o preconceito e a discriminação, expandindo nossa consciência de que o Divino Olorum está em todos os lugares ao mesmo tempo, falando diferentes línguas a diferentes filhos e a todos ensinando! Ajude-nos, Divino Oxalá, a desenvolvermos a paciência, a perseverança, o perdão, a caridade, a fé, a esperança e o amor ao próximo.

Faça-nos, Pai Querido, centros emissores de energias de combate às forças do mal que assolam nosso planeta Terra, que está sob Sua guarda. Dê-nos, Pai Oxalá, a oportunidade de lutarmos com nosso amor, pela regeneração deste planeta, nossa morada, que está sendo destruído pela ganância, pela intolerância, pela falta de amor e de solidariedade, pelas guerras de todos os tipos e pela falta de fé e de religiosidade. Dê-nos a oportunidade, Amado Pai, de formarmos uma única corrente vibratória, um único som, uma única energia de combate a essa onda maligna que impregna o astral desta Terra.

Podemos ser poucos; mas permita que à nossa força, à nossa corrente, se juntem as outras forças e correntes que estão sendo emitidas em diversos templos e, todas elas, unidas, sirvam de bálsamo aos nossos irmãos enfermos, famintos e miseráveis e também àqueles que desencarnam sem nenhuma consciência da espiritualidade.

Pai Oxalá! Exemplo vivo de abnegação e carinho! Imante e desperte em nosso íntimo sentimentos virtuosos, que estimulem nossa religiosidade!

Assista-nos, Senhor Divino, para que desenvolvamos cada vez mais em nós a humildade, a pureza, a bondade e a simplicidade! Ajude-nos a abandonarmos nossos desejos e ambições egoístas e a recuperarmos o equilíbrio dos nossos espíritos e dos nossos corpos.

Mestre Misericordioso! Envie força e proteção para todos os que palmilham o caminho do bem e proteja todos os que nascem neste momento!

Pai Amoroso! Envie bênçãos a todos, especialmente aos que se encontram recolhidos nos hospitais, penitenciárias e manicômios! Socorra, Senhor da Luz, os que desencarnaram e se dirigem, em espírito, para o acerto de contas no mundo invisível, e derrame Sua misericórdia aos que vivem no mal e para o mal, esquecidos de si mesmos!

Se um dia formos colocados nas trevas, Amado Pai, clareie-nos com Sua Luz cristalina, para que sejamos faróis a guiar os irmãos necessitados, mostrando-lhes o melhor caminho evolutivo, de acordo com

Sua Lei Maior e Justiça Divina! Amado Pai Oxalá! Que Seus braços, sempre abertos, possam amparar e acolher a eles e a nós! Amém!

Fortaleça-nos, Querido Pai, para que trilhemos com dignidade, amor e respeito a senda religiosa da Sagrada Umbanda! Amém!

Salve nosso Divino Pai Oxalá! (Todos devem responder: Oxalá yê, meu Pai! Ou Êpa Babá! Essa saudação significa uma admiração honrosa: O Senhor Realiza! Obrigado, Pai!)

CLAMORES

Rogamos ao Senhor, Divino Pai Oxalá, que Suas irradiações vivas e divinas ativem os princípios sagrados e energéticos destes elementos ao Senhor oferendados, consagrando-os, imantando-os e potencializando-os, para o nosso benefício. Que Seu mistério nos envolva completamente, descarregando, purificando, desmagnetizando, descristalizando e desbloqueando nossos mentais, nossos campos vibratórios energéticos e espirituais, recolhendo toda energia, vibrações, espíritos, seres, atuações negativas e desequilibradoras que estejam agindo negativamente contra nós e contra todos aqueles que estejam ligados a nós.

Clamamos ao Senhor, Divino Mistério da Fé, para que nos fortaleça, ampare-nos em nossa jornada evolucionista, apaziguando e equilibrando nosso emocional, restaurando, alinhando, edificando e vitalizando nosso sentido da Fé. Conduza-nos para dentro do Seu Mistério Sagrado, concedendo-nos a graça de solidificarmos a Fé, de forma que nos beneficiemos e também se beneficiem os nossos semelhantes.

Pedimos ao Senhor, Sagrado Pai Oxalá, que regenere nosso íntimo, positivando nossos sentidos, bem como os de todos aqueles que, consciente ou inconscientemente, prejudicamos, ofendemos ou magoamos e que estejam vibrando emocional ou mentalmente contra nós e nossos familiares. Que Suas irradiações perdoadoras, reconciliadoras e retificadoras nos envolvam completamente, libertando-nos destas prisões cármicas e negativas para nossas caminhadas evolucionistas, decantando, remodelando e apassivando todo sentimento de mágoa e vingança que possa existir; finalizando, assim, todos os processos negativos entre nós e conscientizando-nos para que, assim, reconciliados, esclarecidos e renovados, possamos retornar à nossa evolução espiritual e crescimento humano de forma luminosa e verdadeira.

Amado Pai Oxalá! Que Suas bênçãos recaiam sobre esta casa como essências de rosas brancas, para que possamos nos fortalecer cada vez mais e vibrarmos em sintonia com nosso Divino Criador e para que busquemos, cada vez mais, os bons ensinamentos, sentimentos e atitudes que nos elevem e nos conduzam à Luz do nosso Pai Maior. Rogamos, Divino Pai, a força, a coragem, a resignação e a inspiração, para que só pratiquemos o bem, tendo consciência das nossas fraquezas e imperfeições. Nós estamos nos esforçando para sermos dignos do Seu perdão e das Suas bênçãos.

Impeça-nos, Pai, de sucumbirmos diante de provas elementares e regredirmos em nossa jornada, praticando atitudes impensadas e irresponsáveis. Capacite-nos com a necessária humildade e compreensão para ajudarmos nossos irmãos infelizes e necessitados, dando-nos força, coragem, paz, amparo, saúde física e espiritual e o luzir dos nossos espíritos com a capacidade de amar e perdoar.

Sagrado Pai Oxalá! Livra-nos da submissão aos espíritos viciosos, embusteiros e obsessivos. Fortaleça-nos e unja-nos com Suas graças, agora e durante toda a nossa passagem terrena. Que a maldade não tenha forças e poder sobre nós, e que qualquer ação levantada contra nós encontre Sua presença e se quebre em choque com as obras de luz! Fortaleça-nos e proteja-nos com Seu escudo invisível do poder de Deus. Amém!

Neste momento, cada um deve pensar em suas dificuldades e clamar por suas dissoluções; procure, também, mentalizar seus inimigos ou seus perseguidores e opressores e clamar pela transmutação dos seus sentimentos negativos (ódio, inveja, etc.), anulando da vida e do destino deles e dos seus todas as coisas contrárias aos desígnios divinos para com todos nós.

(Aguardar alguns minutos, para que cada um pense.)

Divino Pai Oxalá, Sagrado Mistério da Fé! Que, a partir deste momento, Sua Luz Cristalina Divina esteja resplandecendo em nossas vidas, nossos caminhos, nossos sentidos e iluminando nosso ser imortal, fortalecendo, sublimando e vivificando nossa existência, como seres gerados à imagem e semelhança de Deus, nosso Divino Criador Olorum. Amém!

Salve nosso Divino Pai Oxalá! (Todos devem responder: Oxalá yê, meu Pai! Ou Êpa Babá!)

ORAÇÃO DE AGRADECIMENTO E ENCERRAMENTO

Agradecemos, com todo amor e respeito, a Deus, nosso Divino Criador Olorum! Agradecemos ao Sagrado Mistério da Fé, no Divino Pai Oxalá, pelas bênçãos concedidas neste momento em nossas vidas, bem como a todos aqueles que estão ligados a nós!

Também agradecemos ao nosso Divino Criador e a Pai Oxalá pela oportunidade de estarmos aqui reunidos, neste culto familiar de louvação à Divindade da Fé, e que cada um de nós se sinta fortalecido na prática do bem, na fé e no amor ao próximo e desperto para a vida superior.

Desejamos, igualmente, que todas as palavras proferidas neste culto sejam proveitosas aos espíritos sofredores, nossos irmãos ainda ignorantes e viciosos que tenham assistido a esta reunião, para os quais imploramos a misericórdia de Deus.

Amado Pai! Pedimos que nos sustente na Sua Luz Cristalina e que cada um receba as Suas graças conforme o seu merecimento. Amém!

Que Suas luzes vivas e divinas se estendam para o infinito por este momento de fé, reverência e amor, em que nos colocamos diante de Seus mistérios, Senhores do nosso destino e razões das nossas existências, para que elas cubram de luzes aqueles que buscam a Fé verdadeira em seus caminhos, e, assim, sejam conduzidos e amparados em todos os sentidos pela fonte cristalina de Sua Fé. Amém!

Amado Pai Oxalá, Senhor da nossa Fé! Nós Lhe agradecemos pelas moradas que nos abrigam com nossas famílias e somos imensamente gratos pela segurança e proteção recebidas do Senhor.

Agradecemos ao Divino Criador o rumo que gentilmente nos indicou, a Umbanda Sagrada, a segurança e o conforto de poder pedir e encontrar respostas a tudo que em justa medida nos tem outorgado, de acordo com a Lei Maior. Agradecemos por ter recebido a graça de comungar com a divindade cristalina da Fé, nosso Amado Pai Oxalá.

Divino Pai! Ilumine, oriente e proteja todos aqueles que aqui entraram e entrarão, zelando, defendendo esta casa e fazendo com que os irmãos, parentes, amigos, vizinhos e demais frequentadores tenham a satisfação de estar conosco, partilhando nossa amizade e carinho e desenvolvendo sua religiosidade e fé. Rogamos-lhe Senhor, que se manifeste em cada centímetro de área desta casa e que ela seja purificada e abençoada hoje e sempre. Amém!

Salve nosso Divino Pai Oxalá! (Todos devem responder: Oxalá yê, meu Pai! Ou Êpa Babá!)

Após a evocação, a oração de agradecimento e o encerramento, todos devem agradecer mentalmente a Olorum e a seu mistério da Fé, o Divino Pai Oxalá, permanecer em absoluto silêncio por alguns minutos, só mentalizando luzes e vibrando bons sentimentos, cruzar o solo com respeito e reverência e levantar-se, deixando as cadeiras postas ao redor da mesa, até a queima de todas as velas.

LÍQUIDOS, FRUTOS, ERVAS E FLORES

A água mineral, a água de coco e as frutas energizadas poderão ser distribuídas, levadas para casa ou consumidas no local, como alimentos, aguardando pelo menos 30 minutos após o encerramento do ritual. O mesmo se aplica aos alimentos postos à mesa. As ervas e as flores poderão ser levadas para casa, para os banhos de energização, na força de Pai Oxalá. O vinho, se houver, também poderá ser levado para casa e ingerido aos pouquinhos, em pequenos cálices, para fortalecimento energético.

O algodão pode ser guardado, para uso posterior, sempre que necessário.

No dia seguinte, os restos das velas e dos frutos ingeridos deverão ser recolhidos e despachados na terra de um vaso, de um jardim ou mata, ou em água corrente, pedindo à natureza que absorva os restos do que ela, generosamente, havia nos propiciado.

XI – CULTO FAMILIAR À DIVINDADE FEMININA DA FÉ: A DIVINA MÃE LOGUNÃ

PREPARAÇÃO

Os participantes deverão ser comunicados, antecipadamente, para irem com roupas claras, preferencialmente brancas, e que poderão levar água de coco maduro, frutas (amoras, romã, pitanga, coco maduro, maracujá azedo), flores-do-campo, rosas amarelas ou lírios brancos, folhas de eucalipto, pitanga e louro, que levarão para casa ao término da cerimônia. Se quiserem, poderão utilizar um tapetinho ou almofada, para se ajoelhar.

Banho de ervas – O anfitrião responsável pela condução do Culto Familiar deverá tomar um banho de eucalipto, jasmim, louro, pitanga e rosas amarelas, da cabeça aos pés, e poderá ensiná-lo aos demais participantes do culto para que também o façam, caso queiram. Antes, firmar uma vela branca de sete dias, para Deus e ao seu Anjo da Guarda, com um copo com água ao lado ou a quartinha consagrada, se a tiver, fazendo as devidas orações e pedindo firmeza e proteção na condução do culto que se realizará.

O banho indicado é excelente para limpeza astral, para fechar portais negativos, gerados na linha do tempo, trazer firmeza de propósitos, desenvolver a racionalidade e a percepção, clarear a mente e ajudar na tomada de decisões. Também propicia excelente crescimento, expansão e movimento do que está parado, traz bem-estar, alegria e sensação de leveza.

Pode ser preparado colocando dois litros de água para ferver. Após a fervura, desligar o fogo, adicionar as ervas e as rosas amarelas, abafar por uns cinco minutos. Aguardar até a temperatura ficar amena. Tomar seu banho normalmente. Após se enxaguar, eleve a vasilha com o banho acima de sua cabeça e peça: "Divino Pai Olorum! Amada Mãe Logunã! Irradiem Suas energias neste banho, para o meu benefício". Derrame a água de ervas da cabeça aos pés. Recolha os restos e deposite na terra de um vaso ou de um jardim, agradecendo à natureza.

Pequeno altar – Sobre a mesa, ao redor da qual será realizado o ritual, estender uma toalha branca ou azul-escura. Fazer um círculo com sete velas azul-escuras, firmadas em pires brancos.

Firmar uma vela branca no centro da mesa, sobre um prato de louça branca. Colocar um ou mais cristais de quartzo fumê, uma cabaça com água de chuva, uma ou mais garrafas de licor de anis e água de coco maduro, um maracujá azedo cortado ao meio e um recipiente com suco de maracujá. Arrumar, também no centro das velas, uma travessa com as amoras, romãs, laranja-pera, pitangas, caquis e coco maduro fatiado e enfeitar com vasos de louça branca ou vidro transparente, com rosas amarelas, flores-do-campo e lírios brancos, e vasos com eucalipto e folhas de pitanga.

Também pode pôr sobre a mesa, se quiser, dentro do círculo de velas, uma imagem de Mãe Logunã. Organizar tudo como um pequeno altar sobre a mesa, ao redor da qual todos deverão se sentar. O anfitrião ou um dos outros participantes poderá preparar uma defumação ou acender um incenso de louro ou eucalipto e incensar as pessoas presentes e o ambiente.

PRELEÇÃO

A pessoa que está conduzindo o culto deverá fazer uma pequena preleção sobre o motivo de estarem reunidos, explicando o que é o culto familiar, a sua finalidade, e, no caso deste culto, falar sobre Mãe Logunã, Divindade Orixá que é o Tempo do Divino Criador, nosso Deus, nosso Divino Pai. Ela é a Divindade Feminina e Pai Oxalá é a Divindade Masculina da Fé do Divino Pai Olorum.

Sugestão: Hoje, estamos aqui reunidos para louvar nossa Mãe Logunã, a Divindade Feminina da Fé. Olorum é o nosso Divino Criador e criou tudo que nos cerca e se mostra aos nossos olhos na grandeza infinita da Sua criação. Ele criou a Divindade Feminina da Fé, Mãe Logunã, o tempo e a religiosidade que, com Pai Oxalá, rege a Linha da Fé, na qual atua como ordenadora do caos religioso, fluindo a religiosidade dos seres, em sua caminhada evolutiva.

LOGUNÃ – A DIVINDADE FEMININA DA FÉ

É na eternidade do Tempo e na infinitude de Deus que todas as evoluções acontecem.
Rubens Saraceni

Logunã é a mãe Orixá dona do axé do tempo, enquanto fator cronológico. Ela é em si o próprio tempo e rege o seu sincronismo. O tempo cronos deve ser considerado em seu aspecto eterno (atemporal, sem finitude) e em seu aspecto finito (temporal, que finda). Ela é uma Mãe Orixá Cósmica, temporal e ativa. Sua irradiação magnética é alternada em duas espirais, em que uma gira no sentido horário, intensificando a religiosidade, e outra gira no sentido anti-horário, esgotando os desequilíbrios religiosos nos seres.

Os chamados Orixás Universais são atemporais, ou seja, manifestam-se permanentemente com a mesma carga energética, pois não são regidos pelos ciclos e ritmos da criação. Suas irradiações não dependem do fator tempo, pois não se alteram nunca e sustentam a criação em sua totalidade, sem alternâncias.

Os Orixás Cósmicos são temporais e ativos, pois são regidos pelo fator tempo em suas atuações, por meio dos ciclos e ritmos da Natureza; regem a evolução da criação e dos seres e tudo o que é perecível e finito, como a natureza material. A intensidade e a carga energética de suas irradiações aumentam ou diminuem conforme as necessidades de um meio ou de um ser que nele vive.

O mistério do tempo, regido por essa Mãe, é o tempo no seu estado atemporal ou antimatéria que registra o passado, presente e futuro, e o tempo no seu estado temporal material, com princípio, meio e fim. Ela é a senhora geradora de todos os Tempos, das eras e da eternidade, criadora dos ciclos e dos ritmos da criação, que nos permite dividir o tempo em passado, presente e futuro, em segundos, minutos, horas, dias, meses, anos, décadas, eras cronológicas, etc.

O Tempo é um mistério que transcende o espaço físico, interpenetrando no campo da mente, das ideias, da criação e da religiosidade. Nada fica fora do tempo, senão não se realiza. Mãe Logunã é a divindade feminina desse mistério divino, onde atua como regente do polo ativo da Linha da Fé. Ela está presente em tudo e em todos, tanto no tempo material finito, como na eternidade em nosso íntimo e em nosso universo mental. Está na nossa memória, que nos traz lembranças de acontecimentos passados, e em nosso mental, que projeta perspectivas concebidas em nossa mente para o futuro.

O Trono do Tempo possui aspectos positivos ordenadores e aspectos caóticos e esgotadores. Mãe Logunã Tempo atua sobre os seres religiosamente desequilibrados, os descrentes ou os fanáticos religiosos, de forma alternada, pois tanto intensifica a fé, quando ela se enfraqueceu, como a paralisa, quando se tornou muito apassionada ou emocionada, tornando-se fanatismo. Qualquer ação do Tempo obedece a um desses aspectos, que, em nós, se mostram como a razão e a emoção.

O Ritual de Umbanda Sagrada adotou o culto a Logunã Tempo, que atua na vida dos umbandistas girando à direita, ordenando a religiosidade dos adeptos, estimulando-os a desenvolverem sentimentos religiosos e buscarem o sagrado. Ela nos proporciona o tempo de que precisamos para a reparação de nossos erros e falhas e nos conduz para as condições ideais de repararmos nossos carmas.

Logunã Tempo rege sobre o tempo cronológico e Iansã rege sobre o tempo clima ou sobre os fatores climáticos. Logunã é o tempo cronológico, em que tudo se realiza, e seu ponto de forças é o campo aberto ou tempo.

Logunã é a Divindade regente do polo negativo da Linha da Fé e seu giro anti-horário é ordenador da religiosidade dos seres. Ela vibra religiosidade e estimula sentimentos religiosos, conduzindo-nos na busca do sagrado. Ela atua exclusivamente no campo religioso, na religiosidade dos seres, depurando a emotividade e racionalizando-os.

De natureza religiosa e compenetrada, Mãe Logunã Tempo atua na Linha da Fé como ordenadora do caos religioso, fluindo a religiosidade dos seres em sua caminhada evolutiva. Ela alimenta a alma de seus filhos com suas irradiações cristalinas ativas e nutre-se com as vibrações de religiosidade que eles lhe devolvem, sempre que estão trilhando os caminhos de retidão. Essa energia, cristalizadora da religiosidade do ser, irradia-se pelo ar.

A Mãe do Tempo dinamiza nossa religiosidade e desperta nossa fé e confiança. Mas também é a mãe rigorosa que vira no tempo e esgota as energias daqueles que desvirtuarem sua fé e religiosidade, para ocultar seus desequilíbrios emocionais, suas ambições desmedidas e seus desejos mórbidos. Ela é o rigor divino para com os filhos que voltaram as costas para o nosso Amado Pai Olorum. É a mãe mais rigorosa com os filhos relapsos.

Ela é, por excelência, a mãe religiosa divina que esgota os conhecimentos que enfraquecem a fé e a religiosidade dos seres humanos. Também é a mãe rigorosa que esgota os falsos e degenerados religiosos que transformam as coisas da fé em artigos mercantilistas; por isso, é respeitada e temida. "Ela é a própria frieza de Deus, para com seus filhos desvirtuados que deturpam uma Sua qualidade divina (a Fé) e, a partir de seus vícios e desequilíbrios, ludibriam a boa-fé de seus semelhantes." (SARACENI, Rubens. *Gênese Divina de Umbanda Sagrada* – Madras Editora.)

Sua cor é o azul-noturno ou o branco e o preto, ou seja, a presença de todas as cores, no aspecto estimulador da religiosidade, e ausência de todas as cores, em seu aspecto de absorção e esgotamento da religiosidade desvirtuada e dos excessos cometidos em nome da fé. É simbolizada pela espiral do tempo e pelo cristal fumê rutilado. Pode ser reverenciada nos campos abertos.

RELIGIOSIDADE

Religiosidade é a vivência equilibrada da fé, em todos os momentos de nossa vida; significa vivenciar os princípios divinos que regem a criação. A Fé é uma qualidade de Deus. A religiosidade é uma qualidade dos seres criados por Deus, uma qualidade humana; é um aperfeiçoamento interno dos pensamentos, sentimentos, condutas pessoais, expectativas, posturas sociais e religiosas. É um estado de espírito que dá força ao ser, para suportar as agruras da vida; é seguir um caminho de aperfeiçoamento próprio, de vitórias sobre si mesmo. Na religiosidade, o ser sempre será atraído pelas coisas de Deus ou da fé.

Olorum flui por intermédio de nossos princípios morais, éticos, religiosos, sociais, espirituais, conscienciais e outros. Mas, se temos esses princípios distorcidos ou inválidos, Ele deixa de fluir. Um ser com religiosidade firme possui esses princípios muito bem estruturados em seu ser.

O ser possuidor de religiosidade é diferente do religioso, que é fruto do sistema religioso. Ele pode ter religiosidade sem estar integrado a uma religião, enquanto há pessoas participantes de determinadas religiões que não têm religiosidade nenhuma.

A religião é a viga mestra da estrutura que direciona os seres e os congrega em torno de Divindades acolhedoras, amorosas e irradiadoras das qualidades divinas de Deus Pai. Mas, sem a religiosidade dos fiéis, fica difícil a ligação com as Divindades. A partir de nossas virtudes ou das nossas imperfeições, podemos descobrir quanto estamos perto ou distante do Pai.

O Tempo é a chave do mistério da Fé, regido por nossa amada Mãe Logunã, porque é na eternidade do Tempo e na infinitude de Deus que todas as evoluções acontecem. Em Deus, encontramos a luz necessária para nos auxiliar na superação dos obstáculos, sem fraquejar diante das perturbações.

O ser humano é um ser religioso por natureza e, quando está em perfeita sintonia com a fé, acredita ser verdadeiro filho de Deus e supera todas as barreiras interpostas em seu caminho. Na ausência de uma religião, tende a sentir-se vazio, desmotivado e fragilizado, muitas vezes entregando-se ao vício que o deprecia.

Religiosidade significa vivenciar os princípios Divinos que regem a criação. A verdadeira religiosidade é o cultivo da Fé em Deus, amor à Sua Criação Divina, respeito com as criaturas e um sentimento de fraternidade com os semelhantes, não importando raça, cor ou religião. É prática diária de vida. É servir a Deus. É estarmos com nosso íntimo ligado a Ele. É seguirmos um caminho de aperfeiçoamento próprio, de vitória sobre nós mesmos; é uma qualidade do indivíduo, caracterizada pela disposição ou tendência para seguir seu próprio caminho religioso ou sua própria maneira de integrar-se às coisas sagradas.

CANTO A MÃE LOGUNÃ

Mãe Divina da Fé
Lurdes de Campos Vieira

Logunã, mãe divina da fé,
Espiral sem fim, força que nos domina,
Gire seu tempo, mamãe,
e no giro da alma conduz minha sina.

Dona do tempo, rainha da fé,
Gira no templo, rigorosa ela é!

ORAÇÃO A LOGUNÃ

Deus, Amado Pai, nosso Divino Criador Olorum, Senhor Supremo do nosso destino e princípio Criador de tudo e de todos! Pedimos Sua licença para evocarmos Seu Mistério Feminino da Fé, em Sua Divindade Condutora, a Divina e Amada Mãe Logunã. Amém!

Divina Mãe Logunã, Senhora do Mistério da Fé, da Religiosidade e do Tempo do nosso Criador Olorum! Nós a reverenciamos e reunidos estamos aqui para louvá-la, cultuá-la, adorá-la e aclamá-la com todo o nosso amor e fé em seu divino poder.

Amada e Divina Mãe! Aceite o despertar consciente da nossa religiosidade e da nossa fé no Divino Criador Olorum e beneficie-nos com sua ação positiva e organizadora, atuando em nossas mentes, ideias, criações e religiosidade. Ampare-nos na fé e não permita que a desvirtuemos, nem aos nossos sentimentos e convicções religiosos. Livre-nos, ó Mãe, de fanatismos e excessos emocionais, ordenando e direcionando positivamente a nossa religiosidade.

Que suas bênçãos recaiam sobre nós, Senhora da Sabedoria do Tempo, para que, no tempo certo, todos os bons acontecimentos se realizem em nossas vidas, de maneira tranquila, com maturidade de nossa parte, e possamos expandir os frutos de nossas obras amadurecidas, para serem apreciados por aqueles que estão iniciando nas coisas sagradas de Deus. Que seu tempo nos dê calma, aperfeiçoamento, maturidade e silêncio, para refletirmos sobre nossa religião e nos capacite para, no devido tempo, sermos beneficiados e beneficiarmos os nossos semelhantes com os ensinamentos de fé e religiosidade.

Clamamos-lhe, Divino Mistério da Fé, que nos fortaleça, ampare-nos em nossa jornada evolucionista, apaziguando e equilibrando nosso emocional, restaurando, alinhando, edificando e vitalizando nosso sentido da Fé. Conduza-nos para dentro do seu Mistério Sagrado, concedendo-nos a graça de solidificarmos a nossa religiosidade, sem fanatismos, e sermos parceiros do Pai, diante dos nossos irmãos encarnados e desencarnados.

Mistério da Fé, Mãe Ordenadora do caos religioso, Senhora do Tempo! Pedimos seu perdão e sua misericórdia, se, por desconhecimento, alguma vez atentamos contra os princípios do Divino Criador! Envolva-nos, Mãe, com suas irradiações cósmicas, protegendo-nos e conduzindo-nos pelos caminhos retos, em direção à luz de nosso Pai Eterno.

Mãe Luminosa! Com sua luz transparente e cristalina, ampare e sustente a nossa força, a nossa religiosidade e as nossas manifestações de fé e faça de nós, cada vez mais, seres estimuladores da religiosidade na vida dos nossos irmãos.

Tenha piedade dos seus filhos que estão iludidos e desconhecem a verdadeira fé; tenha piedade daqueles que se deixam abater em cada provação pela qual têm de passar. Levante sua espada cristalina do tempo para as pessoas de maus sentimentos que queiram iludir os puros de coração. Que ela gire no tempo e cada um possa sentir seu poder, conforme seu merecimento perante as Leis Divinas.

Amada Mãe Logunã! Ouça os nossos clamores de dor pelos acontecimentos que ocorrem neste planeta Terra. Pedimos que suas espirais envolvam os corpos e mentes das pessoas, despertando em todas elas a fé, o equilíbrio, o senso de religiosidade e a esperança de termos um planeta melhor, para vivermos com paz, fraternidade, união e respeito às diferenças.

Mãe Amada, traga para o nosso convívio os puros e bem-intencionados, que buscam a elevação para a nossa amada Umbanda e para o nosso amado e querido planeta Terra. Que sua luz ilumine a Umbanda, abençoando-nos e nos trazendo fé, humildade e união, para que possamos trabalhar em prol da caridade e assim sermos merecedores do seu amparo. Nós, filhos de Umbanda, lhe pedimos que clareie a nossa fé, fortalecendo-a para que não nos enganemos com falsas verdades.

Salve nossa amada Mãe Logunã! (Todos deverão responder: Olha o Tempo, minha Mãe! Tempo yê!)

CLAMORES

Rogamos-lhe, Divina Mãe Logunã, que suas irradiações vivas e divinas ativem os princípios sagrados e energéticos destes elementos à senhora oferendados, consagrando-os, imantando-os e potencializando-os, para o nosso benefício. Que seu mistério nos envolva completamente, descarregando, purificando, absorvendo, desbloqueando nosso mental, nossos campos vibratórios, energéticos e espirituais.

Mãe do Tempo! Aceite o despertar consciente de nossa religiosidade e de nossa fé no Divino Criador Olorum e beneficie-nos com sua ação positiva e ordenadora, atuando em nossas mentes, ideias, criações e religiosidade. Livre-nos, ó Mãe, de fanatismos e excessos emocionais, ordenando e direcionando positivamente nossa religiosidade, para que jamais desvirtuemos nossa Fé.

Pedimos que nos receba em seu amor e nos ampare em todos os sentidos, durante esta nossa jornada evolucionista no plano material, e que nos livre das tentações, cobrindo-nos com seu véu cristalino da fé em Olorum e conduzindo-nos pelos caminhos retos, que levam todos os seus filhos na direção da Luz do nosso Pai Eterno.

Pedimos seu perdão, mãe Logunã, se falhamos em nossa missão, deixando o egoísmo e a vaidade tomar conta de nós, esquecendo o nosso próximo e nosso bondoso Deus Supremo. Traga-nos sua bênção para termos segurança e coragem de seguir sem desistir, quando os momentos se tornarem difíceis. Que possamos continuar nossa luta sem perder a fé e sermos conduzidos pela sua luz que nos levará ao encontro de Deus.

Apresentamo-nos à senhora e solicitamos seu amparo e sua guia luminosa para nos conduzir tanto nos campos luminosos quanto nos campos escuros, sempre iluminados por sua luz cristalina e amparados por nossa fé no nosso Divino Criador. Proteja-nos com sua luz e força mágica, dando-nos o amparo necessário para cessar as atuações de forças malignas sobre nós.

Alimente nossa alma, Mãe Divina, com sua energia e irradiação de fé, nutrindo-nos com vibrações de religiosidade, para que trilhemos os caminhos retos do amor, da justiça divina e da fé, para acelerarmos nossa evolução. Fortaleça-nos, Amada Mãe, em nossa fé e nos dê coragem de prosseguir adiante, sem esmorecer diante de dificuldades e tempestades.

Isole-nos e proteja-nos contra os eguns que vivem soltos no tempo e que estão sendo manipulados por magos negros. Que seu mistério paralise toda energia, vibrações, espíritos, condensações energéticas e cordões negativos que estejam ligados ao nosso passado e refletindo em nossa vida atual, depurando, assim, processos cármicos e elos negativos.

Que sua espiral do Tempo recolha em seu mistério Sagrado todos os espíritos e atuações que estejam agindo contra os princípios divinos que sustentam a nossa fé e religiosidade.

Salve, mãe Divina da Fé! Salve, amada mãe Logunã, que nos traz o tempo da fé! (Todos deverão responder: Olha o Tempo, minha Mãe! Tempo yê!)

Neste momento, cada um deve pensar em suas dificuldades e clamar por suas dissoluções; procurem, também, mentalizar seus inimigos ou seus perseguidores e opressores e clamar pela transmutação dos seus sentimentos negativos (ódio, inveja, etc.), anulando das vidas e dos destinos deles e dos seus todas as coisas contrárias aos desígnios divinos para com todos nós.

(Aguardar alguns minutos, para que cada um pense.)

Divina Mãe Logunã, Sagrado Mistério da Fé, Sagrado Mistério do tempo! Que, a partir deste momento, sua Luz Cristalina Divina esteja resplandecendo em nossas vidas, em nossos caminhos, nossos sentidos e iluminando nosso ser imortal, fortalecendo, sublimando e vivificando nossa existência, como seres gerados à imagem e semelhança de Deus, nosso Divino Criador Olorum. Amém!

Clamamos-lhe, Divina Mãe da Fé e do Tempo, que nos fortaleça e nos ampare em nossa jornada evolucionista, projetando e instalando suas irradiações vivas e divinas em nossos mentais, campos vibratórios e espirituais, desparalisando, positivando, energizando e magnetizando todo nosso ser, conduzindo-nos para retornarmos às nossas evoluções dentro da Criação Divina, rearmonizados e equilibrados mental, emocional, física e espiritualmente, auxiliando-nos em todos os sentidos de nossas vidas e de todos aqueles ligados a nós.

Conduza-nos para dentro do seu Mistério Sagrado, concedendo-nos a graça de regressarmos ao sentido da fé, de forma clara, positiva e virtuosa, regenerando nosso íntimo e nossos sentidos. Amém!

Salve nossa amada Mãe Logunã! (Todos deverão responder: Olha o Tempo, minha Mãe! Tempo yê!)

ORAÇÃO DE AGRADECIMENTO E ENCERRAMENTO

Agradecemos a Deus, nosso Divino Criador Olorum, agradecemos ao Sagrado Mistério da Fé e do Tempo, na Divina Mãe Logunã, pelas bênçãos concedidas neste momento em nossas vidas e por interceder por nós junto ao nosso Criador. Que sua luminosa espiral do Tempo e da Fé Divina se estenda para o infinito neste momento de fé, reverência e amor, em que nos colocamos diante de seus Mistérios, Senhores do nosso destino e razões das nossas existências. Que a Mãe do Tempo cubra de luzes aqueles que verdadeiramente buscam a Religiosidade e o Sagrado em seus caminhos e, assim, sejam conduzidos e amparados em todos os sentidos pela fonte cristalina de nossa Fé. Amém!

Amada Mãe Logunã, Senhora da Religiosidade! Nós lhe agradecemos pelas moradas que nos abrigam com nossas famílias e somos imensamente gratos pela segurança e proteção recebidas.

Agradecemos ao Divino Criador o rumo que gentilmente nos indicou, a Umbanda Sagrada, a segurança e o conforto de poder pedir e encontrar respostas a tudo que em justa medida nos tem outorgado, de acordo com a Lei Maior. Agradecemos por ter recebido a graça de comungar com a divindade cristalina da Fé, nossa amada Mãe Logunã.

Divina Mãe! Ilumine, oriente e proteja todos aqueles que aqui entraram e entrarão, zelando, defendendo esta casa e fazendo com que os irmãos, parentes, amigos, vizinhos e demais frequentadores tenham a satisfação de estar conosco, partilhando nossa amizade e carinho e desenvolvendo sua religiosidade e fé. Rogamos-lhe, Senhora, que se manifeste em cada centímetro de área desta casa e que ela seja purificada e abençoada hoje e sempre. Amém!

Salve nossa Divina Mãe Logunã! (Todos devem responder: Olha o Tempo, minha Mãe! Tempo Yê!)

Após a evocação, a oração de agradecimento e o encerramento, todos devem agradecer mentalmente a Olorum e a seu mistério da Fé, a Divina Mãe Logunã; permanecer em absoluto silêncio por alguns minutos, só mentalizando luzes e vibrando bons sentimentos, cruzar o solo com respeito e reverência e levantar-se, deixando as cadeiras postas ao redor da mesa, até a queima de todas as velas.

LÍQUIDOS, FRUTOS, ERVAS E FLORES

O suco de maracujá e a água de coco energizados serão oferecidos aos participantes, que poderão levá-los para casa. O licor de anis poderá ser oferecido aos participantes, em pequenos cálices ou levado para casa, para consumo posterior. As frutas poderão ser distribuídas, levadas para casa ou consumidas no local, como alimentos, aguardando pelo menos 30 minutos após o encerramento do ritual. As ervas poderão ser distribuídas e levadas para casa, para os banhos de energização, na força de Mãe Logunã.

No dia seguinte, os restos das velas e dos frutos ingeridos deverão ser recolhidos e despachados na terra de um vaso, de um jardim ou mata, ou em água corrente, pedindo à natureza que absorva os restos do que ela, generosamente, havia nos propiciado.

XII – CULTO FAMILIAR À DIVINDADE FEMININA DO AMOR: A DIVINA MÃE OXUM

PREPARAÇÃO

Os participantes deverão ser comunicados, antecipadamente, para irem com roupas claras, preferencialmente brancas, e que poderão levar água mineral, frutas (maçãs, pêssegos, melão, morangos, etc.), rosas brancas, cor-de-rosa ou rosas champanhe e folhas de malva-cheirosa, manjericão e melissa, que levarão para casa ao término da cerimônia. Se quiserem, poderão usar um tapetinho ou almofada para se ajoelhar.

Banho de ervas – O anfitrião responsável pela condução do Culto Familiar deverá tomar um banho de jasmim, rosa cor-de-rosa, camomila, erva-doce, melissa, malva-cheirosa e manjericão, da cabeça aos pés, e poderá ensiná-lo aos demais participantes do culto para que também o façam, caso queiram. Antes, firmar uma vela branca de sete dias, para Deus e ao seu Anjo da Guarda, com um copo com água ao lado ou a quartinha consagrada, se a tiver, fazendo as devidas orações e pedindo firmeza e proteção na condução do culto que se realizará.

O banho indicado é excelente para beneficiar o campo astral, tranquilizando, equilibrando, acalmando, estabilizando e trazendo paz, harmonia, bem-estar, afeto, suavidade, regeneração e fortalecimento para o espírito, bem como o desenvolvimento das qualidades psíquicas e a purificação e harmonização dos chacras. Estimula a espiritualidade, o equilíbrio e fortalecimento emocional, diminuindo o estresse cotidiano, remetendo a uma aura de alegria e bem-estar. Traz a potência dos fatores acalmadores, consoladores e acalentadores.

Pode ser preparado colocando dois litros de água para ferver. Após a fervura, desligar o fogo, adicionar as ervas e as rosas, abafar por uns cinco minutos. Aguardar até a temperatura ficar amena. Tomar o banho normalmente. Após enxaguar, eleve a vasilha com o banho acima de sua cabeça e peça: "Divino Pai Olorum! Amada Mãe Oxum! Irradiem suas energias neste banho, para o meu benefício". Derrame a água de ervas da cabeça aos pés. Recolha os restos e deposite na terra de um vaso ou de um jardim, agradecendo à natureza.

Pequeno altar – Sobre a mesa, ao redor da qual será realizado o ritual, estender uma toalha branca, dourada ou cor-de-rosa. Fazer um círculo com sete velas, sendo brancas, cor-de-rosa e azul-claras, intercaladas, firmadas em pires brancos.

Firmar uma vela dourada no centro da mesa, sobre um prato de louça branca ou rosa. Colocar um ou mais minerais de quartzo-rosa, uma jarra branca ou transparente com água mineral, sete copos de chá de camomila, erva-doce ou maçã, um pires com mel e pedaços de canela em pau e uma ou mais garrafas de champanhe *rosé*, de maçã ou de uva, ou licor de cereja.

Arrumar, também no centro das velas, uma travessa com maçãs, pêssegos, morangos, cerejas e framboesas. Enfeitar com vasos de louça branca, ou vidro transparente, com rosas brancas, cor-de-rosa, amarelas ou cor de champanhe e vasos pequenos com malva-cheirosa, jasmim e manjericão. Se quiser, pode colocar uma imagem de Mãe Oxum ou de Nossa Senhora Aparecida, de Fátima ou da Imaculada Conceição, santas sincretizadas com a força desse Orixá.

Organizar tudo como um pequeno altar sobre a mesa, ao redor da qual todos deverão se sentar. O anfitrião ou um dos outros participantes poderá preparar uma defumação ou acender um incenso de jasmim, canela ou rosas, e incensar as pessoas presentes e o ambiente.

PRELEÇÃO

A pessoa que está conduzindo o culto deverá fazer uma pequena preleção sobre o motivo de estarem reunidos, explicando o que é o culto familiar, a sua finalidade, e, no caso deste culto, falar sobre Mãe Oxum, a Divindade Orixá que é o Amor do Divino Criador, nosso Deus, nosso Divino Pai.

Sugestão: Hoje, estamos aqui reunidos para louvar nossa Mãe Oxum, a Divindade Feminina do Amor de Deus. Olorum é o nosso Divino Criador, e criou tudo que nos cerca e se mostra aos nossos olhos na grandeza infinita da Sua criação. Ele criou a Divindade Feminina do Amor, Mamãe Oxum, o Amor Divino que, com Pai Oxumarê, rege a Linha do Amor, na qual ela atua irradiando e fluindo amor a todos os seres, em sua caminhada evolutiva.

MÃE OXUM – A DIVINDADE FEMININA DO AMOR

O que Deus possui de mais humano é o amor
às criaturas que Ele criou.

Rubens Saraceni

Mãe Oxum é a Divindade gerada por Deus em sua onda agregadora e conceptiva, sendo essas as Suas principais qualidades divinas. Ela é o amor que agrega tudo e todos em torno do Divino Criador Olorum e está em tudo o que Deus criou, do micro ao macrocosmo, desde a formatação do átomo como magnetismo que agrega, até nas constelações, como magnetismo universal agregador das estrelas e dos planetas ao redor de um ponto fixo no Universo.

Ela é o amor divino, a Divindade Orixá da paz e da união, maternal e tranquila, cujo fator agregador estimula a junção dos seres. É a capacidade de sentir amor e, a partir daí, originam-se as agregações, as fecundações e as concepções das vidas.

Ela, como rainha das águas doces, Mãe da candura e da meiguice, cuida dos seres durante todo o período de gestação, em que eles estão mergulhados nas bolsas de água. Ela é a força ou magnetismo que agrega, que dá origem às concepções, que desperta o amor e a atratividade natural nos seres, que rege a gestação e a multiplicação. Pelo fato de agregar os seres e dar início à concepção, é tida como a divindade que rege a sexualidade, por meio da qual a vida é concebida.

Mas esse aspecto, que é uma qualidade divina, não está limitado ao campo da sexualidade humana, pois está em tudo que foi criado e em toda a criação, tanto nos seres como nas substâncias, tanto no micro como no macrocosmo. Tudo que se liga assim o faz por causa da qualidade agregadora irradiada pela Divindade Oxum.

O fator agregador da Mãe do Amor une e concebe seres, ideias, conhecimentos, religiosidade, ideais, expectativas e muitas outras coisas. É o elo que junta os seres em uma mesma crença ou em um mesmo projeto, favorecendo a conquista da riqueza espiritual e a abundância material.

Oxum é o amor incondicional, puro, real, o amor doação maduro, a própria compaixão. É a mãe benevolente que nos conduz pela mão, tranquila e maternal. É protetora das crianças, seres inocentes e sem maldade; é a mãe do amor, da afetividade, do carinho, da bondade e da comunhão.

O amor de nossa divina mãe mineral nos dá amparo, guia-nos incondicionalmente, sem repressão, interesse ou posse. Ela transmite o belo, para trazer amor, tranquilidade e felicidade para a vida.

Sendo Mãe Oxum a essência e a representação do amor, esse amor verdadeiro, divino e incondicional é o amor de Mãe e Pai, o amor de irmão e irmã, o amor de filho e filha, o amor de casais, o amor pelo semelhante, pela vida, pela humanidade, pela religião e todas as demais formas de amor.

Mãe Oxum atua no chacra cardíaco, desobstruindo-o, e intensifica seu poder na condução da circulação sanguínea. Também é conhecida como Orixá da riqueza, da prosperidade, Senhora do ouro e das pedras preciosas, da bonança, da abundância e da fartura, o que se explica por sua energia, magnetismo e essência mineral, altamente agregadores. Ela agrega os bens materiais, formando a riqueza.

O fator agregador mineral que atua em todas as uniões, do micro ao macrocosmo, dá a ela a característica "ciumenta" de seus filhos e filhas e de esposa possessiva, pois a natureza agregadora conduz a mantê-los junto de si. Mas, no campo da sexualidade, ela só ampara as uniões regidas pelo sentimento de amor. As uniões regidas somente pela paixão ou pelo desejo não recebem suas irradiações vivas, pois estão fora de seu campo de atuação. São atuadas pelas irradiações de Pai Oxumarê, que é a qualidade de Deus que entra na vida dos seres caso as agregações entrem em desequilíbrio. Mãe Oxum é Orixá universal, atemporal, passiva.

O elemento mineral, agregador e conceptivo irradia-se por meio da água e do ar, fixa-se na terra e no vegetal e transmuta-se no fogo. É fecundidade e prosperidade. Mamãe Oxum é a dona das cachoeiras e dos rios, seus pontos de força naturais. Ela também é conhecida como deusa das águas doces, poder das flores, bênção da fecundação, dona das águas doces e do poder da fecundidade, onde tudo se renova. A água doce é concentradora de energia mineral.

Mamãe Oxum pode ser representada pelo desenho de um coração, por pedras de mineral quartzo-rosa, pela água de cachoeira. Sua cor é o rosa suave ou o dourado, e todas as rosas são suas. Ciúme, mesquinhez, inveja, possessividade, desarmonia, dentre outros, são sentimentos negativos que baixam nosso padrão mental e nos distanciam do amor puro e sublime de Mamãe Oxum.

Quando estamos positivos, Mamãe Oxum desperta em nós sentimentos de harmonia, compreensão, alegria, perdão, devoção e contentamento, dentre outros. Ela é a própria essência do amor e da concepção do Divino Criador. Por intermédio do amor, entramos em um estado vibratório elevado e recebemos de Deus Suas intensas vibrações de amor, irradiadas para todos que o adoram e o têm como o Sagrado e Divino Criador Olorum, Pai de todos os seres e sustentador do que denominamos Vida!

O AMOR

Ainda que falasse a língua dos homens, e que falasse a língua dos Anjos, sem o Amor, eu nada seria.
Jesus Cristo

O amor é um sentimento abstrato, inato a cada pessoa, que se expressa com maior ou menor intensidade, conforme o grau de evolução e merecimento daquele que o manifesta. Não há como comprá-lo ou fingir que o temos. É o amor que nos leva ao desenvolvimento das mais nobres virtudes humanas: a compreensão, a tolerância, a paciência, o entendimento do sentido de união e fraternidade, a doação sem condicionamentos, dentre outras virtudes.

Estamos permanentemente recebendo a emanação do Amor Divino, pela própria Graça da Vida e, por isso, deveríamos saber amar a tudo e a todos, como o Mestre Jesus nos amou e procurou ensinar, quando de sua passagem por nosso mundo.

Na Coroa Divina do Criador Olorum, o Amor é a principal qualidade e atributo da Orixá Oxum. Quanto mais manifestarmos, interna e externamente, o sentimento real de Amor, mais receberemos o amparo e a irradiação divina dessa Mãe, que atuará em nós e a partir de nós, tornando-nos seus semeadores. Ela nos conduzirá e isso será um dos vários começos da nossa gratificante via evolutiva até Pai Olorum.

O amor é uma conquista pessoal, como o amor por outra pessoa, pela religião, etc. É vencer egos, conceitos e preconceitos, e, por se tratar do entendimento de cada um, não pode ser tomado como parâmetro coletivo. Uma vez conquistado, nenhuma outra pessoa conseguirá tirar-nos ou fazer-nos perder esse sentimento. Mas, para que isso se fortifique e se intensifique em nós, devemos sempre estar em afinidade e sintonia com Mamãe Oxum. Essa sintonia irradia uma camada vibracional, que estruturará em nós sentimentos puros, determinação, paz interior, equilíbrio e, principalmente, a vontade de amar e de conceder esse amor ao próximo. Fortalecerá o mental e a espiritualidade de cada um, criando à nossa volta um campo protetor, como um escudo, e fazendo com que o amor se manifeste e se realize, com muita intensidade na vida das pessoas, gerando a fraternidade.

Caso algum ser esteja em desarmonia com o Amor, será paralisado em sua evolução e reconduzido ao caminho correto, e, quando estiver novamente de acordo com a Vontade Suprema e Divina, será estimulado mais e mais a seguir sua jornada rumo ao encontro do Amor maior.

O amor sempre esteve presente em nossas vidas, mesmo que nunca tenhamos percebido. Voltemo-nos de frente para a Mãe Oxum e recebamos, a partir de hoje, toda a sua irradiação de amor, comecemos a amar a toda a criação, a nossa família, as pessoas que fazem parte de nossa vida, os lugares que frequentamos e, principalmente, a nossa Religião que é a Divina e Sagrada Umbanda, caminho evolutivo por várias realidades de Deus na Sua Criação.

Amada seja a nossa Mamãe Oxum!

CANTO

Domínio Público

Eu vi Mamãe Oxum na cachoeira,
Sentada na beira do rio,
Colhendo lírio, lírio, ê,
Colhendo lírio, lírio, á,
Colhendo lírio, pra enfeitar nosso congá!

ORAÇÃO

Deus, nosso Divino Criador Olorum, Senhor Supremo do nosso destino e princípio Criador de tudo e de todos! Pedimos licença para louvarmos e reverenciarmos o Seu Mistério do Amor, em Sua Divindade Agregadora, a Divina e Amada Mãe Oxum. Amém!

Divina Mãe Oxum, Senhora do Mistério do Amor do nosso Criador Olorum! Nós a reverenciamos e reunidos estamos aqui para louvá-la, cultuá-la, adorá-a e aclamá-la com todo o nosso amor e fé em seu divino poder.

Amada Mãe Oxum! Mãe do Amor! Bem-aventurado é o seu amor que agrega tudo e todos nesta Terra! A senhora, que é o próprio Amor Divino em ação, fortaleça-nos por meio do poder desse amor! Inspire-nos no desenvolvimento do amor à Fé, ao Conhecimento, à Justiça, à Lei Divina, à Evolução e à Criação.

Com o seu amparo, Mãe Amada, não cairemos nem nos deixaremos levar pelas tormentas do ódio e da vingança, pois, em seus braços, curamos as dores das nossas almas.

Amada Mãe Oxum, que rege e guarda o sagrado mistério do Amor Divino! Nós lhe clamamos, neste momento, para que nos envolva em suas irradiações do amor e nos conduza ao interior desse seu Mistério Divino.

Desperte em nós o amor divino, para que sejamos prósperos, fraternos, amorosos, generosos com tudo e com todos que nos cercam e que compartilham as nossas vidas e destinos.

Mãe Oxum, Mamãe do Amor de Deus! Que suas bênçãos recaiam sobre nós, como chuva de pétalas de rosas, suas flores sagradas, como fonte de vida, para vivermos seu amor com todas as criaturas e seres à nossa volta, pois viver o seu amor é viver a plenitude da vida. Cubra-nos com suas bênçãos e permita que, na mansidão dos seus caminhos coloridos com ouro, recebamos o amor Divino que a senhora irradia de seu coração.

Ampare-nos em seus braços, ó Mãe Divina, como fez com Oxalá, o rei da nossa religião. Divina Mamãe Oxum! Nós pedimos, com todo o nosso amor, sua proteção, a sua Luz, sua Concepção e seu Amor Sagrado, para nós e para todos os aflitos do mundo. Envolva-nos, mãe querida, em seu manto de luz, na irradiação do seu amor por nós, filhos encarnados na matéria, e liberte das trevas da ignorância todos os seus filhos ligados a nós pelos laços invisíveis da vida. Mantenha sempre acesa a chama do amor em cada um de nós, para que nunca mais vibremos sentimentos negativos.

Ó Doce Mãe! Fortaleça cada vez mais o nosso amor pela senhora. Dê-nos sempre seu fluido mineral vital, para que não fracassemos em nossas caminhadas terrenas. Somos seus filhos que buscam a regeneração ante o Criador. Cubra-nos com seu manto carregado de energias e fluidos curadores. Acolha-nos em seus braços aconchegantes. Dê-nos o seu amor e a sua proteção, Mãe Amada!

Mãe do Amor! Pedimos suas bênçãos e energização com seu magnetismo agregador, para que em nossa caminhada rumo ao Divino Criador sejamos capazes de amar a nós mesmos e entendermo-nos como obras sagradas do Deus Criador. Que sejamos capazes de amar a vida dos nossos semelhantes como a nossa própria vida. Que sejamos capazes de amar e respeitar a natureza que nos sustenta vivos, tanto na carne como no espírito.

Amada Mãe, irradie em nós seus fluxos magnetizadores do amor, para que eles derrubem todas as barreiras que nos afastam de nossos irmãos e bloqueiam quaisquer manifestações de amor, amizade e fraternidade. Pedimos suas bênçãos infinitas e que em nossos corações não haja lugar para revolta, ódio, inveja ou paixão desenfreada. Pedimos que haja somente amor, e muito amor nós possamos receber de Olorum, o Princípio Criador.

Que o seu Amor se espalhe pelos nossos sete caminhos, abrindo todas as portas, todas as passagens, todos os campos à nossa frente, e que eles não se fechem enquanto tivermos fé no Amor Divino. Que o seu Trono do Amor Divino, Mamãe Oxum, nos cure dos males de desamor e também cure os nossos familiares e as pessoas, espíritos e criaturas que não puderam chegar até aqui, mas que estão ligados a nós pelos fios invisíveis do destino.

Ó Mãe Querida! Dilua todos os cordões que nos ligam a seres inferiores e renove os nossos sentimentos, vibrações e pensamentos, conduzindo-nos aos planos superiores, onde existe o mais puro e verdadeiro Amor de Deus para toda a Criação. Desperte em nós o amor divino, para que sejamos prósperos, fraternos, amorosos, generosos com tudo e com todos que nos cercam e que compartilham as nossas vidas e destinos.

Que Deus Pai-Mãe dê as bênçãos a todos e luz em seus caminhos!

Mamãe Oxum Querida! Agradecemos e agradecemos por tudo. Amém!

Salve nossa amada e Divina Mãe Oxum! (Todos deverão responder: Ora, yê, yê, ô, Mamãe Oxum! Significa: "Olhe por nós, benevolente mãezinha!")

CLAMORES

Rogamos-lhe, Divina Mãe Oxum, que suas irradiações vivas e divinas ativem os princípios sagrados e energéticos destes elementos à senhora oferendados, consagrando-os, imantando-os e potencializando-os, para o nosso benefício. Que seu mistério nos envolva completamente, adentrando em nossos mentais e campos vibratórios, purificando, descarregando, diluindo, desalojando-os de todas as energias condensadas em nosso íntimo que estejam nos negativando e nos desequilibrando emocional e energeticamente, recolhendo em seu mistério todos os espíritos, atuações e vibrações que estejam ligados a esse processo.

Rogamos, amada Mãe, que venha em nosso auxílio, beneficiando-nos com o afastamento dos negativismos que têm paralisado nossas evoluções, fazendo-nos perder a fé, o amor e a esperança Divina.

Clamamos-lhe, Mãe do Amor, que nos fortaleça e ampare em nossa jornada evolucionista, projetando e instalando em nós suas irradiações minerais, restaurando, positivando, harmonizando, iluminando e energizando o nosso ser, auxiliando-nos em todos os sentidos de nossas vidas e daqueles ligados a nós.

Ó Mãe da lágrima incontida nos momentos de provação! Envolva os nossos corações com sua luz divina. Por maior que sejam as nossas desilusões e sofrimentos, sabemos que serão amenizados com o poder de suas bênçãos.

Mamãe Oxum! Com as águas sagradas de suas cachoeiras, cure nossas doenças de origens emocionais. Lave nossos corpos e almas, retirando deles todas as impurezas que impedem nosso crescimento e felicidade.

Purifique e abençoe nossos espíritos, para que não recebamos fluidos negativos que possam nos trazer doenças emocionais e desequilíbrios mentais.

Mãe que ampara os filhos com fluidos regeneradores! Regenere nossas auras, purifique nossos espíritos e energize nossos corpos. Envolva-nos em suas águas cristalinas e limpe as nossas almas de todas as dores e impurezas que possam desvirtuar nossos corações. Dê-nos equilíbrio, para trilharmos nossos caminhos com paz e serenidade.

Sagrada Mãe do Amor! Livre-nos da aflição, da passividade, da miséria, da angústia, da fome, da doença, da solidão, da apatia, da ingratidão, da ignorância e da maldade. Anule em nossos íntimos e em nossos instintos inferiores todas as vibrações e sentimentos negativos de maldade, inveja, falta de amor, angústia, inferioridade, agressividade e descaso.

Atue, Divina Mãe, em cada um dos nossos inimigos encarnados e desencarnados, envolvendo-os em suas vibrações de Amor, positivando seus pensamentos, sentimentos, projeção verbal, visual e mental, livrando-os da vingança, da traição, da inveja e do ódio. Anule as más influências espirituais que os têm dominado e que foram usadas contra nós. Renove a esperança e a expectativa de cada um, de um dia poder trilhar o caminho da luz.

Harmonize os casais, ó Mãe, os pais e filhos, irmãos e ex-amigos, envolvendo tudo e todos que fazem parte de suas vidas. Gere Amor aos abandonados, aos aflitos e carentes, aos desesperados, aos que só pensam em guerras, aos petrificados de coração, aos injustos e aos intolerantes, renovando-os com sentimentos positivos que atraiam o Amor Divino em suas vidas e em suas caminhadas. Envolva-nos em suas irradiações e vibrações, afastando para sempre de nossas vidas os tormentos da falta de Amor e de União.

Pedimos, amada Mãe, que as suas divinas vibrações purifiquem nossos lares, nossos familiares, nossos amigos e os nossos inimigos, auxiliando-nos, a partir de agora, em nossas caminhadas terrenas, para que possamos um dia alcançar e trilhar os caminhos luminosos que nos conduzirão a Deus, nosso Divino Criador. Irradie-nos com seu Amor Divino, para que possamos atravessar todas as atribulações de nossas vidas com Fé, Amor e Resignação. Amém!

Salve a Divina Mamãe Oxum! (Todos deverão responder: Ora, yê, yê, ô, Mamãe Oxum!)

Neste momento, cada um deve pensar em suas dificuldades e clamar por suas dissoluções; procurem, também, mentalizar seus inimigos ou seus perseguidores e opressores e clamar pela transmutação dos seus sentimentos negativos (ódio, inveja, etc.) em amor, anulando da vida e do destino deles e dos seus todas as coisas contrárias aos desígnios divinos para com todos nós.

(Aguardar alguns minutos, para que cada um pense.)

Amada Mãe do Amor! Conduza-nos para dentro do seu Mistério Sagrado, concedendo-nos a graça de germinar e florescer o Amor Divino em nosso íntimo e sentidos. Que suas irradiações minerais, Sagrada Mãe, fluam por meio dos nossos sentidos, atraindo, fecundando e frutificando nossos caminhos com muita prosperidade, paz, equilíbrio e harmonia. Amém!

ORAÇÃO DE AGRADECIMENTO E ENCERRAMENTO

Agradecemos a Deus, nosso Divino Criador Olorum, agradecemos ao Sagrado Mistério do Amor, na Divina Mãe Oxum, pelas bênçãos concedidas neste momento em nossas vidas, pela luz recebida e pelo seu amor, que nos inundou e nos fez sentir que ele tudo pode e tudo supera. Temos a certeza de que sairemos deste culto mais limpos e mais puros e com a certeza de que as graças recebidas são de proveito para toda a nossa vida.

Que seu manto sagrado nos envolva e se estenda para o infinito através deste momento de fé, reverência e amor, em que nos colocamos diante de seus Mistérios, Senhora do nosso destino no amor e razão de nossas existências, para que eles cubram de luzes aqueles que buscam o

Amor verdadeiro em seus caminhos, e assim sejam conduzidos e amparados em todos os sentidos pela fonte mineral de seu Amor. Amém!

Agradecemos ao Divino Criador o rumo que gentilmente nos indicou, a Umbanda Sagrada, a segurança e o conforto de poder pedir e encontrar respostas a tudo que em justa medida nos tem outorgado, de acordo com a Lei Maior. Agradecemos por ter recebido a graça de comungar com a divindade mineral do amor, nossa amada Mamãe Oxum.

Divina Mãe do Amor do Criador! Ilumine, oriente e proteja todos aqueles que aqui entraram e entrarão, zelando, guardando esta casa e fazendo com que os irmãos, parentes, amigos, vizinhos e demais frequentadores tenham a satisfação de estar conosco, partilhando nossa amizade e carinho e desenvolvendo seu amor, sua religiosidade e fé. Rogamos-lhe, Senhora do Amor, que se manifeste em cada centímetro de área desta casa e que ela seja purificada e abençoada hoje e sempre. Amém!

Salve a Divina Mamãe Oxum! (Todos deverão responder: Ora, yê, yê, ô, Mamãe Oxum!)

Após a evocação, a oração de agradecimento e o encerramento, todos devem agradecer mentalmente a Olorum e a seu mistério do Amor, a Divina Mãe Oxum; permanecer em absoluto silêncio por alguns minutos, só mentalizando luzes e vibrando bons sentimentos, cruzar o solo com respeito e reverência e levantar-se, deixando as cadeiras postas ao redor da mesa, até a queima de todas as velas.

LÍQUIDOS, FRUTOS, ERVAS E FLORES

A água mineral e os demais líquidos energizados serão oferecidos aos participantes. O licor de cereja e o champanhe *rosé* poderão ser oferecidos aos participantes, em pequenos cálices ou levados para casa, para consumo posterior. As frutas poderão ser distribuídas e levadas para casa ou consumidas no local, como alimentos, aguardando pelo menos 30 minutos após o encerramento do ritual. As ervas poderão ser levadas para casa, para os banhos de energização, na força de Mãe Oxum.

No dia seguinte, os restos das velas e dos frutos ingeridos deverão ser recolhidos e despachados na terra de um vaso, de um jardim ou mata, ou em água corrente, pedindo à natureza que absorva os restos do que ela, generosamente, havia nos propiciado.

XIII – CULTO FAMILIAR À DIVINDADE MASCULINA DO AMOR: O DIVINO PAI OXUMARÊ

PREPARAÇÃO

Os participantes deverão ser comunicados, antecipadamente, para irem com roupas claras, preferencialmente brancas, e que poderão levar frutas (laranja-lima, maçãs, graviola, melão, uva rosada e maracujá doce), flores-do-campo e flores coloridas variadas, folhas de artemísia, cavalinha, cana-do-brejo, manjericão e pedaços de gengibre, que levarão para casa ao término da cerimônia. Se quiserem, poderão usar um tapetinho ou almofada para se ajoelhar.

Banho de ervas – O anfitrião responsável pela condução do Culto Familiar deverá tomar um banho de artemísia, cavalinha, saco-saco, cana-do-brejo, manjericão, pedaços de maçã e douradinha, da cabeça aos pés, e poderá ensiná-lo aos demais participantes do culto para que também o façam, caso queiram. Antes, firmar uma vela branca de sete dias, para Deus e ao seu Anjo da Guarda, com um copo com água ao lado ou a quartinha consagrada, se a tiver, fazendo as devidas orações e pedindo firmeza e proteção na condução do culto que se realizará.

O banho indicado é excelente como atrator, harmonizador, levantador e fortalecedor do astral, da sensibilidade e para beneficiar a tomada de decisões. É ótimo para o equilíbrio e fortalecimento do espírito, para melhorar a percepção espiritual e a harmonização dos chacras e a ligação de vibrações.

Pode ser preparado colocando dois litros de água para ferver. Após a fervura, desligar o fogo, adicionar as ervas, abafar por uns cinco minutos.

Aguardar até a temperatura ficar amena. Tomar o banho normalmente. Após se enxaguar, eleve a vasilha com o banho acima de sua cabeça e peça: "Divino Pai Olorum! Amado Pai Oxumarê! Irradiem suas energias neste banho, para o meu benefício". Derrame a água de ervas da cabeça aos pés. Recolha os restos e deposite na terra de um vaso ou de um jardim, agradecendo à natureza.

Pequeno altar – Sobre a mesa, ao redor da qual será realizado o ritual, estender uma toalha branca ou azul-clara (turquesa).

Fazer um círculo com sete velas, sendo uma branca, uma rosa, uma azul-clara, uma verde, uma roxa, uma vermelha, uma marrom, firmadas em pires brancos. Firmar uma vela branca no centro da mesa, sobre um prato de louça branca ou azul-clara. Circular com sete copos contendo água mineral ou champanhe *rosé*, suco de maracujá ou de laranja-lima. Colocar ainda no centro das velas um mineral de quartzo-azul, opala ou turquesa e uma travessa com frutas: laranja doce, maçã, graviola, uva rosada ou melão (para distribuir).

Poderá, ainda, acrescentar ou optar por um prato de batata-doce cozida, um pires com mel ou açúcar mascavo. A batata-doce cozida poderá ser amassada e modelada na forma de uma cobra, com olhos de cravos-da-índia.

Enfeitar com vasos de louça branca ou vidro transparente, com flores coloridas variadas e pequenos vasos com artemísia, cana-do-brejo e manjericão. Espalhar folhas de louro no círculo de velas e, se quiser, pode colocar uma imagem de Pai Oxumarê ou de São Bartolomeu, santo sincretizado com a força desse Orixá.

Organizar tudo como um pequeno altar sobre a mesa, ao redor da qual todos deverão se sentar. O anfitrião ou um dos outros participantes poderá preparar uma defumação ou acender um incenso de louro, cravo ou mel, e incensar as pessoas presentes e o ambiente.

PRELEÇÃO

A pessoa que está conduzindo o culto deverá fazer uma pequena preleção sobre o motivo de estarem reunidos, explicando o que é o culto familiar, a sua finalidade, e, no caso deste culto, falar sobre Pai Oxumarê, a Divindade Orixá que é a Renovação do Divino Criador, nosso Deus, nosso Celeste Pai.

Sugestão: Hoje, estamos aqui reunidos para louvar nosso Divino Pai Oxumarê, a Divindade Masculina do Amor Divino. Olorum é o nosso Criador, e criou tudo que nos cerca e se mostra aos nossos olhos na grandeza infinita da Sua criação. Ele criou a Divindade Masculina do Amor, Papai Oxumarê, a Diluição e a Renovação Divina que, com Mãe Oxum, rege a Linha do Amor, na qual ele atua irradiando e fluindo a renovação a todos os seres, em sua caminhada evolutiva.

PAI OXUMARÊ – A DIVINDADE MASCULINA DO AMOR

Oxumarê é o Orixá cujo mistério é considerado um dos mais desconhecidos na Umbanda, pois um entendimento superior sobre ele esteve fechado ao plano material por muito tempo, somente aberto nas obras psicografadas por Pai Rubens Saraceni. O Divino Oxumarê é em si o mistério da diluição e da renovação da criação, renovando desde a menor partícula até o Universo. Renova nossas esperanças, nossos ideais e nossa evolução.

O que mais caracteriza esse Orixá é essa dualidade, pois ora ele se mostra como a diluição de tudo o que está em desequilíbrio ou foi superado pelo tempo e evolução, ora se mostra como o renovador de tudo, em todos os seus aspectos. Ele tanto dilui o que perdeu suas condições ideais ou estabilidade, quanto gera de si as condições ideais para que tudo seja renovado já em equilíbrio e harmonia.

Pai Oxumarê é o fator masculino na onda geradora mineral na irradiação do amor, na qual Oxum é a divindade feminina. Uma divindade é de natureza masculina ou feminina, positiva ou negativa, ativa ou passiva. Pai Oxumarê é uma divindade e como tal deve ser entendido, amado e respeitado. Ele traz em si as qualidades de Deus diluidoras e renovadoras de todas as agregações não estáveis. Ele é masculino, cósmico, temporal e seu magnetismo ativo, dual e bipolar desfaz tudo o que perdeu a harmonia, o equilíbrio, a estabilidade natural, e tudo renova em condições ideais.

Esse Pai atua lenta e sutilmente na vida dos seres, diluindo sentimentos, atitudes e uniões desequilibradas, direcionando-os até que descarreguem os acúmulos de energias negativas, reequilibrando-os.

Pai Oxumarê é o Divino Trono da Renovação da vida, a Divindade Unigênita de Deus, o Orixá que tanto dilui as causas dos desequilíbrios, quanto gera de si as condições ideais para que tudo seja renovado, já em equilíbrio e harmonia.

Sendo um aspecto da criação do Divino Criador, Oxumarê está associado ao arco-íris, à serpente Dã, às estações do ano e tem o axé das cores. Ele irradia as sete cores que caracterizam as sete irradiações divinas, as quais identificam as sete linhas da Umbanda, nas quais ele atua como elemento renovador.

O cristalino dos nossos "olhos é regido pelo mistério desse Pai e tudo o que é considerado belo, só o é porque as cores de Oxumarê estão presentes, embelezando tudo e todos" (SARACENI, Rubens. *Formulário de Consagrações Umbandistas* – Madras Editora).

A energia de Oxumarê é mineral, na linha magnética pura, porque ele é o polo masculino da linha do amor, e como elemento mineral é o mais atrativo, suas irradiações são extremamente magnéticas, agregadoras e conceptivas, fundamentais às operações no campo do amor.

Oxumarê é o renovador do amor na vida dos seres. E, onde o amor cedeu lugar à paixão, ou foi substituído pelo ciúme, cessa a irradiação de Oxum e inicia-se a dele, que é diluidor tanto da paixão como do ciúme.

A energia desse pai é também cristalina porque ele é um Orixá temporal e os tronos temporais são cristalinos. No elemento cristalino ele absorve os minerais, dilui-se na água e irradia-se no ar. É incompatível com o fogo e o vegetal. Ele é o diluidor dos acúmulos de energia mineral, tanto na Natureza quanto nos seres, tornando-os sutis e conduzindo-os para o alto ou para o mental.

A atuação de Pai Oxumarê é lenta e sutil e ocorre pelo emocional, ao qual ele envia estímulos cristalinos que vão diluindo as pesadas energias minerais.

Pai Oxumarê irradia-se em formas sinuosas, como o rastejar das serpentes, com as quais ele é identificado, e é representado pela serpente Dã, pelo arco-íris e por tudo que apresenta sinuosidade. A grande serpente do arco-íris é o símbolo de fertilidade, renovação e transformação; é a aliança entre os homens e a paz eterna dos deuses. A serpente do arco-íris tem múltiplas funções, dentre elas a de unir o céu e a Terra, a de controlar as chuvas e as secas e a de trazer a riqueza aos homens. A presença do arco-íris indica chuva e esta garante a vida, a renovação.

O Orixá masculino do Trono do Amor, Pai Oxumarê, é conhecido como o Orixá da riqueza, qualidade apreciada por todos os povos da Terra. As lendas caracterizam Mamãe Oxum e Pai Oxumarê como os Orixás da riqueza, senhores do ouro e das pedras preciosas. Dizem as lendas que no final do arco-íris há um pote de pepitas de ouro enterrado.

Esses Orixás são os polos diferenciados do Trono do Amor, cujo fator é agregador e cujas irradiações são minerais e extremamente magnéticas. Esse magnetismo é o mais atrativo e se estende a todos os níveis, seres e coisas criados por Deus. A riqueza surge da agregação, do acúmulo de bens que tornam um ser rico.

Pai Oxumarê e Mãe Oxum, com seus axés, proporcionam a fartura, a abundância, a riqueza e a beleza da criação. Mas ele é também o Orixá que dilui a riqueza que desvirtua. Dilui todas as agregações desequilibradas e renova o meio no qual elas acontecem, criando condições para que as agregações novamente ocorram, em equilíbrio e harmonia com o todo.

Salve Nosso Divino Pai Oxumarê! (Todos deverão responder: Arruboboi, Pai Oxumarê! Essa saudação significa: Salve o Senhor do Arco-Íris, das águas supremas!)

A RENOVAÇÃO

Uma Luz celeste raiará no templo da alma e será revelada a outros como o brilho refulgente de uma lâmpada.

A. White

Renovar significa tornar novo, modificar, recomeçar, brotar. A renovação dos seres é o campo preferencial do Orixá Oxumarê, que é representado pelo Sagrado Arco-Íris. Pai Oxumarê é a renovação contínua, em todos os sentidos da vida de um ser. É também a renovação das religiões que faz com que, de tempos em tempos, sejam criadas novas formas de cultuar as Sagradas Divindades de Deus, mais de acordo com cada época e cultura.

Renovação é aperfeiçoamento constante e, para isso, não podemos cultivar tristezas nem mágoas. O que importa é, principalmente, a renovação do nosso íntimo, com disciplina, trabalho e consciência tranquila, para nos conectarmos com Deus e divinizarmos o nosso espírito.

Aperfeiçoamo-nos a cada dia, curando os nossos defeitos, aprimorando as nossas ações e purificando os nossos sentimentos e emoções. Para que aconteçam as renovações, Pai Oxumarê atua lenta e sutilmente na vida dos seres, diluindo sentimentos, atitudes e uniões desequilibradas, direcionando-os, até que descarreguem os acúmulos de energias negativas, reequilibrando-os.

Muitos veem a religião como escape, achando que ela os livrará de dificuldades e provações, mas não fazem nenhum esforço para mudar radicalmente suas vidas. Olham apenas as desvantagens e provações presentes e esquecem as realidades eternas. Temos o poder de escolha, o livre-arbítrio, e o que queremos ser depende de nós.

Ninguém está isento de dificuldades, mas quem recebe a palavra de Deus no coração e renova seu íntimo, seus sentimentos e suas atitudes, quando vem a aflição, não se torna inquieto, sem confiança nem desanimado. Encontramos Deus na alegria da natureza, no canto, na música, na dança, na fartura do alimento comum, no amor aos semelhantes, na bênção do ancião, no sorriso da criança, no amor do casal feliz ou no trabalho diário.

A nós, umbandistas, cabe-nos purificar nosso íntimo, renovar a religiosidade e a fé nos Sagrados Orixás, lidando simultaneamente com o nosso meio, sem nos dissociarmos de nada ou de ninguém à nossa volta. É importante que alcancemos os dons das virtudes e da harmonia e que assumamos as nossas responsabilidades para com a vida, tornando-nos auxiliares do nosso Divino Criador. Deus quer que cada alma seja um centro emanador das Suas Luzes Divinas.

CANTO

Pai das Cores

Lurdes de Campos Vieira

Oxumarê, meu Pai das cores!
Deu cor à Terra, deu cor ao mar,
Deu verde às matas, pintou as flores,
No azul do céu é o arco-íris a brilhar!

ORAÇÃO

Senhor Deus, nosso Divino Criador Olorum, Senhor Supremo do nosso destino e princípio Criador de tudo e de todos! Evocamos Seu Mistério do Amor, em sua Divindade Renovadora, o Divino Pai Oxumarê. Amém!

Divino Pai Oxumarê, Senhor do Mistério do Amor e da Renovação do nosso Criador Olorum! Nós o reverenciamos e reunidos estamos aqui para louvá-lo, cultuá-lo, adorá-lo e aclamá-lo com todo o nosso amor e fé em seu divino poder.

Crie, Divino Pai, Senhor do Arco-Íris, laços fortes de satisfação, segurança, confiança, união, maturidade e amor aos nossos semelhantes e à Natureza que nos sustenta. Que em nossos corações não haja lugar para revolta, ódio, inveja ou paixão, mas que prevaleça o amor e o respeito por todas as criações de Deus e pela Natureza que nos sustenta vivos e que cria as condições para a continuidade da existência do espírito, por meio dos seus pontos de força.

Amado Pai Oxumarê! Rogamos-lhe, Pai irradiante das sete cores do Arco-Íris Divino, que nos abençoe com as gotas luminosas preciosas de seu Arco-Íris. Que suas bênçãos recaiam sobre nós como irradiações nacaradas com as cores vivas de Seu Arco-Íris Divino, para que despertem em nós o encanto pela vida e que, para onde quer que olhemos, possamos ver a centelha divina de luz, a herança viva do Divino Criador, que todos carregam em seu íntimo.

Divino Pai Oxumarê! Postamo-nos de joelhos diante do senhor, pedindo que nos cubra e nos ilumine com as Luzes Divinas de seu Arco-Íris Sagrado! Faça com que nossa fé, respeito e amor por nosso Divino Criador Olorum e pelos Sagrados Orixás se renovem a cada dia com maior intensidade, tornando-nos equilibradores e renovadores das nossas vidas e das vidas dos nossos irmãos. Pedimos, ó Pai querido, que, com seu poder diluidor, desfaça em nosso íntimo as dores, as tristezas, as mágoas e os sentimentos negativos! Livre-nos, Pai, dos nossos defeitos, das más atitudes, dos preconceitos, das traições, dos desrespeitos, dos vícios e das uniões desequilibradas!

Com seu poder renovador, ó Pai, renove-nos, para que sempre tenhamos pensamentos e atitudes otimistas, que nos deem coragem para realizarmos as mudanças necessárias às nossas vidas, aperfeiçoando-nos e aprimorando-nos cada vez mais!

Faça, ó Pai, com que sejamos sempre capazes de agradecer com um sorriso em nossos lábios e alegria em nossos corações! Que saibamos nos colocar no lugar do outro, com humildade, e sejamos capazes de buscar alternativas para o seu consolo, demonstrando amizade, carinho, respeito, zelo e amor!

Renove, Pai Amado, os nossos valores, os nossos conhecimentos, os nossos hábitos e costumes, as nossas atitudes e posturas! Que seus estímulos cristalinos descarreguem nosso emocional e nosso racional, reequilibrando-nos! Renove sempre a nossa fé e religiosidade, para que jamais alimentemos crenças negativistas que nos impeçam de receber a palavra de Deus em nossos corações!

Oxumarê Amado! Que as Luzes de seu Arco-Íris Divino se espalhem pelos nossos sete caminhos, renovando e abrindo todos os campos à nossa frente, dando-nos serenidade, confiança, respeito, gratidão, contentamento, perdão e ânimo diante das aflições! Que possamos celebrar a vida com o amor incondicional, estendendo as mãos aos nossos irmãos necessitados de amparo, caminhando em comunhão com a consciência divina!

Faça, ó Pai Oxumarê, com que o arco de Luzes Coloridas e Sagradas que emana do senhor se espalhe sobre estes seus filhos e os torne mensageiros que tenham somente pensamentos elevados, palavras e atos de bondade e otimismo!

Que por meio das energias renovadoras de sua luz celeste, nossos corações se transformem em lugares sagrados de simplicidade, doação e amor, e que nossos atos se transformem em ações sagradas, compartilhadas com aqueles que passam por nossos caminhos!

Reequilibre-nos, Pai da Renovação Divina, com suas emanações diluidoras e renovadoras, abençoando-nos, para que vejamos a vida com "novos olhos" e sejamos capazes de transformar nosso ser, nossa alma, divinizar o nosso espírito, para um dia refletirmos a sua Luz e a Luz Divina do Criador, tornando-nos seus pequenos arco-íris divinos!

Amado Pai! Não permita que sejamos luzes perdidas na escuridão das trevas, mas, sim, luzes vivas emanadas do Divino Criador e a Seu serviço, integradas ao Seu Divino corpo, a partir de nossos corações e mentes. Que possamos ser "faróis" a guiar os nossos irmãos necessitados de ajuda em suas jornadas evolutivas, para que encontrem os melhores caminhos para esse fim.

Salve o Divino Pai Oxumarê! (Todos devem responder: Arruboboi, Pai Oxumarê!)

CLAMORES

Rogamos-lhe, Divino Pai Oxumarê, que as sete Luzes Sagradas do seu Arco-Íris Divino ativem os princípios sagrados e energéticos destes elementos ao senhor oferendados, consagrando-os, imantando-os e potencializando-os, para o nosso benefício. Que seu mistério nos envolva completamente, adentre em nosso mental, instale-se em nossos sete campos vibratórios, sete chacras, em nosso corpo espiritual e em nosso corpo biológico, desbloqueando e diluindo todas as fontes geradoras de energias negativas.

Pedimos que também seu mistério nos descarregue dos acúmulos energéticos negativos, bem como das suas causas e de espíritos sustentadores e alimentadores de projeções mentais e emocionais negativas. Que sejam dissolvidas todas as agregações desequilibradas, ligadas a nós e aos nossos familiares, em todos os sentidos de nossas vidas.

Clamamos-lhe, Divino Pai do Amor e da Renovação, que nos fortaleça e nos ampare em nossa jornada evolutiva, projetando e instalando suas sete Luzes Vivas e Divinas para nossos sete sentidos, iluminando nossos sete caminhos, positivando, energizando, restaurando e rearmonizando todo o nosso Ser e o de todos aqueles ligados a nós. Que seu amparo em nossa caminhada evolutiva afaste qualquer ser negativo que esteja impedindo a expansão do amor em nossas vidas e amplie nossos sentimentos de irmandade, fraternidade e harmonia.

Renove, amado Pai, nossas energias, sentimentos, casas, meio ambiente e tudo mais que carecer de renovação, como nossa religiosidade, amor, fundamentos, juízos, ordenações, saber e criação, para que possamos acelerar nossa evolução, rumo ao Divino Criador, nosso Pai Maior.

Senhor da Renovação Divina! Nós, familiares e amigos aqui reunidos, o evocamos e pedimos que nos cure, com sua luz cristalina colorida, dos males e doenças que nos afligem, assim como a todas as pessoas, espíritos e criaturas ligados a nós pelos fios invisíveis do destino. Envolva-nos em sua irradiação e, se for do nosso merecimento, dilua os negativismos à nossa volta e afaste de nossas vidas os tormentos da falta de Amor, da falta de Fé, da passividade, da angústia, da solidão, da apatia e da maldade.

Divino Pai da Renovação! Permita que seus Guerreiros do Arco-Íris venham em nosso auxílio, beneficiando nossa evolução. Conceda-nos a renovação de nossos sentimentos e emoções, para que sejamos prósperos, fraternos, amorosos e generosos com todos que nos cercam.

Conduza-nos para dentro do seu Mistério Sagrado, concedendo-nos a graça de renovarmos nossos sentidos e, assim, retornarmos à nossa evolução espiritual, reequilibrados, conscientizados e religados com a nossa essência divina. Amém!

Neste momento, cada um deve pensar em suas dificuldades e clamar por suas dissoluções; procurem, também, mentalizar seus inimigos ou seus perseguidores e opressores e clamar pela transmutação dos seus sentimentos negativos (ódio, inveja, etc.) em amor, anulando da vida e do destino deles e dos seus todas as coisas contrárias aos desígnios divinos para com todos nós.

(Aguardar alguns minutos, para que cada um pense.)

Amado Pai do Amor e da Renovação Divina! Conduza-nos para dentro do seu Mistério Sagrado, concedendo-nos a graça de germinar e florescer o Amor Divino e a Renovação em nosso íntimo e em nossos sentidos. Renove nossos lares, amigos e inimigos, formando ao nosso redor uma proteção de luz com seu Arco-Íris Sagrado, para ficarmos em paz e resguardados pelo senhor.

Que suas irradiações minerais e cristalinas, Sagrado Pai, fluam por meio dos nossos sentidos, atraindo, fecundando e frutificando nossos caminhos com muita prosperidade, paz, equilíbrio e harmonia. Amém!

Salve o Divino Pai Oxumarê! (Todos devem responder: Arruboboi, Pai Oxumarê!)

ORAÇÃO DE AGRADECIMENTO E ENCERRAMENTO

Agradecemos a Deus, nosso Divino Criador Olorum, agradecemos ao Sagrado Mistério do Amor e da Renovação, nosso Divino Pai Oxumarê, pelas bênçãos concedidas neste momento em nossas vidas. Que o seu Arco-Íris Sagrado se estenda para o infinito através deste momento de fé, reverência e amor em que nos colocamos diante de seus Mistérios, Senhores do nosso destino e razões de nossas existências, para que ele cubra de luzes aqueles que buscam o Amor verdadeiro e a Renovação em seus caminhos e, assim, sejam conduzidos e amparados em todos os sentidos pela fonte mineral de seu Amor. Amém!

Agradecemos ao Divino Criador o rumo que gentilmente nos indicou, a Umbanda Sagrada, a segurança e o conforto de poder pedir e encontrar respostas a tudo que em justa medida nos tem outorgado, de acordo com a Lei Maior. Agradecemos por ter recebido a graça de comungar com a divindade diluidora e renovadora, nosso amado Pai Oxumarê.

Divino Pai da Renovação Divina! Ilumine, oriente e proteja todos aqueles que aqui entraram e entrarão, zelando, guardando esta casa e fazendo com que os irmãos, parentes, amigos, vizinhos e demais frequentadores tenham a satisfação de estar conosco, partilhando nossa amizade e carinho e desenvolvendo sua capacidade de se renovar, assim como sua religiosidade e fé. Rogamos-lhe, Senhor da Renovação, que se manifeste em cada centímetro de área desta casa e que ela seja purificada e abençoada hoje e sempre. Amém!

Salve o Divino Pai Oxumarê! (Todos devem responder: Arruboboi, Pai Oxumarê!)

Após a evocação, a oração de agradecimento e o encerramento, todos devem agradecer mentalmente a Olorum e a seu mistério masculino do Amor, o Divino Pai Oxumarê; permanecer em absoluto silêncio por alguns minutos, só mentalizando um arco-íris de cores e luzes e vibrando bons sentimentos; cruzar o solo com respeito e reverência e levantar-se, deixando as cadeiras postas ao redor da mesa, até a queima de todas as velas.

LÍQUIDOS, FRUTOS, ERVAS E FLORES

A água mineral e os demais líquidos energizados serão oferecidos aos participantes. As frutas poderão ser distribuídas e levadas para casa ou consumidas no local, como alimentos, aguardando pelo menos 30 minutos após o encerramento do ritual. As ervas poderão ser levadas para casa, para os banhos de energização, na força de Pai Oxumarê.

No dia seguinte, os restos das velas e dos frutos ingeridos deverão ser recolhidos e despachados na terra de um jardim ou mata, ou em água corrente, pedindo à natureza que absorva os restos do que ela, generosamente, havia nos propiciado.

XIV – CULTO FAMILIAR À DIVINDADE MASCULINA DO CONHECIMENTO: O DIVINO PAI OXÓSSI

PREPARAÇÃO

Os participantes deverão ser comunicados, antecipadamente, para irem com roupas claras, preferencialmente brancas, e que poderão levar frutas (goiaba branca, uva verde, abacate e outras frutas variadas), flores-do-campo, flores coloridas variadas e folhas de samambaias e de guiné, que levarão para casa ao término da cerimônia. Se quiserem, poderão usar um tapetinho ou almofada para se ajoelhar.

Banho de ervas – O anfitrião responsável pela condução do Culto Familiar deverá tomar um banho de samambaias, guiné, abre-caminho, alfazema, alecrim, hortelã e cidreira, da cabeça aos pés, e poderá ensiná-lo aos demais participantes do culto para que também o façam, caso queiram. Antes, firmar uma vela branca de sete dias, para Deus e ao seu Anjo da Guarda, com um copo com água ao lado ou a quartinha consagrada, se a tiver, fazendo as devidas orações e pedindo firmeza e proteção na condução do culto que se realizará.

O banho indicado é excelente para benefício energético, limpeza, equilíbrio, cura, prosperidade, abertura de caminhos, motivação, expansão, reconstrução, elevação do astral, paz, iluminação, fortalecimento e tranquilização do espírito e harmonização.

Pode ser preparado colocando dois litros de água para ferver. Após a fervura, desligar o fogo, adicionar as ervas, abafar por uns cinco minutos. Aguardar até a temperatura ficar amena. Tomar o banho normalmente. Após enxaguar, eleve a vasilha com o banho acima de sua cabeça e peça: "Divino Pai Olorum! Amado Pai Oxóssi! Irradiem suas energias neste banho, para o meu benefício". Derrame a água de ervas da cabeça aos pés. Recolha os restos e deposite na terra de um vaso ou de um jardim, agradecendo à natureza.

Pequeno altar – Sobre a mesa, ao redor da qual será realizado o ritual, estender uma toalha branca ou verde. Fazer um círculo com sete velas verdes, firmadas em pires brancos. Ao lado das velas colocar copos, que podem conter água de coco verde, licores de frutas em geral, chá de erva-cidreira ou mate.

Firmar uma vela branca no centro da mesa, sobre um prato de louça branca ou verde. Colocar ainda no centro das velas um mineral de quartzo verde, uma tigela pequena com sementes de milho-verde cozido, uma travessa com as frutas (goiaba branca, uva verde, abacate ou frutas variadas) para distribuir, e um pires com farinha de milho. Enfeitar com vasos de louça branca ou vidro transparente, com as flores coloridas variadas e as samambaias e pequenos vasos com folhas de guiné, eucalipto e/ou alecrim no círculo de velas. Se quiser, pode colocar uma garrafa ou mais de vinho tinto doce ou de licor de caju e uma imagem de Pai Oxóssi ou de São Sebastião, santo sincretizado com a força desse Orixá.

Organizar tudo como um pequeno altar sobre a mesa, ao redor da qual todos deverão se sentar. O anfitrião ou um dos outros participantes poderá preparar uma defumação ou acender um incenso de guiné, eucalipto ou alecrim, e incensar as pessoas presentes e o ambiente.

PRELEÇÃO

A pessoa que está conduzindo o culto deverá fazer uma pequena preleção sobre o motivo de estarem reunidos, explicando o que é o culto familiar, a sua finalidade, e, no caso deste culto, falar sobre Pai Oxóssi, a Divindade Orixá que é o Conhecimento do Divino Criador, nosso Deus, nosso divino Pai.

Sugestão: Queridos irmãos no Criador! Hoje, estamos aqui reunidos para louvar nosso Divino Pai Oxóssi, a Divindade Masculina do Conhecimento. Olorum é o nosso Divino Criador, e criou tudo que nos cerca e se mostra aos nossos olhos na grandeza infinita da Sua criação. Ele criou a Divindade Masculina do Conhecimento, Pai

Oxóssi, o Conhecimento e a Expansão Divinos em todos os sentidos, que, com Mãe Obá, rege a Linha do Conhecimento, na qual atua irradiando e fluindo a expansão a tudo e a todos os seres, em sua caminhada evolutiva.

PAI OXÓSSI – A DIVINDADE MASCULINA DO CONHECIMENTO

O Orixá caçador, Oxóssi, o provedor do sustento da família, associado à flora e à fauna, é um dos mais cultuados na Umbanda. Pai Oxóssi é a divindade unigênita do Criador que vibra, manifesta e irradia a qualidade divina do conhecimento, em todos os sentidos, pois é a onisciência do Criador. Ele é em si mesmo o conhecimento divino e, a partir desse conhecimento sobre o Criador, ensina todos a se conhecerem.

Esse Pai Caçador é o patrono da Ciência, atuando profundamente no intelecto, na mente e no raciocínio. É o cientista e o doutrinador, que traz aos espíritos fragilizados na fé e no saber religioso o alimento da fé e o saber.

Ele é o mistério doutrinador por excelência e faz com que busquemos a compreensão e a fixação do saber. Seu magnetismo expande as faculdades dos seres, aguça o raciocínio e os predispõe a buscar o conhecimento sobre as coisas. Ele é o estimulador natural da busca incessante de saber. É o Orixá caçador que caça e busca o conhecimento, que leva as pessoas ao saber ordenado e sem desvirtuamento das doutrinas divinas. Ele nos traz o alimento da fé e do saber religioso.

Esse Pai é o próprio movimento de expansão do Universo, mas também é a capacidade mental de cada um de nós em expandir nossa mente e consciência e evoluir cada vez mais. Quando Oxóssi atira sua flecha, não erra o alvo, ele expande o conhecimento doutrinário necessário para não haver a estagnação e paralisação mental das pessoas. Ele expande conhecimentos construtivos, ideias e ideais.

Oxóssi irradia duas linhas de ação: uma delas estimula o ser na busca do conhecimento e a outra o estimula a usar o que já sabe, em benefício das pessoas da coletividade. Quando uma pessoa não está desvirtuando um conhecimento adquirido e o transmite sabiamente para outros, Oxóssi irradia sobre ela, que adquire um raciocínio hábil, expandindo suas faculdades, aguçando o seu raciocínio, fazendo com que busque o entendimento das coisas de uma forma racional, usando sempre o bom senso para discernir o certo do errado.

O Pai do Conhecimento, Oxóssi, é o doutrinador natural, de raciocínio arguto, que esclarece os seres e, a partir do conhecimento divino, vai religando-os a Deus e a toda a Sua criação. É o caçador, por excelência, mas sua busca visa ao conhecimento. Quanto mais sabemos, racionalmente, sobre as coisas divinas da Fé, mais respeito vamos tendo pela Criação e mais aumenta nossa fé em Deus. Com o passar do tempo, ela estará cristalizada pelo conhecimento racional sobre a própria origem divina e passaremos a encontrar Deus em nós mesmos e nos outros seres e criaturas da Criação Divina.

Oxóssi está na Fé, pois nos esclarece sobre a nossa origem divina e nos ensina a conhecermos Deus racionalmente. Oxóssi está no Amor, pois nos estimula a conhecermos as coisas do amor, aprendermos a amar ao próximo e a nós mesmos, por intermédio do Deus Criador de tudo e de todos. Oxóssi está na Justiça, pois busca o conhecimento correto sobre a Justiça Divina, que põe em harmonia e equilíbrio a criação e todos os seres e criaturas. Oxóssi está na Lei, pois ela sem o seu conhecimento reto e ordenador seria a desordem. Basta sairmos do conhecimento reto da Lei para sermos "cortados e anulados" por ela, que irá nos reconduzir novamente ao Conhecimento Divino correto e racional, para retomarmos nossa evolução. Oxóssi está na Evolução, pois, se estivermos paralisados nela, ele nos direciona e conduz ao correto conhecimento, para que retomemos a direção do nosso aprendizado e evolução. Oxóssi está na Geração, pois, a partir do mental das pessoas, atua na abertura e na geração de novos conceitos, caminhos e buscas para o conhecimento correto de Deus e de toda a Sua Criação.

Esse Divino Pai, de magnetismo irradiante, é também o caçador de almas, o conselheiro, e tem nas matas o seu santuário natural, pois é a divindade que tem o grau de Guardião dos mistérios da Natureza. Ele corresponde à nossa necessidade de saúde, nutrição, energia vital e equilíbrio fisiológico, em um trabalho constante de crescimento e renovação. Fartura, riqueza, liberdade de expressão são seus pontos marcantes.

A irradiação de Oxóssi é também uma vibração curadora, pois atua no mental dos seres, saturando-os com sua essência e energia vegetal, com seu magnetismo irradiante, curando as doenças emocionais e os desequilíbrios energéticos que se expressam no corpo material. Esse Trono medicinal atua principalmente nos problemas de distúrbios mentais. A essência vegetal é importante para as operações mentais no campo do raciocínio, dando leveza e agilidade à mente. Essa energia vegetal fixa-se na terra, dilui-se na água, alimenta o fogo e se irradia tanto nos cristais quanto nos minerais.

Pai Oxóssi vibra, irradia e estimula Conhecimento! Amado seja nosso Pai Oxóssi! Salve Oxóssi! (Todos deverão responder: Okê, Arô!)

O CONHECIMENTO

Deus não impôs aos ignorantes a obrigação de aprender, sem antes ter tomado dos que sabem o juramento de ensinar.

O conhecimento é um dos alicerces básicos para continuarmos ou começarmos a nossa evolução, seja material, espiritual ou em qualquer realidade divina, pois está em tudo e em todos. Nós o adquirimos com os fatos que acontecem em nossa vida, segundo o nosso merecimento e o nosso grau de evolução. Com sabedoria ou com sofrimento aprendemos a usá-lo de maneira correta e, quanto mais aptos estivermos e mais o tenhamos adquirido, mais e mais conhecimentos vão se abrindo para nós e, assim, sucessivamente.

Olorum conhece todos os seres e criaturas da Sua Criação e se manifesta no Conhecimento por meio do Orixá Oxóssi. Com ele aprendemos que a Criação Divina se estende a todos os seres, a todas as criaturas e a todas as realidades de Deus, e adquirimos o respeito por tudo. Somos uma criação do "Sopro Divino", que nos gerou e nos exteriorizou, com raciocínio e discernimento, para adquirirmos consciência através desse conhecimento e podermos evoluir.

Muitas vezes, sentimos um vazio dentro de nós e nada do que procuramos adianta para preenchê-lo. Mas, se nos deparamos com uma religião completa em si mesma, como é a Umbanda, se nosso interesse é despertado e começamos a estudá-la profundamente, abre-se para nós um leque tão grande de conhecimento acerca de toda a Criação, que em pouco tempo estaremos incorporados a essa nova realidade e aquele vazio será preenchido.

Mas, se usarmos esse conhecimento para o lado errado das coisas, seremos paralisados em nossa evolução e, até que não transmutemos o que foi aprendido, não estaremos liberados pelas Divindades para aprender novas coisas.

O conhecimento-amor é uma conquista que buscamos exteriormente, mas temos de nos voltar para dentro de nós à procura da verdade. Ele pertence a cada pessoa, cada um o percebe de um modo e ele não pode ser tomado como parâmetro coletivo. Da mesma forma, ninguém conseguirá tirar ou fazer com que o percamos.

Quando estivermos aptos a receber e a manifestar conhecimento, passaremos a ter diretamente e a todo o momento o amparo e a irradiação divina de Pai Oxóssi, que estará atuando em nós e a partir de nós, tornando-nos seus semeadores e, assim, seremos conduzidos a um dos vários começos desde as vias evolutivas até Deus.

O conhecimento sempre esteve e está presente em nossas vidas, ainda que nunca tenhamos percebido isso. Voltemo-nos de frente para Pai Oxóssi, para, a partir de hoje, recebermos a sua irradiação divina.

CANTO

O Rei do Juremar
Lurdes de Campos Vieira

Oxóssi lá na Aruanda é o rei do Juremar,
No terreiro de Umbanda, é caçador, é nosso Pai!

Okê! Okê! Oxóssi! Okê! Okê! Arô!
No meio da mata virgem, ele é rei caçador!

ORAÇÃO

Evocamos, em nome de Deus, nosso Divino Criador Olorum, Senhor Supremo do nosso destino e princípio Criador de tudo e de todos, o Seu Mistério Divino do Conhecimento, em Sua Divindade Expansora, o Divino Pai Oxóssi! Amém!

Divino Pai Oxóssi, Senhor do Mistério do Conhecimento Divino do nosso Criador Olorum! Nós o reverenciamos e reunidos estamos aqui para louvá-lo, cultuá-lo, adorá-lo e aclamá-lo com todo o nosso amor e fé em seu divino poder.

Amado e Misericordioso Pai Oxóssi, que sempre tem suprido a nossa mesa, que sempre tem nos trazido o essencial para que não nos falte o pão de cada dia!

Dê-nos, amado Pai Oxóssi, o conhecimento necessário, para que nunca fiquemos desempregados, nunca falte o necessário a nós e aos nossos dependentes e para que sempre saibamos atravessar com sabedoria e fé todas as provações de nossas vidas.

Pai Caçador, que tem zelado por nós, desde que nosso Divino Criador nos exteriorizou para que aqui evoluíssemos! Senhor das Matas e do Conhecimento! Expanda nossas faculdades mentais e aguce nosso raciocínio, para que possamos buscar o conhecimento necessário, para bem trilharmos nosso caminho evolutivo. Esclareça-nos, Pai Caçador, sobre nossa origem Divina e nos ensine a conhecê-lo de maneira racional e evolutiva, não permitindo que nossos mentais se desvirtuem por energias negativas externas.

Amado Pai, que tem nos guiado e zelado em nossa caminhada, conduzindo-nos por caminhos luminosos e afastando-nos dos caminhos sombrios que às vezes tomamos por ignorância, por engano! Esclareça-nos a partir de sua doutrina, para que adquiramos o conhecimento, religando-nos ao caminho que nos foi predestinado pelo Divino Criador. Estimule-nos nesta caminhada, porém não permita cairmos no fanatismo ou na emotividade desvirtuada. Faça com que adquiramos o conhecimento equilibrado e a Fé.

Ao senhor, regente do Sagrado Mistério do Conhecimento Divino, no qual saciamos a nossa sede do saber e do conhecer, pedimos que neste momento nos envolva em suas irradiações e nos conduza para o interior de seu Mistério Divino, beneficiando-nos com seu magnetismo expansor do conhecimento em todos os sentidos. Estamos diante do senhor, ajoelhados, em demonstração de respeito e reverência, Pai Oxóssi, que é divino, e, ainda assim, está em nós, amparando-nos com suas vibrações. Está em nossa consciência, conscientizando-nos; está em nosso íntimo, conduzindo-nos pelo caminho que haverá de nos aproximar cada vez mais do Senhor, Pai do Conhecimento Divino!

Senhor Oxóssi, rei das Matas! Permita-nos usar de seus pontos de força na Natureza, as grandes energias das matas e florestas, para desenvolvermos nossa capacidade regeneradora de vida, recuperadora da saúde em todos os sentidos, promotora da abundância e prosperidade em nosso caminho e nos caminhos de nossos semelhantes. Pai Oxóssi! Conceda-nos a graça de germinar e florescer o Conhecimento Divino e a Expansão em nosso íntimo, em nossos caminhos e em nossos sentidos. Que suas irradiações vegetais alimentadoras e curadoras, Sagrado Pai, fluam por meio dos nossos sentidos, atraindo, fecundando e frutificando nossos caminhos com muita prosperidade e expansão.

Pai Curador! Envolva-nos com suas folhas medicinais, para nos manter, energeticamente, sempre em equilíbrio e vitalizados. Cure-nos de toda e qualquer doença emocional que, porventura, possa estar paralisando o nosso mental. Proteja-nos e cure também nossos corpos físicos. Rogamos que nos cubra com seu manto de Luz Verde, para que sigamos em harmonia, equilíbrio, saúde e certeza de elevação, com sabedoria e conhecimento.

Amado Pai Oxóssi! Propicie-nos os meios e os conhecimentos necessários para termos discernimento, afastarmo-nos dos vícios e mudarmos as nossas vidas para melhor, superando as dificuldades, melhorando nossas expectativas para o futuro e anulando em nossas mentes os pensamentos e sentimentos negativos que possam nos conduzir para as trevas da ignorância, atormentando nossas almas imortais e eternas.

Pai Oxóssi! Fortaleça nossa intuição, para que sejamos bons instrumentos de orientação, recuperação e encaminhamento aos nossos irmãos carentes de Luz e de uma palavra amiga, para seguirem seus caminhos no dia a dia. Que, por intermédio do conhecimento e transmutação íntima e cobertos com seu manto de Luz Verde curadora, consigamos ser o bálsamo à dor daqueles que sofrem, permitindo passarmos a eles as energias curadoras da alma e da matéria. Que possamos ajudar todos os irmãos injustiçados e merecedores das bênçãos divinas e mesmo aqueles em dívida com o Alto, sem interferirmos na atuação da Lei Maior e da Justiça Divinas. Permita, senhor, que nossas palavras sejam sempre de carinho, tolerância, conhecimento e sabedoria.

Que suas bênçãos sejam concedidas a nós, como o conhecimento que dá sentido a tudo, como o exercício e a habilidade de produzir ensinamentos a favor da vida e dos seres que nela vivem. Que esses ensinamentos sejam como talentos divinos que possam ser aplicados em benefício de nossos semelhantes, como tão bem nos ensinou o Caboclo das Sete Encruzilhadas, quando disse que com os que sabem mais aprenderemos e aos que menos sabem ensinaremos, não renegando ninguém. O Conhecimento que não é repartido não tem sentido, é vaidade, é aguçamento do ego; ele só tem serventia quando aplicado e utilizado em benefício do maior número de pessoas possível.

Que cada um de nós possa aprender cada vez mais e se tornar um expansor desse seu Conhecimento Divino! Amém!

Salve nosso Pai Oxóssi! (Todos deverão responder: Okê, Arô! Significa: "Salve a Majestade que Brada mais Alto!")

CLAMORES

Rogamos ao senhor, Divino Pai Oxóssi, que suas irradiações vivas e divinas ativem os princípios sagrados e energéticos destes elementos oferendados, consagrando-os, imantando-os e potencializando-os para o nosso benefício. Que o seu mistério nos envolva completamente, adentrando em nossos mentais e se expandindo para nossos campos vibratórios, energéticos e órgãos vitais, purificando, descarregando, anulando e desestagnando toda constituição energética, vibratória, elemental e emocional negativas que estejam nos enfraquecendo, negativando, desequilibrando, adoecendo emocional, física e espiritualmente.

Eis que hoje todos estes seus filhos e filhas aqui se reúnem para saudá-lo e homenageá-lo com o que temos de melhor, que é o nosso amor pelo senhor, Amado Pai Oxóssi! Hoje o homenageamos e clamamos ao senhor, para que acolha estas nossas oferendas, que não consistem somente em algumas frutas, flores e bebidas, mas também no nosso amor, nossa reverência, pelo muito que o Senhor faz por nós, espíritos ainda caminhantes desta Terra.

Ao senhor e a seu Sagrado Trono evocamos neste momento, pedindo-lhe que nos atenda e ajude a nos elevarmos no caminho do Conhecimento, para modificarmos nosso íntimo e tornarmo-nos merecedores das bênçãos de Olorum. Faça, senhor Oxóssi, com que sejamos puros de espírito e de coração e concentremos em nós as melhores vibrações de clareza, paz, equilíbrio, força e saúde, sem o que seríamos incapazes de ajudar os nossos semelhantes, com poder e dignidade. Que nos conheçamos muito bem e possamos corrigir o máximo de erros e defeitos presentes em nosso inconsciente, para estarmos livres de qualquer julgamento que interfira nos trabalhos de ajuda ao próximo.

Amado Pai Oxóssi! Aceite a nossa oferenda simples, que é todo esse nosso amor, reverência, respeito e gratidão! Irradie sobre todos os filhos e filhas aqui presentes e sobre aqueles que frequentam esta casa e hoje não puderam estar aqui. Irradie sobre toda a humanidade! Irradie sobre aqueles irmãos, cujas mesas hoje não estão fartas! Irradie sobre todos aqueles que ainda não o conhecem, mas que um dia também haverão de conhecê-lo, amá-lo, respeitá-lo e reverenciá-lo, como nós. Mas, acima de tudo, haverão de conscientizar-se de que o senhor é a manifestação de Deus em nossa vida, que tem nos tornado cônscios das nossas responsabilidades como espíritos em evolução. Que tem suprido as necessidades alimentares para o nosso corpo, energéticas para o nosso espírito, mas também de melhoria do nosso estado de consciência, para mais e mais evoluirmos.

Divino Pai do Conhecimento! Envolva e recolha em seu mistério divino todo espírito, vibrações, seres e atuações negativas que estejam estagnados, paralisados e desvirtuados emocional e mentalmente em relação às verdades divinas. Que tudo e todos sejam recolhidos, seus negativismos esgotados, seus emocionais descarregados, seus psiquismos purificados e seus racionais remodelados, positivados, e tudo e todos sejam encaminhados de acordo com seus merecimentos e necessidades.

Clamamos-lhe, Sagrado Pai do Conhecimento Divino, que nos ampare em nossa jornada evolucionista, restaurando, alinhando e equilibrando nosso emocional, fortalecendo e potencializando nossos raciocínios, expandindo nossas faculdades mentais, para que assim, racionalmente, retornemos à nossa evolução espiritual, com entendimento, discernimento e esclarecimentos no sentido dos conhecimentos sagrados, conduzindo-nos, assim, ao nosso Divino Criador Olorum.

Leve-nos para dentro do seu Mistério Sagrado, concedendo-nos a graça de suprir com suas irradiações vegetais nossas necessidades em todos os sentidos da vida, iluminando, curando e regenerando nossos campos espirituais, naturais e divinos e abrindo nossos caminhos, para nosso crescimento e evoluções, bem como daqueles que estejam ligados a nós. Dê-nos sua bênção, Pai Oxóssi! Amém!

Neste momento, cada um deve pensar em suas dificuldades e clamar por suas dissoluções; procurem, também, mentalizar seus inimigos ou seus perseguidores e opressores e clamar pela transmutação dos seus sentimentos negativos (ódio, inveja, etc.), anulando da vida e do destino deles e dos seus todas as coisas contrárias ao desígnios divinos para com todos nós.

(Aguardar alguns minutos, para que cada um pense.)

Divino Pai Oxóssi, Sagrado Mistério do Conhecimento! Amado Pai do Conhecimento e da Expansão Divinos! Que, a partir deste momento, sua Luz Verde Curadora Divina esteja presente em nossas vidas, conduzindo-nos de forma luminosa e racional a todos os sete sentidos de nossas vidas, que nos levará generosamente à nossa origem Divina. Amém!

Salve nosso Divino Pai Oxóssi! (Todos deverão responder: Okê, Arô!)

ORAÇÃO DE AGRADECIMENTO E ENCERRAMENTO

Agradecemos, com todo amor e respeito, a Deus, nosso Divino Criador Olorum! Agradecemos ao Sagrado Mistério do Conhecimento, no divino Pai Oxóssi, pelas bênçãos concedidas neste momento em nossas vidas, bem como a todos aqueles que estão ligados a nós!

Também agradecemos ao nosso Divino Criador e a Pai Oxóssi pela oportunidade de estarmos aqui reunidos, neste culto familiar de louvação à Divindade do Conhecimento, e que cada um de nós se sinta fortalecido na prática do bem, na fé e no amor ao próximo e desperto para a vida superior.

Desejamos igualmente que todas as palavras proferidas neste culto sejam proveitosas aos espíritos sofredores, nossos irmãos ainda ignorantes e viciosos que tenham assistido a esta reunião, para os quais imploramos a misericórdia de Deus.

Amado Pai! Pedimos que nos sustente na sua Luz Vegetal e que cada um receba as suas graças conforme o seu merecimento. Amém!

Que suas luzes vivas e divinas se estendam para o infinito por este momento de fé, reverência e amor, em que nos colocamos diante de seus Mistérios, Senhores do nosso destino e razões das nossas existências, para que elas cubram de luzes aqueles que buscam o Conhecimento verdadeiro em seus caminhos e, assim, sejam conduzidos e amparados em todos os sentidos pela fonte vegetal de seu Conhecimento. Amém!

Agradecemos ao Divino Criador o rumo que gentilmente nos indicou, a Umbanda Sagrada, a segurança e o conforto de poder pedir e encontrar respostas a tudo que em justa medida nos tem outorgado, de acordo com a Lei Maior. Agradecemos por ter recebido a graça de comungar com a divindade vegetal do Conhecimento, nosso amado Pai Oxóssi.

Divino Pai Oxóssi! Ilumine, oriente e proteja todos aqueles que aqui entraram e entrarão, zelando, guardando esta casa e fazendo com que os irmãos, parentes, amigos, vizinhos e demais frequentadores tenham a satisfação de estar conosco, partilhando nossa amizade e carinho e desenvolvendo seu conhecimento, sua religiosidade e fé. Rogamos-lhe, Senhor do Conhecimento, que se manifeste em cada centímetro de área desta casa e que ela seja purificada e abençoada hoje e sempre. Amém!

Salve nosso Pai Oxóssi! (Todos deverão responder: Okê, Arô!)

Após a evocação, a oração de agradecimento e o encerramento, todos devem agradecer mentalmente a Olorum e a seu mistério masculino do Conhecimento, o Divino Pai Oxóssi; permanecer em absoluto silêncio por alguns minutos, só mentalizando uma verde mata e luzes verdes e brilhantes e vibrando bons sentimentos; devem cruzar o solo com respeito e reverência e levantar-se, deixando as cadeiras postas ao redor da mesa, até a queima de todas as velas.

LÍQUIDOS, FRUTOS, ERVAS E FLORES

Os líquidos energizados serão oferecidos aos participantes. As frutas poderão ser distribuídas e levadas para casa ou consumidas no local, como alimentos, aguardando pelo menos 30 minutos após o encerramento do ritual. A farinha de milho energizada poderá ser juntada ao pote maior desse elemento e utilizada na culinária do dia a dia. O vinho e o licor de caju, se houver, poderão ser oferecidos em pequenos cálices ou levados para casa, para uso posterior. Cada participante poderá levar ervas, para os banhos de energização, na força de Pai Oxóssi.

No dia seguinte, os restos das velas e dos frutos ingeridos deverão ser recolhidos e despachados na terra de um vaso, jardim ou mata, ou em água corrente, pedindo à natureza que absorva os restos do que ela, generosamente, havia nos propiciado.

XV – CULTO FAMILIAR À DIVINDADE FEMININA DO CONHECIMENTO: A DIVINA MÃE OBÁ

PREPARAÇÃO

Os participantes deverão ser comunicados, antecipadamente, para irem com roupas claras, preferencialmente brancas, e que poderão levar água de coco, frutas (coco verde aberto em cima, morango, melancia, ameixa vermelha, cereja, abacaxi e uva rosada), uma beterraba, flores-do-campo vermelhas e magenta, folhas de hortelã, coentro, pata-de-vaca e peregum roxo, que levarão para casa ao término da cerimônia. Se quiserem, poderão usar um tapetinho ou almofada para se ajoelhar.

Banho de ervas – O anfitrião responsável pela condução do Culto Familiar deverá tomar um banho de hortelã, casca de limão-cravo, dandá (tiririca), pata-de-vaca, coentro, peregum roxo e valeriana, do pescoço para baixo, e poderá ensiná-lo aos demais participantes do culto para que também o façam, caso queiram. Antes, firmar uma vela branca de sete dias, para Deus e ao seu Anjo da Guarda, com um copo com água ao lado ou a quartinha consagrada, se a tiver, fazendo as devidas orações e pedindo firmeza e proteção na condução do culto que se realizará.

O banho indicado é excelente para auxiliar na desagregação, decomposição e esgotamento de magias negativas, para estímulo e vitalização, fechar e anular portais mágicos antigos, limpeza profunda, calmante para o espírito, purificação e energização. Pode ser preparado colocando dois litros de água para ferver. Após a fervura, desligar o fogo, adicionar as ervas, abafar por uns cinco minutos. Aguardar até a temperatura ficar amena. Tomar o banho normalmente. Após se enxaguar, eleve a vasilha com o banho acima de sua cabeça e peça: "Divino Pai Olorum! Amada Mãe Obá! Irradiem suas energias neste banho, para o meu benefício". Derrame a água de ervas do pescoço para baixo. Recolha os restos e deposite na terra de um vaso ou de um jardim, agradecendo à natureza.

Pequeno altar – Sobre a mesa, ao redor da qual será realizado o ritual, estender uma toalha branca, magenta ou marrom terroso. Enfeitar com vasos de louça branca ou vidro transparente, com flores-do-campo vermelhas e magentas e pequenos vasos com coentro, pata-de-vaca e peregum roxo.

Fazer um círculo com sete velas de cor magenta (ou marrom terroso), firmadas em pires brancos; ao lado das velas colocar copos, que podem conter: água de coco verde, chá de hortelã adocicado ou água com hortelã macerada e mel. No centro da mesa, dentro do círculo de velas, colocar uma vela branca, um pedaço de madeira petrificada ou jaspe, a travessa com as frutas, o coco verde com mel derramado em seu interior, enterrado até a metade em um vaso ou outra vasilha com terra úmida e um pires com a beterraba. Pode colocar uma garrafa ou mais de vinho tinto licoroso.

Organizar tudo como um pequeno altar sobre a mesa, ao redor da qual todos deverão se sentar. O anfitrião ou um dos outros participantes poderá preparar uma defumação ou acender um incenso de menta ou hortelã, e incensar as pessoas presentes e o ambiente.

PRELEÇÃO

A pessoa que está conduzindo o culto deverá fazer uma pequena preleção sobre o motivo de estarem reunidos, explicando o que é o culto familiar, a sua finalidade, e, no caso deste culto, falar sobre a Mãe Obá, Divindade Orixá que é a Concentração, a Fixação e a Condensação do Divino Criador, nosso Divino Pai.

Sugestão: Hoje, estamos aqui reunidos para louvar nossa Mãe Obá, a Divindade Feminina do Conhecimento. Olorum é o nosso Divino Criador, e criou tudo que nos cerca e se mostra aos nossos olhos na grandeza infinita da Sua criação. Ele criou a Divindade Feminina do Conhecimento, Mãe Obá, que, com Pai Oxóssi, rege a Linha do Conhecimento, na qual ela atua concentrando, fixando e condensando o Conhecimento, fluindo o saber dos seres em sua jornada evolutiva.

OBÁ – A DIVINDADE FEMININA DO CONHECIMENTO

Mãe Obá é uma divindade gerada em Deus na Sua qualidade atratora e concentradora, que dá consistência e firmeza a tudo o que cria. Ela é a senhora dos axés fixador, condensador e concentrador. É a senhora do conhecimento das verdades divinas.

Mãe Obá atua nos seres a partir das faculdades mentais, denominadas "racionais". Com seu poderoso magnetismo telúrico e vegetal, ela absorve as energias irradiadas pelo pensamento daqueles que estão dando mau uso aos seus conhecimentos, para descarregá-los em si mesmos, assim que desencarnarem. Seu polo magnético é tão atrativo quanto o planeta Terra.

Como Orixá Cósmico, Divindade da verdade, absorvedora corretiva, mãe Obá atua sempre que é preciso acelerar a paralisação de um ser que está prejudicando muitas pessoas e atrapalhando suas evoluções, com seus conhecimentos e conceitos errôneos, pois está induzindo-as a seguir uma direção contrária à que a Lei Maior lhes reservou. Ela aquieta e densifica o racional dos seres, atraindo-os e paralisando aqueles que estão se desvirtuando porque assimilaram os conhecimentos puros de forma errada, adquiriram conhecimentos viciados, distorcidos e falsos, antes que cometam erros irreparáveis.

"Mãe Obá é circunspecta, de caráter firme e reto, de poucas palavras e de uma profundidade única nas suas vibrações retificadoras do raciocínio dos seres" (SARACENI, Rubens. *Orixás: Teogonia de Umbanda*

– Madras Editora). Ela é como a mestra rigorosa, irredutível e inflexível nos seus conceitos sobre a verdade. Ela não é envolvente nem amorosa, mas é absorvedora e corretiva; se um ser se emocionou e se desequilibrou mentalmente, ela, se preciso, esgotará toda a sua capacidade de raciocinar.

A Divindade de Olorum Obá atua na vida dos seres abrindo suas mentes para as verdades maiores só encontradas no Divino Criador, concentrando cada um em uma linha de raciocínio. Mãe Obá, na linha do conhecimento, concentra, fixa e absorve as irradiações desordenadas dos seres.

O campo preferencial de ação de mãe Obá é o de esgotar conhecimentos desvirtuados, especialmente no campo religioso, paralisando os excessos cometidos pelas pessoas que dominam o conhecimento religioso, aquietando-as antes que cometam erros irreparáveis. Sua atuação é discreta, silenciosa como seu elemento terra; quem está sendo paralisado por ela nem percebe que está passando por uma descarga emocional muito intensa. Um ser atuado por Obá começa a se desinteressar pelo assunto que antes tanto o atraía e se torna meio apático, podendo até perder a capacidade de raciocinar.

Após paralisar e descarregar o emocional do ser, Mãe Obá, em seu aspecto luminoso, o conduz para o campo de ação de Pai Oxóssi, para redirecioná-lo à linha reta do Conhecimento.

Embora representada simbolicamente nos pontos riscados por uma folha vegetal, na qual a fotossíntese acontece, os atributos de Mãe Obá são telúricos, pois é por meio da essência telúrica que suas irradiações nos chegam, imantando-nos e despertando em nosso íntimo sentimentos virtuosos. Assim, ela absorve a essência vegetal e assume características duais (terra/vegetal).

Quando um ser está com a mente voltada para o materialismo desenfreado, não consegue absorver suas irradiações. Mãe Obá retifica "com rigor os sarcásticos, os sátiros que brincam com as coisas sagradas e é implacável com os que colocam as divindades no mesmo nível chulo em que eles perderam suas consciências, bom senso e evolução" (SARACENI, Rubens. *Orixás: Teogonia de Umbanda* – Madras Editora).

A Divina Mãe Obá é concentradora do raciocínio dos seres e atua sobre a vida de todos os que dão mau uso ao dom do raciocínio e aos conhecimentos que adquiriram, que geraram falsos conceitos religiosos, desequilibradores da fé e paralisadores da evolução, esgotando-os. Sua atuação é discreta, tão silenciosa como a terra, seu elemento. Suas cores são o magenta, o terroso e o verde-escuro.

Essa divina Mãe telúrica é o elemento terra, a seiva viva que dá sustentação e germina em seu ventre terroso todas as sementes do conhecimento.

É a terra vegetal, fértil e úmida que contém húmus. Seus pontos de força são as matas ciliares, ou seja, as matas que margeiam os lagos e os rios.

A saudação à Mãe Obá é: Salve nossa Mãe Obá! (Todos devem responder: Akirô Obá Yê! Eu saúdo o seu Conhecimento, Senhora da Terra! Ou: Eu saúdo a Terra, Senhora do Conhecimento!)

A CONCENTRAÇÃO E A VERDADE

A verdade vos libertará.
Jesus Cristo

A concentração é uma habilidade fundamental para a grande maioria das atividades do ser humano, mas muitas pessoas reclamam por não conseguirem focar em determinado assunto ou tarefa por muito tempo. Seu pensamento se desvia, mesmo contra a sua vontade.

Concentração significa manter o foco em uma mesma atividade e sustentar a atenção nela por um período prolongado e desligando-se das distrações. Isso pode causar ansiedade, pressão emocional, estresse e depressão em algumas pessoas, fazendo até com que se desliguem do mundo.

Na sociedade atual, pouca concentração, falta de atenção, distração costumam ter espaço em nossas vidas, pois nossos cérebros estão constantemente sujeitos a um bombardeio de informações, em uma quantidade maior do que sua capacidade de lidar com elas e processá-las. É preciso filtrar as informações ou bloquear parte delas, ficando com aquilo que é mais significativo para nós e para nossas vidas.

Isso nos mostra a importância da qualidade Concentradora do Divino Criador, que é associada à verdade, pois só o que é verdadeiro tem densidade e resistência própria para se eternizar no tempo e na mente dos seres. Verdade é o princípio real, certo, correto, autêntico, sincero. A verdade absoluta só está contida no Divino Criador, Olorum, mas Sua qualidade concentradora, associada à verdade, está na Divindade Planetária, que é a nossa amada Mãe Obá, regente feminina da Linha do Conhecimento.

Essa Divindade gerada em Deus na Sua qualidade concentradora dá consistência e firmeza a tudo que Ele cria, com seu magnetismo atrator e concentrador, principalmente do raciocínio dos seres.

Ela esgota os seres cujos raciocínios se desvirtuaram e passaram a gerar falsos conceitos religiosos, desequilibradores da fé e paralisadores da evolução, ou mesmo em outras áreas, que estejam prejudicando o equilíbrio dos seres. Os que dão mau uso ao dom do raciocínio e aos conhecimentos procedem erroneamente, contrariando a Lei Maior e a Justiça Divina. Vão sofrer a atuação de Mãe Obá em suas faculdades mentais. Com seu poderoso magnetismo telúrico e vegetal, ela absorverá suas energias e as descarregará, assim que desencarnarem. O ignorante e o descrente não acham sequer o começo do caminho que conduz à paz.

Mãe Obá atua nas nossas vidas concentrando cada um em uma linha de raciocínio e abrindo nossas mentes para as verdades maiores do Divino Pai. Nossa percepção da verdade tornar-se-á mais límpida e nosso desejo de pureza de coração, mais sublime e mais santo, se preenchermos nosso espírito com pensamentos elevados e puros e meditarmos sobre o amor e misericórdia divinos. O conhecimento da verdade depende mais da simplicidade, da pureza de propósito de uma fé sincera e confiante, do que da capacidade intelectual.

Não há melhor agente de purificação do que a chama da Verdade Espiritual. Quem a conhece e a ela se dedica será purificado das manchas da personalidade. O conhecimento da Verdade é dado àquele que vive na força da fé, que domina o eu pessoal, as ilusões e as impressões dos sentidos.

O saber ou conhecimento perfeito em si mesmo é o coroamento de todas as ações. Ele nos livra da confusão, das dúvidas, da má compreensão e dos erros. Tudo o que existe no grande Todo, que é Deus, forma uma só vida. Quem atingiu esse conhecimento e sabedoria entra na Paz Suprema, na quietude de Mãe Obá.

CANTO

Aquele Passarinho
Roberto Costa

Olha aquele passarinho,
construiu seu ninho lá no reino de Obá,
como sua mãe, com muito carinho,
concentrando a terra, construiu seu lar.
Hoje ele é mestre do conhecimento
e com sabedoria pode me ensinar,
pra que eu também construa o meu ninho
nas terras sagradas de mamãe Obá.

ORAÇÃO À MÃE OBÁ

Evocamos em nome de Deus, nosso Divino Criador Olorum, Senhor Supremo do nosso destino e princípio Criador de tudo e de todos, o Mistério Divino do Conhecimento, na Divindade Concentradora, a Divina Mãe Obá. Amém!

Divina Mãe Obá, Senhora do Mistério do Conhecimento Divino do nosso Criador Olorum! Nós a reverenciamos e reunidos estamos aqui para louvá-la, cultuá-la, adorá-la e aclamá-la com todo o nosso amor e fé em seu divino poder.

Mãe Obá! Senhora do reino vegetal! Mãe da Terra! Ventre terroso que tudo sustenta! Mãe Generosa! Suas sementes são conchas acolhedoras das energias que emanam dessa sua terra sagrada; são fontes generosas de alimentos que sustentam nossas vidas. Alimente-nos, para que tenhamos a força e o vigor necessários para o prosseguimento de nossa jornada neste mundo material, sem sermos peso para ninguém! Dê-nos, Mãe querida, a energia necessária para a manutenção de nossa saúde!

Livre-nos, Mãe, desse materialismo desenfreado dos espíritos encarnados e conduza-nos ao interior da verdade e da fé! Paralise, ó Mãe da Sabedoria, tudo o que está desvirtuado em nosso caminho, purificando os desvios de nossa personalidade, transformando-os em conhecimento puro e verdadeiro. Amplie, ó Mãe, o nosso entendimento e capacidade mental!

Defenda-nos, Mãe Telúrica, contra as energias negativas irradiadas pelos pensamentos dos seres que dão mau uso ao raciocínio e aos conhecimentos adquiridos, contrários à Lei Maior do Divino Criador, Olorum! Aquiete-nos, Mãe, dando-nos a capacidade de sermos rigorosos, de caráter firme, reto e verdadeiro, para que não cometamos excessos e erros irreparáveis, no caminho do conhecimento da vida e da religiosidade!

Amada Mãe Obá! Nós a evocamos e lhe pedimos amparo, proteção espiritual e ajuda justa. Não nos deixe sucumbir na escuridão da ignorância e da falta de fé! Purifique-nos, Mãe, ajudando-nos a ter resistência mental e uma linha de raciocínio clara e verdadeira. Livre-nos da demência, das confusões, das dúvidas, dos erros e da má compreensão das coisas. Estimule-nos, Mãe, com as irradiações do conhecimento, não deixando nenhum ser sem seu amparo e sustentação, desde que merecedor!

Que suas essências e emanações, Mãe bondosa, santifiquem nossos alimentos, para que nenhuma impureza os macule. Mantenha, Senhora da Terra, os nossos corpos físicos e espirituais, curando-os, cicatrizando-os, higienizando-os, purificando-os e potencializando cada um deles! Ative, Mãe, nossa capacidade de reflexão, meditação e aprendizagem corretas, com concentração, firmeza de propósitos, consistência e sustentação, para darmos bom uso aos nossos conhecimentos!

Acolha-nos, também, Mãe Divina, em seu poderoso ventre, dando-nos firmeza, sustentação, consistência e concentração! Que as sementes fecundadas e espalhadas pela senhora, Divina Mãe, possam germinar, crescer e ser recolhidas de forma multiplicada! Senhora Mãe da Terra! Diante da sua bondade e da sua luz, nós a reverenciamos, querida Mãe, e pedimos que nos acumule de conhecimentos e nos torne irradiantes, diante da sua presença, do seu amor e da sua misericórdia.

Que a senhora, Mãe telúrica por natureza, ampare-nos, sustente-nos, guie-nos, conduza-nos e envolva-nos em todos os sentidos, carnais e espirituais!

Traga-nos, ó Mãe, luz radiante onde houver a escuridão pela falta de fé! Traga-nos, querida Mãe, a capacidade mental de entendimento das coisas visíveis. Proteja-nos com sua ajuda justa e verdadeira! Paralise, ó Mãe Divina, o que estiver desvirtuado em nosso caminho, transformando-o em conhecimento puro!

Faça de nós, ó Mãe, seus eternos filhos encantados do plano de Deus, purificando os possíveis desvios de nossa personalidade!

Querida Mãe Obá, que sua natureza vegetal, suas flores, seus frutos e todo o seu néctar e mel sejam um remédio para as nossas vidas, absorvendo as energias negativas e transformando-as em positivas! Libere suas essências e radiações energizadoras para a cura, cicatrização, higienização, purificação e potencialização de nossa mente, de nossos familiares, de nossas casas e ambientes de trabalho, mantendo as vibrações virtuosas e elevadas!

Estimule-nos, ó Divina Mãe, na busca do conhecimento interior da verdade e da fé. Afaste de nós toda a ironia, vícios e conceitos desvirtuados! Livre-nos de falsas verdades religiosas e de darmos mau uso ao raciocínio e ao conhecimento!

Ative, ó Mãe, com seu gesto seguro, nossa religiosidade! Paralise e perdoe os excessos por nós cometidos! Aquiete-nos, Mãe querida, sustente-nos, conduza-nos, leve-nos em seus braços firmes e seguros, para que nunca sejamos induzidos a seguir uma direção contrária à Lei Maior!

Ó Mãe, a senhora que é a seiva viva onde as sementes germinam, abençoe o nosso pão de cada dia, fruto da sua terra generosa, e faça com que ele nunca falte em nossas mesas! Abençoe os quatro cantos da Terra com seu santo e Divino amor, e faça de nós eternos aprendizes e sementes vivas da sua verdade e do seu infinito Conhecimento! Amém!

Salve, salve, Mãe Obá! (Todos devem responder: Akirô Obá Yê! Essa saudação significa: Eu saúdo o seu Conhecimento, Senhora da Terra! Ou: Eu saúdo a terra, Senhora do Conhecimento!)

CLAMORES

Rogamos-lhe, Divina Mãe Obá, que suas irradiações vivas e divinas telúrico-vegetais ativem os princípios sagrados e energéticos destes elementos oferendados, consagrando-os, imantando-os e potencializando-os para o nosso benefício. Pedimos, Mãe, que seu mistério nos envolva completamente, adentrando em nossos mentais, absorvendo, paralisando, descondensando e desestabilizando todos os acúmulos energéticos, vibrações, seres, elementais negativos e miasmas alojados em nossos corpos energéticos, campos vibratórios, em nossos órgãos vitais, livrando-nos de todos os tormentos e sofrimentos de fundo emocional, espiritual ou material.

Que tudo e todos sejam recolhidos, purificados e esgotados de seus negativismos, paralisados em suas ações desvirtuadas e irracionais, e sejam modificados, transmutados e positivados para, a partir de então, ser corrigidos, redirecionados e conscientizados a conduzir-se pelos caminhos, recorrendo à razão e ao conhecimento divinos que expandem o crescimento e a evolução dos seres.

Clamamos-lhe, Sagrada Mãe do Conhecimento Divino, que nos ampare em nossa jornada evolucionista, racionalizando e aquietando nosso emocional, fortalecendo, expandindo e condensando nosso raciocínio, para que assim, despertos, firmes e determinados, aprendamos por meio do autoconhecimento a ser focados e objetivos para seguirmos de forma luminosa e segura em nossa caminhada rumo à nossa essência divina.

Conduza-nos para dentro do seu Mistério Sagrado, concedendo-nos a graça de assimilarmos em todo nosso Ser seu conhecimento divino, fertilizando o aprendizado em cada um de nós, pelas verdades virtuosas e luminosas que acelerarão nossa evolução em todos os sentidos da vida, bem como daqueles que estejam ligados a nós. Amém!

Neste momento, cada um deve pensar em suas dificuldades e clamar por suas dissoluções; procurem, também, mentalizar seus inimigos ou seus perseguidores e opressores e clamar pela transmutação dos seus sentimentos negativos (ódio, inveja, etc.), anulando da vida e do destino deles e dos seus todas as coisas contrárias aos desígnios divinos para com todos nós.

(Aguardar alguns minutos, para que cada um pense.)

Divina Mãe Obá, Sagrado Mistério Feminino do Conhecimento! Que, a partir deste momento, sua Luz Divina esteja presente em nossas vidas, para que não caminhemos na escuridão da ignorância, da confusão, de dúvidas e erros, mas, sim, desperte nossa capacidade de aprendizado, germinando em nosso íntimo conceitos renovadores, firmeza de propósitos, consistência e sustentação, para darmos bom uso aos novos conhecimentos que frutificarão em nosso Ser, por meio da sua Onipresença Divina. Amém!

Salve nossa Divina Mãe Obá! (Todos devem responder: Akirô Obá Yê!)

ORAÇÃO DE AGRADECIMENTO E ENCERRAMENTO

Agradecemos, com todo amor e respeito a Deus, nosso Divino Criador Olorum! Agradecemos ao Sagrado Mistério do Conhecimento, na Divina Mãe Obá, pelas bênçãos concedidas neste momento em nossas vidas, bem como a todos aqueles que estão ligados a nós!

Também agradecemos ao nosso Divino Criador e à Mãe Obá pela oportunidade de estarmos aqui reunidos, neste culto familiar de louvação à Divindade Feminina do Conhecimento. Que cada um de nós se sinta fortalecido na prática do bem, na fé e no amor ao próximo e desperto para a vida superior.

Desejamos igualmente que todas as palavras proferidas neste culto sejam proveitosas aos espíritos sofredores, nossos irmãos ainda ignorantes e viciosos que tenham assistido a esta reunião, para os quais imploramos a misericórdia de Deus.

Amada Mãe! Pedimos que nos sustente na sua Luz Vegetal e que cada um receba suas graças conforme o seu merecimento. Amém!

Que suas luzes vivas e divinas se estendam para o infinito por este momento de fé, reverência e amor, em que nos colocamos diante de seus Mistérios, Senhores do nosso destino e razões das nossas existências, para que elas cubram de luzes aqueles que buscam o Conhecimento verdadeiro em seus caminhos e, assim, sejam conduzidos e amparados em todos os sentidos pela sua fonte inesgotável de Conhecimentos Divinos. Amém!

Agradecemos ao Divino Criador o rumo que gentilmente nos indicou, a Umbanda Sagrada, a segurança e o conforto de poder pedir e encontrar respostas a tudo que em justa medida nos tem outorgado, de acordo com a Lei Maior. Agradecemos por ter recebido a graça de comungar com a divindade vegetal Concentradora do Conhecimento, nossa amada Mãe Obá.

Divina Mãe Obá, Senhora Concentradora do Conhecimento Divino! Ilumine, oriente e proteja todos aqueles que aqui entraram e entrarão, zelando, guardando esta casa e fazendo com que os irmãos, parentes, amigos, vizinhos e demais frequentadores tenham a satisfação de estar conosco, partilhando nossa amizade e carinho e desenvolvendo sua religiosidade, conhecimento e fé. Rogamos-lhe, Senhora, que se manifeste em cada centímetro de área desta casa e que ela seja purificada e abençoada hoje e sempre. Amém!

Salve nossa Divina Mãe Obá! (Todos devem responder: Akirô Obá Yê!)

Após a evocação, a oração de agradecimento e o encerramento, todos devem agradecer mentalmente a Olorum e ao Seu mistério do Conhecimento, a Divina Mãe Obá; permanecer em absoluto silêncio por alguns minutos, só mentalizando luzes e vibrando bons sentimentos, cruzar o solo com respeito e reverência e levantar-se, deixando as cadeiras postas ao redor da mesa, até a queima de todas as velas.

LÍQUIDOS, FRUTOS, ERVAS E FLORES

A água de coco e os demais líquidos energizados serão oferecidos aos participantes. As frutas e a beterraba poderão ser distribuídas e levadas para casa ou consumidas no local, como alimentos, aguardando pelo menos 30 minutos após o encerramento do ritual. O vinho, se houver, poderá ser oferecido aos presentes em pequenos cálices ou levado para casa, para uso posterior. Cada participante poderá levar ervas, para os banhos de energização na força de Mãe Obá.

No dia seguinte, os restos das velas, da terra e dos frutos ingeridos deverão ser recolhidos e despachados na terra de um vaso, de um jardim ou mata, ou em água corrente, pedindo à natureza que absorva os restos do que ela, generosamente, havia nos propiciado.

XVI – CULTO FAMILIAR À DIVINDADE MASCULINA DA JUSTIÇA: O DIVINO PAI XANGÔ

PREPARAÇÃO

Os participantes deverão ser comunicados, antecipadamente, para irem com roupas claras, preferencialmente brancas, e que poderão levar frutas (goiaba vermelha, caqui, romã, cereja, amora e sete unidades de quiabos), flores (cravos ou palmas vermelhas) e ervas (arruda, manjericão roxo, barbatimão), que levarão para casa ao término da cerimônia. Se quiserem, poderão usar um tapetinho ou almofada para se ajoelhar.

Banho de ervas – O anfitrião responsável pela condução do Culto Familiar deverá tomar um banho de angico, arruda, aroeira, manjericão roxo, casca de romã, pau-tenente e barbatimão, do pescoço para baixo, e poderá ensiná-lo aos demais participantes do culto para que também o façam, caso queiram. Antes, firmar uma vela branca de sete dias, para Deus e ao seu Anjo da Guarda, com um copo com água ao lado ou a quartinha consagrada, se a tiver, fazendo as devidas orações e pedindo firmeza e proteção na condução do culto que se realizará.

O banho indicado é excelente para limpeza energética profunda, desintegrando, consumindo e dissolvendo cargas negativas; é bom para purificação, fortalecimento, ânimo e equilíbrio do espírito, ligação de vibrações, prosperidade, abertura de caminhos; é atrator de boas vibrações, proteção e fortalecimento da vontade.

Pode ser preparado colocando dois litros de água para ferver. Após a fervura, desligar o fogo, adicionar as ervas, abafar por uns cinco minutos. Aguardar até a temperatura ficar amena. Tomar o banho normalmente. Após se enxaguar, eleve a vasilha com o banho acima de sua cabeça e peça: "Divino Pai Olorum! Amado Pai Xangô! Irradiem suas energias neste banho, para o meu benefício". Derrame a água de ervas do pescoço para baixo. Recolha os restos e deposite na terra de um vaso ou de um jardim, agradecendo à natureza.

Pequeno altar – Sobre a mesa, ao redor da qual será realizado o ritual, estender uma toalha branca, marrom ou vermelha. Enfeitar com vasos de louça branca ou vidro transparente, com cravos ou palmas vermelhas e pequenos vasos com arruda, manjericão roxo e barbatimão. Distribuir sobre a toalha folhas de eucalipto-limão.

Fazer um círculo com sete velas marrons ou vermelhas, firmadas em pires brancos; ao lado das velas colocar copos, que podem conter cerveja escura ou chá de gengibre. No centro da mesa, dentro do círculo de velas, colocar uma vela branca, uma garrafa ou mais de vinho tinto doce, uma pedra do sol, olho de tigre ou pirita, uma gamela (prato de madeira) com as frutas e os sete quiabos entre elas e um pires ou copinho com azeite de dendê e, se quiser, uma imagem de Xangô ou de São Jerônimo, santo sincretizado com a força desse Orixá.

Organizar tudo como um pequeno altar sobre a mesa, ao redor da qual todos deverão se sentar. O anfitrião ou um dos outros participantes poderá preparar uma defumação ou acender um incenso de mirra ou de hortelã, e incensar as pessoas presentes e o ambiente.

PRELEÇÃO

A pessoa que está conduzindo o culto deverá fazer uma pequena preleção sobre o motivo de estarem reunidos, explicando o que é o culto familiar, a sua finalidade, e, no caso deste culto, falar sobre o Pai Xangô, Divindade Orixá que é a Justiça do Divino Criador, nosso Divino Pai.

Sugestão: Hoje, estamos aqui reunidos para louvar nosso Pai Xangô, a Divindade Masculina da Justiça. Olorum é o nosso Divino Criador, e criou tudo que nos cerca e se mostra aos nossos olhos na grandeza infinita da Sua criação. Ele criou a Divindade Masculina da Justiça, Pai Xangô, que, com Mãe Oroiná, rege a Linha da Justiça, na qual ele atua equilibrando tudo e ela atua purificando e fluindo a Justiça a toda a criação divina, em equilíbrio e harmonia.

XANGÔ – A DIVINDADE MASCULINA DA JUSTIÇA DIVINA

A Divindade da Justiça e do Fogo, do equilíbrio, da razão e do juízo divino, que é em si mesmo a Justiça Divina, que purifica nossos sentimentos com sua irradiação incandescente, abrasadora e consumidora das emotividades, é o nosso Pai Xangô.

O fogo é a energia fundamental ao equilíbrio mental no campo da razão. Xangô é o calor, a energia vital para todos os sentidos da vida; por ser unigênito e ter sido gerado em Deus, é em si mesmo a Justiça Divina que purifica nossos sentimentos com sua irradiação incandescente, abrasadora e consumidora das emotividades.

O campo preferencial de Pai Xangô é a razão, despertando nos seres o senso de equilíbrio e equidade. Ele também gera em si essa qualidade equilibradora e racional, e quem absorve a qualidade de Xangô torna-se racional, ajuizado e ótimo equilibrador do meio em que vive e das pessoas à sua volta.

Pai Xangô é o Orixá que gera e irradia o equilíbrio que existe na criação divina, nos seres e nos meios habitados por eles. Ele atua por meio do mental e vela pela harmonia e equilíbrio na evolução. É abrasador; é a chama universal, o raio solar gerador de vida, que gera o equilíbrio da justiça. Sua irradiação abrasadora e incandescente é consumidora das emotividades.

"Escolher é uma capacidade inerente ao ser humano, no processo reencarnatório. É o livre-arbítrio, tão valorizado por cada um. Todos o valorizam porque gostam de liberdade em suas vidas, de capacidade de discernimento, de serem donos dos seus próprios narizes. Isso é livre-arbítrio, é escolha, é o poder de controlar seus próprios movimentos no mundo, de tomar suas decisões diante dos percalços, fazendo escolhas certas ou não."

"Escolher é selecionar aquilo que queremos e valorizamos; é dar ênfase maior a certas coisas e desprezar outras; é poder sentir suas vontades prevalecerem no mundo. Mas envolve responsabilidade diante do mundo e dos outros seres."

"É preciso que as escolhas sejam dignas, equilibradas, sensatas e não agridam nem maltratem ninguém. A sensatez deve fazer parte constante do livre-arbítrio, pois a razão é mais uma capacidade do ser humano e, com ela, o discernimento entre o certo e o errado. O pensamento lógico proporciona a condição necessária para se colocar a razão antes da emotividade descontrolada e do instinto."

"A razão, o discernimento, a capacidade de realizar escolhas, a lógica, o raciocínio, são dons à disposição dos seres humanos, para que conduzam suas vidas de maneira calma e equilibrada, sem os grandes choques que levam a grandes quedas" (*Sermões de um Mestre Pena Branca*).

Xangô é o juiz do astral, é o comando e supremo determinador da justiça Divina. O desenvolvimento do senso de justiça, da razão, do equilíbrio, do juízo e das posturas sensatas, deixando de lado a emotividade e o instinto, é fundamental para a nossa evolução.

A energia de Xangô é ígnea, é o calor do fogo, dos raios incandescentes; a energia que nos limpa, purifica, energiza e vitaliza. Quem absorve a energia de Pai Xangô, a divindade que rege o fogo, o trovão e os raios, torna-se racional, equilibrado, ajuizado e ótimo equilibrador, tanto do seu meio quanto dos que vivem à sua volta.

A energia ígnea absorve o ar e se alimenta das essências vegetal, mineral e cristalina. Fixa-se na terra e é incompatível com a água.

Esse Divino Orixá é o fogo latente na pedra e sua justiça é como a rocha: dura, cega, justa, rígida, implacável e estável. A justiça é necessária para que haja o fortalecimento e a estabilidade da alma. Xangô é o fogo que ordena.

Pai Xangô, como Orixá equilibrador e justo, tem o acompanhamento da sabedoria divina, o que o faz o dono das escritas e padroeiro dos intelectuais. Ele gera o poder da política e a ele recorremos para resolver causas com a Justiça e problemas com papéis, documentos e estudos. Ele também nos apoia nos momentos em que sofremos injustiças, pelo desrespeito quanto aos nossos direitos, pelas maldades humanas, pelas discriminações e pelas indiferenças alheias.

O ponto de força natural de Xangô está nas montanhas, mas também podemos reverenciá-lo nas grandes pedreiras e nas cachoeiras. Quando deixamos de recorrer a Xangô para nos ajudar em todos os aspectos e só o fazemos para anular demandas ou pedir Justiça Divina, estamos limitando-o.

A JUSTIÇA DIVINA

Semeai para vós em justiça, ceifai segundo a misericórdia...
Jer. 4:3; Osé. 10:12

A justiça é a virtude de dar a cada um aquilo que é de seu merecimento. Deus é justo e gera tudo com equilíbrio. No sentido da justiça, todos nós temos os mecanismos mentais necessários para desenvolver condutas equilibradas e adquirir posturas pessoais sensatas e racionais, anulando nossa emotividade e nosso instintivismo primitivo. Para isso, somos dotados do livre-arbítrio, quando encarnamos.

A qualidade da Justiça Divina, equilibradora, é manifestada pelo Orixá Xangô, que purifica nossos sentimentos com sua irradiação incandescente, abrasadora e consumidora das emotividades. Xangô é a força coesiva que dá sustentação a tudo. Ele está na natureza como o próprio equilíbrio, tanto na estrutura de um átomo quanto no Universo e em tudo que nele existe.

Quem absorve a qualidade de Pai Xangô torna-se racional, ajuizado, ótimo equilibrador do seu meio e dos que vivem à sua volta. A escolha racional nos leva ao equilíbrio da alma, através do conhecimento da Lei que nos rege e nos diz o que é certo e o que é errado na vida. Essa Lei não é cega nem falível, pois, se ensinarmos errado, seremos colhidos por ela, que exige muito de quem conhece os mistérios da razão. Mas, se trilharmos no equilíbrio da Lei, iremos adquirir uma fé inquebrantável no que fazemos e no que falamos e nada será feito ou dito em vão; tudo terá sua razão de ser. É isso que faz com que aqueles que já adquiriram o seu equilíbrio e se tornaram conhecedores da Lei sacrifiquem-se em benefício dos semelhantes, sem nada esperar em troca. Tudo se resume em servir ao seu círculo familiar, à sua comunidade, tanto civil quanto religiosa e, principalmente, servir a Deus.

Quanto às pessoas instintivas, não desenvolveram os sensos de justiça e a vida delas se resume a uma permanente busca de satisfação pessoal, mesmo que à custa dos semelhantes. Uma pessoa instintiva costuma procurar essa satisfação em todos os sentidos da vida e tudo tem de ser para ela e por ela, senão se sentirá preterida ou injustiçada e torna-se intolerante e mesquinha.

A emotividade não suporta nenhum tipo de contrariedade, levando-nos a ver qualquer ação refreadora como ofensa pessoal, por isso deve ser contida pelo sentido equilibrador da justiça. Assim, não nos tornamos pessoas que se sentem injustiçadas pelos semelhantes, inferiorizadas, abandonadas, traídas e menosprezadas. Nossa emotividade e nosso instintivismo primitivo devem ser transmutados lentamente em senso, em razão e equilíbrio, senão nos tornamos egoístas, possessivos, vingativos, intransigentes e intolerantes com nossos semelhantes e conosco.

Quando alguém se torna um equilibrador de seus semelhantes, é porque descobriu o sentido da vida.

Que Pai Xangô nos equilibre a todos!

Salve Nosso Pai Xangô! (Todos deverão responder: Kaô Kabiecilê, Xangô! O significado é: permita-nos olhar para Vossa Alteza Real!)

CANTO

Corisco de Ouro

Lurdes de Campos Vieira

Se o corisco de ouro é de meu Pai Xangô,
se o corisco de ouro é de meu Pai Xangô,
o corisco de ouro o céu clareou,
o corisco de ouro o céu clareou!

Xangô lá na pedreira é o rei,
Xangô, sua justiça é Lei!

Se o machado de ouro é de meu Pai Xangô,
se o machado de ouro é de meu Pai Xangô,
o machado de ouro a demanda quebrou,
o machado de ouro a demanda quebrou!

Xangô lá na pedreira é o rei,
Xangô, sua justiça é Lei!

Se a coroa de ouro é de meu Pai Xangô,
se a coroa de ouro é de meu Pai Xangô,
a coroa de ouro iluminou,
a coroa de ouro iluminou!

Xangô lá na pedreira é o rei,
Xangô, sua justiça é Lei!

ORAÇÃO

Evocamos em nome de Deus, nosso Divino Criador Olorum, Senhor Supremo do nosso destino e princípio Criador de tudo e de todos, o Mistério Divino da Justiça Divina, em Sua Divindade Equilibradora, o Divino Pai Xangô. Amém!

Divino Pai Xangô, Senhor do Mistério da Justiça Divina do nosso Criador Olorum! Nós o reverenciamos e reunidos estamos aqui para louvá-lo, cultuá-lo, adorá-lo e aclamá-lo com todo o nosso amor e fé em seu divino poder.

Amado Pai Xangô! Equilíbrio, harmonia e razão do Criador! Rogamos-lhe, Querido Pai, que nos irradie e nos envolva com seus fluidos energéticos ígneos, equilibrando-nos e harmonizando-nos em todos os sentidos. Traga-nos força e condições de Luz em nossos caminhos, para que nela vivamos e a usemos em nosso benefício e no benefício dos nossos semelhantes, com justiça e amor.

Aqueça-nos, ó Pai Divino, com seu calor sagrado, expandindo nosso campo de ação e estimulando em nós sentimentos nobres, para que nos tornemos luzes calorosas, ajuizadas e sensatas do nosso Divino Criador. Purifique-nos, com suas irradiações incandescentes, abrasadoras e consumidoras das emotividades, para que tenhamos equilíbrio e equidade de alma e conhecimento da Lei que nos rege.

Permita-nos trilhar nossos caminhos no equilíbrio dessa lei de Deus e que a ensinemos e a apliquemos corretamente. Que suas irradiações ígneas se instalem nas nossas vidas como esteios fundamentadores da nossa razão, para que ela se sobressaia, em detrimento dos nossos instintos e tendências, transformando os nossos desejos humanos em vontades e atitudes em conformidade com as leis, razões e vontades do Divino Criador Olorum.

Pai Xangô, Orixá equilibrador e sustentador de tudo! Faça-nos seres equilibrados, Pai Xangô, para que saibamos o que é certo e errado na vida e façamos escolhas racionais e justas. Estimule em nós, Pai Xangô, o aquecimento de nossos corações, para que vibremos sentimentos justos, sábios e equilibrados, livrando-nos das trevas, para que sempre sirvamos à Luz e à Lei Divina.

Amado Pai! Acolha-nos em sua Luz, dando-nos sabedoria, conhecimento e oportunidade, para eliminarmos as pedras e os espinhos que, porventura, encontremos em nossa caminhada. Traga-nos força e proteção, para que nossos caminhos sejam abertos e sem tropeços, e nossos pensamentos e sentimentos íntimos sejam abençoados e amparados pela Lei.

Somos seres falhos e muitas vezes descremos. Mantenha em nós, com sua chama ígnea, a fé inquebrantável no que fazemos e no que falamos aos nossos irmãos. Que tudo o que fizermos e falarmos tenha sentido e nada seja feito ou dito em vão. Possibilite-nos, amado Pai da Razão, trabalharmos pela Justiça Divina e devolver o equilíbrio e a razão aos seres e aos procedimentos desequilibrados e emocionados, sempre guiados e iluminados pela Lei e pela Justiça Divina. Sabemos que sua Justiça nos paga com nossos merecimentos.

Pai Divino! Permita-nos servir à família e à comunidade civil e religiosa de forma racional, ajuizada e equilibradora de tudo à nossa volta, desde os nossos irmãos até o meio em que vivemos. Conceda-nos as bênçãos de sua justiça, para que possamos sempre gerar coisas novas, equilibradas e justas.

Amado Pai Xangô! Anule demandas cármicas, magias negras, bruxedos, cordões e energias negativas emitidos contra nós, pesando-os em sua balança e purificando os pecadores em sua chama sagrada, de acordo com o merecimento de cada um, devolvendo-nos a paz, a harmonia, o equilíbrio mental, emocional e racional. Equilibre vibratoriamente o nosso corpo físico, Senhor da Justiça nas Sete Irradiações Divinas, para que tenhamos saúde e disposição para o trabalho e para a vida. Mantenha-nos conscientes e despertos para os reais valores da vida, propiciando-nos uma evolução em um fluir contínuo e justo. Dependemos do senhor, Amado Pai, até mesmo nos planos mais inferiores da vida. Ampare-nos hoje e sempre!

Senhor da Justiça Divina, Rei do Equilíbrio e da Razão! Rogamos-lhe que nos ilumine com seu calor para que tenhamos a humildade de enxergar os defeitos, e que possamos ter sentimentos, palavras e atitudes sempre justos. Amado Pai! Rogamos que nossos passos sejam fortes e firmes como suas montanhas e rochas; que sempre, sob suas emanações, possamos tomar decisões sábias e justas para as nossas vidas e que elas se estendam às vidas dos nossos irmãos.

Ajoelhados diante do senhor, Justiça Divina da Lei Maior, pedimos por nós, por nossos familiares e amigos e por todos os seres ligados a nós pelos cordões invisíveis da vida. Permita-nos servir a Deus, nosso amado Pai Olorum, com amor, razão, equilíbrio e justiça.

Estenda sua Luz, ó Pai Xangô, a todos aqueles que caminham na escuridão dos instintos e emoções negativos da matéria ou do espírito, para que eles tenham a oportunidade de descobrir seu calor, equilíbrio e justiça divina. Livra-nos, Pai, da escravização às emoções e aos instintos, refreando e transmutando nossos sentimentos e atitudes negativos, para que nos tornemos amorosos, fraternos, bondosos, benevolentes e tolerantes com os nossos semelhantes.

Abençoe-nos, Pai da Justiça Divina! Amém!

Salve nosso Pai Xangô! (Todos deverão responder: Kaô Kabiecilê, meu Pai! Significa: "Permita-nos olhar para Vossa Alteza Real"!)

CLAMORES

Rogamos-lhe, Divino Pai Xangô, que suas irradiações ígneas vivas e divinas ativem os princípios sagrados e energéticos destes elementos oferendados, consagrando-os, imantando-os e potencializando-os para o nosso benefício. Que seu mistério nos envolva completamente, adentrando em nossos mentais, purificando e consumindo todas as vibrações negativas, sejam elas elementais, energéticas, emocionais ou provenientes de magias negativas, e de seres desequilibrados emocional e racionalmente, desvirtuados e viciados, que estejam ligados a quaisquer atuações mágicas negativas direcionadas ou ligadas a nós.

Pai Xangô! Que tudo e todos sejam esgotados e purificados em seus negativismos, consumindo todos os excessos e desordens emocionais, anulando demandas cármicas e encerrando ações irracionais de todos os envolvidos, e que tudo e todos sejam sentenciados por sua Justiça Divina e sejam neutralizados, desnegativados, transmutados, reordenados, equilibrados, positivados e encaminhados conforme merecimento e necessidade evolutiva de cada um.

Clamamos-lhe, Sagrado Pai da Justiça Divina, que nos ampare em nossa jornada evolucionista, energizando, restaurando, fortalecendo, potencializando e equilibrando nosso mental, emocional, espiritual, energético e físico, direcionando-nos racionalmente em todos os sentidos da vida, rearmonizando-nos com tudo e com todos ligados a nós.

Conduza-nos para dentro do seu Mistério Sagrado, concedendo-nos a graça de absorvermos em todo nosso ser sua Chama Sagrada, que aqueceu os nossos sentidos, tornando-nos fonte de sua Luz, servindo assim, com razão, harmonia e justiça aos nossos semelhantes e, principalmente, a Deus. Amém!

Neste momento, cada um deve pensar em suas dificuldades e clamar por suas dissoluções; procurem, também, mentalizar seus inimigos ou seus perseguidores e opressores e clamar pela transmutação dos seus sentimentos negativos (ódio, inveja, etc.), anulando da vida e do destino deles e dos seus todas as coisas contrárias ao desígnios divinos para com todos nós.

(Aguardar alguns minutos, para que cada um pense.)

Divino Pai Xangô, Sagrado Mistério Masculino da Justiça Divina! Que, a partir deste momento, sua Luz incandescente esteja presente em nossas vidas, amparando-nos de forma luminosa e racional em todos os sete sentidos de nossas vidas, para nos conduzir de forma firme e segura à nossa origem divina. Amém!

Salve nosso Pai Xangô! (Todos deverão responder: Kaô Kabiecilê, meu Pai!)

ORAÇÃO DE AGRADECIMENTO E ENCERRAMENTO

Agradecemos, com todo amor e respeito, a Deus, nosso Divino Criador Olorum! Agradecemos ao Sagrado Mistério da Justiça, no Divino Pai Xangô, pelas bênçãos concedidas neste momento em nossas vidas, bem como a todos aqueles que estão ligados a nós!

Também agradecemos ao nosso Divino Criador e ao Pai Xangô pela oportunidade de estarmos aqui reunidos, neste culto familiar de louvação à Divindade da Justiça, e que cada um de nós se sinta fortalecido na prática do bem, na fé e no amor ao próximo, com equilíbrio e justiça, e desperto para a vida superior.

Desejamos igualmente que todas as palavras proferidas neste culto sejam proveitosas aos espíritos sofredores, nossos irmãos ainda ignorantes e viciosos que tenham assistido a esta reunião, para os quais imploramos a misericórdia de Deus.

Amado Pai! Pedimos que nos sustente na sua Luz Ígnea e que cada um receba as suas graças conforme o seu merecimento. Amém!

Que suas luzes vivas e divinas se estendam para o infinito por este momento de fé, reverência e amor em que nos colocamos diante de seus Mistérios, Senhores do nosso destino e razões das nossas existências, para que elas cubram de luzes aqueles que buscam o equilíbrio em seus caminhos e, assim, sejam conduzidos e amparados em todos os sentidos pela sua fonte incandescente de Justiça Divina. Amém!

Agradecemos ao Divino Criador o rumo que gentilmente nos indicou, a Umbanda Sagrada, a segurança e o conforto de poder pedir e encontrar respostas a tudo que em justa medida nos tem outorgado, de acordo com a Lei Maior. Agradecemos por ter recebido a graça de comungar com a divindade ígnea da Justiça Divina, nosso amado Pai Xangô.

Divino Pai Xangô, Senhor da Justiça Divina! Ilumine, oriente e proteja todos aqueles que aqui entraram e entrarão, zelando, guardando esta casa e fazendo com que os irmãos, parentes, amigos, vizinhos e demais frequentadores tenham a satisfação de estar conosco, partilhando nossa amizade e carinho e desenvolvendo sua razão, seu equilíbrio e fé. Rogamos-lhe, Senhor Xangô, que se manifeste em cada centímetro de área desta casa, e que ela seja purificada e abençoada hoje e sempre. Amém!

Salve nosso Pai Xangô! (Todos devem responder: Kaô Kabiecilê, Pai Xangô!)

Após a evocação, a oração de agradecimento e o encerramento, todos devem agradecer mentalmente a Olorum e a Seu mistério da Justiça Divina, o Divino Pai Xangô; permanecer em absoluto silêncio por alguns minutos, só mentalizando luzes e vibrando bons sentimentos, cruzar o solo com respeito e reverência e levantar-se, deixando as cadeiras postas ao redor da mesa, até a queima de todas as velas.

LÍQUIDOS, FRUTOS, ERVAS E FLORES

Os líquidos energizados serão oferecidos aos participantes. As frutas poderão ser distribuídas e levadas para casa ou consumidas no local, como alimentos, aguardando pelo menos 30 minutos após o encerramento do ritual. O vinho, se houver, poderá ser oferecido aos presentes em pequenos cálices ou levados para casa, para uso posterior. Cada participante poderá levar ervas, para os banhos de energização, na força de Pai Xangô.

No dia seguinte, os restos das velas e dos frutos ingeridos deverão ser recolhidos e despachados na terra de um vaso, de um jardim ou mata, ou em água corrente, pedindo à natureza que absorva os restos do que ela, generosamente, havia nos propiciado.

XVII – CULTO FAMILIAR À DIVINDADE FEMININA DA JUSTIÇA: A DIVINA MÃE OROINÁ

PREPARAÇÃO

Os participantes deverão ser comunicados, antecipadamente, para irem com roupas claras, preferencialmente brancas, e que poderão levar frutas cítricas (laranja, pitanga, tangerina, caqui e sete pimentas vermelhas), flores (rosas ou palmas vermelhas, flor de girassol ou flores alaranjadas) e ervas (louro, arruda, menta), que levarão para casa ao término da cerimônia. Se quiserem, poderão usar um tapetinho ou almofada para se ajoelhar.

Banho de ervas – O anfitrião responsável pela condução do Culto Familiar deverá tomar um banho de louro, arruda, folhas de laranjeira, menta, folhas de pitanga, calêndula e girassol do pescoço para baixo, e poderá ensiná-lo aos demais participantes do culto para que também o façam, caso queiram. Antes, firmar uma vela branca de sete dias, para Deus e ao seu Anjo da Guarda, com um copo de água ao lado ou a quartinha consagrada, se a tiver, fazendo as devidas orações e pedindo firmeza e proteção na condução do culto que se realizará.

O banho indicado é excelente para ação intensa de limpeza, para consumir, purificar e descarregar energias negativas, para energizar campos astrais deteriorados, repor energias, estimular, animar. É magnetismo firme e atrator de energia de prosperidade, melhor disposição, levantamento do astral e estímulo da força de vontade.

Pode ser preparado colocando dois litros de água para ferver. Após a fervura, desligar o fogo, adicionar as ervas, abafar por uns cinco minutos.

Aguardar até a temperatura ficar amena. Tomar o banho normalmente. Após se enxaguar, eleve a vasilha com o banho acima de sua cabeça e peça: "Divino Pai Olorum! Amada Mãe Oroiná! Irradiem suas energias neste banho, para o meu benefício". Derrame a água de ervas do pescoço para baixo. Recolha os restos e deposite na terra de um vaso ou de um jardim, agradecendo à natureza.

Pequeno altar – Sobre a mesa, ao redor da qual será realizado o ritual, estender uma toalha alaranjada, vermelha ou branca. Enfeitar com vasos de louça branca, ou vidro transparente, com rosas ou palmas vermelhas, flor de girassol ou flores alaranjadas e arruda, louro e menta. Fazer um círculo com sete velas na cor laranja ou vermelha, firmadas em pires brancos. Ao lado das velas, colocar sete copos com suco de laranja ou chá de gengibre ou hibisco e um ou mais litros de champanhe *rosé* ou de vinho tinto, ou ambos.

No centro da mesa, dentro do círculo de velas, colocar uma vela laranja, uma pedra ágata de fogo ou topázio, uma travessa com as frutas e as sete pimentas entre elas, e um pires ou copinho com noz-moscada ralada ou canela em pó. Organizar tudo como um pequeno altar sobre a mesa, ao redor da qual todos deverão se sentar.

O anfitrião ou um dos outros participantes poderá preparar uma defumação ou acender um incenso de louro ou menta, e incensar as pessoas presentes e o ambiente.

PRELEÇÃO

A pessoa que está conduzindo o culto deverá fazer uma pequena preleção sobre o motivo de estarem reunidos, explicando o que é o culto familiar, a sua finalidade, e, no caso deste culto, falar sobre a Mãe Oroiná, Divindade Orixá Feminina, que é a Justiça do Divino Criador, nosso Divino Pai.

Sugestão: Hoje, estamos aqui reunidos para louvar nossa Mãe Oroiná, a Divindade Feminina da Justiça. Olorum é o nosso Divino Criador, e criou tudo que nos cerca e se mostra aos nossos olhos na grandeza infinita da Sua criação. Ele criou a Divindade Feminina da Sua Justiça, Mãe Oroiná, que, com Pai Xangô, rege a Linha da Justiça, na qual ela atua purificando tudo e fluindo a Justiça a toda a criação divina em equilíbrio e harmonia.

OROINÁ – A DIVINDADE FEMININA DA JUSTIÇA DIVINA

Oroiná é a Mãe Orixá do Fogo e da Justiça Divina; Mãe da purificação que faz par com o Orixá Xangô. Ela é a Orixá responsável pela geração da parte feminina do fator equilibrador da criação e dos seres e pela aplicação da Justiça Divina em nossas vidas. É o fogo que purifica os sentimentos desvirtuados, consome os vícios e os desequilíbrios, as energias dos seres fanáticos, apaixonados e emocionalmente desequilibrados. O fogo é a energia vital que dá entusiasmo, alegria e vontade de viver, luz e calor ao mundo.

Esse fator equilibrador ígneo feminino existe; a Mãe Divina responsável pela aplicação da Justiça Divina na vida dos seres e na criação existe; essa Mãe ígnea, que é cultuada há milênios na Índia, como Kali, tem por função aplicar a Justiça Divina com rigor na vida dos seres racionalmente desequilibrados. Ela é rigorosa, porém muito justa, amorosa e protetora. Sua principal atribuição é purificar o emocional humano dos excessos dos seres desequilibrados, desvirtuados e viciados. A ação fulminante de Mãe Oroiná, Kali-Yê, é cósmica e ativa, frequentemente invocada para desmanchar magias negras, ativadas contra os templos ou as moradas das pessoas. Sua energia é abrasadora e consumidora das várias concentrações energéticas negativas, como miasmas, larvas astrais e formas-pensamento. Os devedores da Lei temem sua presença.

Fogo, eis o mistério de nossa amada mãe Oroiná, regente cósmica do Fogo e da Justiça Divina que purifica os excessos emocionais. A energia ígnea dessa Mãe fixa-se na terra, no cristal e no mineral; consome o vegetal, expande-se no ar e se anula na água. Mãe Oroiná é o fogo que purifica.

No fogo, temos os Orixás Xangô e Oroiná. Ele é o fogo, calor, em seu aspecto positivo, e ela o é em seu aspecto negativo, cósmico, ou o fogo da purificação das ilusões humanas. Um mesmo elemento possui dois polos, duas naturezas, duas formas de nos alcançar e de nos estimular ou de nos paralisar; de acelerar ou paralisar nossa evolução; de estimular nossa fé ou de esgotar nossos emocionais desequilibrados.

Temos a linha pura do fogo, cujas energias incandescentes e flamejantes tanto consomem os vícios quanto estimulam o sentimento de justiça, que são as qualidades, atributos e atribuições de Xangô e Oroiná: aplicar a Justiça Divina em todos os sentidos da vida!

Nossa mãe Oroiná é fogo puro e suas irradiações cósmicas absorvem o ar, pois seu magnetismo cósmico atrai esse elemento, com o qual se energiza e se irradia, até onde houver ar para lhe dar essa sustentação energética e elemental.

Lei e Justiça são inseparáveis, e para comentarmos Oroiná temos de envolver Ogum, Xangô e Iansã, que são os outros três Orixás que também se polarizam e criam campos específicos de duas das Sete Linhas de Umbanda. Oroiná é cósmica e seu primeiro elemento é o fogo, que se polariza com seu segundo elemento que é o ar. Portanto, como o fogo é o elemento da linha da Justiça, ela é uma divindade que aplica a Justiça Divina na vida dos seres. Ela é a executora da Justiça Divina nos campos da Lei, regidos por Ogum no polo positivo da linha pura da Lei. E, porque o ar é o seu segundo elemento, que a alimenta e energiza e é o elemento da linha da Lei, ela é uma divindade que aplica a justiça como agente ativa da Lei Maior e consome os vícios emocionais e os desequilíbrios mentais dos seres.

Mãe Oroiná é o Fogo Divino da purificação das ilusões humanas. É o fogo consumidor das paixões humanas, é o raio rubro, o braseiro que queima. As energias incandescentes e flamejantes tanto consomem os vícios quanto estimulam os sentimentos de justiça.

O fogo é um elemento temido. Mãe Oroiná, a deusa Kali, na Índia, é uma divindade evitada e temida por todos os que desconhecem seu mistério. O fogo de Oroiná consome as energias dos seres apaixonados, emocionados, fanatizados ou desequilibrados, reduzindo a chama interior de cada um (sua energia ígnea) a níveis baixíssimos, apatizando-os, paralisando-os e anulando seus vícios emocionais e desequilíbrios mentais, sufocando-os.

Mãe Oroiná, irradiadora da chama cósmica e purificadora da Justiça Divina, atua sobre os seres movidos por paixões avassaladoras e os incandesce até que comecem a consumir a si próprios. Nos desequilíbrios mentais, Mãe Oroiná retira toda a energia ígnea do corpo energético do ser e ele se resfria de imediato. Ela rege o fogo cósmico da purificação dos ambientes religiosos, das casas, do íntimo dos seres e das injustiças, incandescendo os seres negativados; ela é em si o fogo cósmico que está em tudo o que existe, mas diluído.

Nossa Mãe do Fogo Oroiná se propaga cosmicamente e suas fagulhas ígneas começam a imantar tudo o que está desequilibrado, até que se forme uma condensação magnética ígnea. Aí surgem labaredas cósmicas que consomem os desequilíbrios, anulando sua causa e paralisando quem estava desequilibrado. Esse fogo de Oroiná tem o poder de purificar, de consumir tudo onde se condensou, e, em certos casos, fica apenas um vazio cósmico onde ele atuou.

Os vícios emocionais tornam os seres insensíveis à dor alheia. Os desequilíbrios mentais transformam os seres em tormentos para seus semelhantes. As divindades têm uma função a realizar e nós sempre seremos beneficiários de sua atuação; quando nos paralisam, também estão nos ajudando, pois estão evitando que continuemos trilhando um caminho que nos conduzirá a um ponto sem retorno.

PURIFICAÇÃO DIVINA

Não há no mundo outro agente de purificação igual à chama da Verdade Espiritual. Quem a conhece, quem a ela se dedica, será purificado.

Bhagavad Gitã

Purificar é limpar, retirar desembaraços; é desimpregnar um ser, física e espiritualmente. Os vícios emocionais tornam os seres insensíveis à dor alheia. Os desequilíbrios mentais transformam os seres em tormentos para seus semelhantes. A purificação do corpo, do coração e do espírito torna-se uma necessidade.

A purificação do corpo implica um comportamento limpo, claro e aberto, em dar carinho e servir aos outros, fazendo de nós um modelo a ser seguido. Significa não ir à busca do prazer e da gula, não falar palavras fúteis, desrespeitosas ou sobre os erros dos outros, não promover discórdias, mas, sim, incentivar as pessoas a fazerem as coisas certas, falar palavras reconciliadoras, ser educado, amoroso, suave, delicado e benevolente, não falar alto e grosseiramente. Implica, ainda, o consumo de alimentos depurativos do sangue e curativos, e a superação de vícios e maus hábitos.

A purificação do coração, enquanto fonte da consciência do ser humano, ocorre com a preservação do pensamento limpo e sem defeito. Para isso, devemos desenvolver a sinceridade, o respeito, a humildade, a gratidão, a harmonia, o contentamento, a misericórdia, a compaixão, a abnegação e o perdão.

O ciclo reencarnacionista é uma das vias de evolução, sob a irradiação dos Sagrados Orixás, na qual todo e qualquer espírito tem a possibilidade de percorrer um caminho de aperfeiçoamento, tanto no plano material quanto no plano espiritual. Este mundo transitório da matéria deve ser entendido como uma dádiva, para podermos enxergar nossa verdadeira dimensão e caminhar para a comunhão com a consciência divina. Em nossa prática do dia a dia, temos de ser, nós mesmos, uma fonte de luz.

O sentido da vida está em ajudarmos no equilíbrio de nossos semelhantes. Aqueles que se tornaram conhecedores da Justiça Divina e da Lei, e já conquistaram seu equilíbrio, buscam a essência do Criador nas coisas mais simples; sacrificam-se pelos semelhantes, sem nada esperar em troca; preocupam-se em não depredar a natureza e sempre respeitar as criações Divinas.

A nós, umbandistas, cabe purificar o nosso íntimo, renovar a religiosidade e a fé em Deus e nos Sagrados Orixás, no nosso meio humano, sofrido e desencantado com tantas injustiças sociais e religiosas. Temos de lidar simultaneamente com nosso íntimo e com nosso meio, sem nos dissociarmos de nada ou de ninguém à nossa volta. É fundamental que conquistemos os dons, as virtudes e a harmonia para nosso planeta, retornando à simplicidade de cultuar Deus, de sermos responsáveis pela vida e auxiliares do nosso Divino Criador. Se essa for a prática cotidiana na vida do umbandista, ele se tornará inacessível aos espíritos trevosos e às vibrações negativas.

CANTO

Espada de Luz

Lurdes de Campos Vieira

Vibre sua espada de luz, vem vibrar neste congá! }
Vibre sua espada de luz, Divina Mãe Oroiná! } bis

Espada de ouro, ela chegou, }
Chama de fogo que esta casa iluminou! } bis

ORAÇÃO À MÃE OROINÁ

Evocamos em nome de Deus, nosso Divino Criador Olorum, Senhor Supremo do nosso destino e princípio Criador de tudo e de todos, o Mistério Feminino Divino da Justiça na Divindade Energizadora, a Divina Mãe Oroiná. Amém!

Divina Mãe Oroiná, Senhora do Mistério Feminino da Justiça Divina do nosso Criador Olorum! Nós a reverenciamos e reunidos estamos aqui para louvá-la, cultuá-la, adorá-la e aclamá-la com todo o nosso amor e fé em seu divino poder. Que sua ofuscante luz irradie sobre nós os dourados tons das faíscas alaranjadas do seu Fogo Divino, princípio da purificação de nosso Amado Criador! Amém!

Sagrada Senhora do Fogo Purificador! Com seu elemento ígneo, faculdade equilibradora dos sentimentos humanos, purifique nossa alma e nosso corpo divino espiritual. Divina Mãe da Justiça e da razão! Ajude-nos em nossa caminhada, com seu fogo sagrado, para que tenhamos equilíbrio em nossas almas, harmonia e juízo em nossos sentimentos e atitudes. Propicie-nos a manutenção de uma fé inquebrantável, para sermos equilibradores de nossos semelhantes, servirmos à família, à comunidade civil e religiosa e, principalmente, a Deus.

Amada Mãe da Justiça Divina, Senhora do Fogo purificador! Mãe ígnea por natureza, aqueça-nos, ampare-nos, sustente-nos, guie-nos, conduza-nos e envolva-nos em todos os sentidos, carnais e espirituais. Dê-nos sua sustentação energética e elemental, para que possamos nos manter em equilíbrio mental, emocional e espiritual.

Amada Mãe Oroiná! Diante da sua luz, pedimos o seu amparo, para que possamos ter o entendimento da Justiça e da Lei do Equilíbrio Divino. Pedimos, ó Mãe da Justiça e da Purificação, que nos irradie e nos envolva com seus fluidos energéticos ígneos, equilibrando-nos e harmonizando-nos em todos os sentidos, para que nos tornemos luzes calorosas, ajuizadas e sensatas do nosso Divino Criador, irradiantes do seu equilíbrio, da justiça do seu amor e da sua misericórdia. Rogamos que nos ajude a agir sempre com razão, equilíbrio e justiça, servindo à Luz e sendo por ela amparados. Limpe nossos caminhos, ó Mãe, para que neles não encontremos empecilhos impedindo nossa evolução.

Mãe da Justiça Divina! Purifique com seu fogo sagrado os nossos excessos emocionais, beneficiando-nos conforme as nossas necessidades, expandindo o nosso campo de ação e estimulando em nós sentimentos nobres, para que vibremos sentimentos justos, sábios e equilibrados, livrando-nos das trevas, para que sempre sirvamos à Luz e à Lei Divina e nos tornemos irradiantes da justiça do seu amor e da sua misericórdia. Anule em nós, Mãe Oroiná, os sentimentos negativos, os vícios, as falhas, os erros e as paixões abrasadoras e não deixe que eles desequilibrem nossas vidas. Dai-nos, Mãe ígnea, o seu amparo, para que possamos ter o entendimento da Lei do Equilíbrio Divino.

Mãe Divina da Purificação! Traga-nos força e Luz em nossos caminhos, para que nelas vivamos e as usemos em benefício de nossos semelhantes, com justiça e amor. Propicie-nos, Mãe justa, a aquisição de uma fé inquebrantável, para sermos equilibradores de nossos semelhantes, servirmos a eles e, principalmente, a Deus. Aqueça-nos, ampare-nos, sustente-nos, guie-nos, conduza-nos e envolva-nos em todos os sentidos, carnais e espirituais.

Traga-nos, ó Mãe, luz radiante onde houver a escuridão pela falta de fé, capacidade equilibradora da razão e do entendimento das coisas visíveis, onde houver desequilíbrio e desarmonia. Proteja-nos com sua ajuda justa e verdadeira e afaste para sempre de nossas vidas os tormentos de seres e energias trevosos, consumindo com seu fogo os trabalhos de magia negra, porventura, ativados contra nós; anule as atuações de eguns em nossas vidas, encaminhando-os para a continuidade de suas evoluções, conforme seus merecimentos.

Purifique em nosso íntimo e em nossos instintos inferiores todas as vibrações e sentimentos negativos e dê-nos o equilíbrio da Justiça Divina, para que sejamos prósperos, fraternos, amorosos e generosos, com tudo e com todos que nos cercam e compartilham a nossa vida e destino. Faça com que busquemos, cada vez mais, os bons ensinamentos, sentimentos e atitudes que nos elevem e nos conduzam à Luz do nosso Divino Criador.

Mãe da Justiça! Que suas bênçãos brotem dos nossos corações, refazendo nossas almas no calor do seu fogo abrasador. Que consumam os sentimentos de cólera, transformem e forjem nos nossos íntimos a energia viva que transmuta a dor em prazer, o ódio em amor, a guerra em paz e a ignorância em sabedoria. Amém!

Salve a Divina Mãe Oroiná! (Todos deverão responder: Kaly-Yê, minha Mãe! Significa: Salve a Senhora Mãe Negra!)

CLAMORES

Rogamos-lhe, Divina Mãe Oroiná, que suas irradiações ígneas vivas e divinas ativem os princípios sagrados e energéticos destes elementos oferendados, consagrando-os, imantando-os e potencializando-os para o nosso benefício. Que seu fogo divino nos envolva completamente, consumindo, purificando, desimpregnando nosso ser de todos os cordões energéticos negativos. Pedimos que sua chama cósmica adentre por meio desses cordões e consuma todas as vibrações emocionais, magias negativas, projeções mentais e espíritos malignos que estejam ligados a nós, cortando as injustiças e suas magias negativas.

Mãe Divina Oroiná! Que todos os seres desequilibrados, desvirtuados e viciados mental e emocionalmente sejam purificados de seus excessos e desenergizados; que sejam paralisados em suas ações nocivas à vida dos seres e da Criação e que, de acordo com sua sentença divina, todos sejam encaminhados conforme o merecimento e a necessidade de cada um.

Clamamos misericordiosamente seu auxílio, para que nos livre dos vícios e dos desequilíbrios que possam nos desviar do caminho da evolução. Esgote e anule, ó Mãe Amada, com seu fogo vivo e incandescente, todos os cordões, fios, correntes e amarras que possam nos aprisionar; purifique de toda e qualquer negatividade os meios que nos rodeiam, assim como todas as pessoas que estão ligadas a nós, direta ou indiretamente.

Faça destes seus filhos e filhas instrumentos de sua Justiça Divina, para que possam, sob sua irradiação, serem anulados todos e quaisquer seres negativos e energias negativas que estejam nos impedindo de trilhar o caminho da Justiça, conforme determinação e bênção do nosso Pai Olorum.

Queime, ó Mãe, com seus poderes divinos, tudo o que está em desequilíbrio com a sua Lei, anulando os negativismos de todos os presentes nesta casa, assim como de todos os seus familiares, recolhendo as projeções mentais negativas, os espíritos malignos, cortando as injustiças e as magias negras.

Paralise, ó Mãe querida, e queime em nós as doenças espirituais e emocionais, estimulando em nós o fogo vivo da religiosidade e da esperança em melhores dias. Cure com seu fogo sagrado as feridas que trazemos desta vida e de vidas passadas. Flua em nós, seus filhos, a energia ígnea, para que saibamos transmitir a sua luz e o seu calor aos nossos irmãos menos favorecidos. Traga-nos paz, harmonia, prosperidade e saúde. Passe em nós sua espada flamejante, eliminando tudo aquilo que atrapalha o nosso desenvolvimento físico e espiritual.

Ó Mãe querida, não deixe que nos desvirtuemos de sua proteção. Proteja-nos para que sejamos sempre merecedores de seu calor sagrado, aquecendo-nos na Luz e no Amor de nosso Pai Olorum! Amém!

Amada Mãe Oroiná, que sua irradiação atue constantemente sobre nós, para alimentar nossos espíritos e aquecer nossas almas com o Fogo Divino que a tudo cura, purifica, renova e cicatriza.

Proteja-nos das catástrofes climáticas e faça com que tenhamos consciência dos perigos das queimadas irresponsáveis e dos desequilíbrios ambientais. Olhe e zele por nós, Sagrada Mãe Ígnea; é o que lhe pedem com respeito, carinho e devoção, estes filhos de Pai Olorum nesta caminhada terrena. Amém!

Clamamos-lhe, Sagrada Mãe do Fogo e da Justiça Divina, que nos ampare em nossa jornada evolucionista, envolvendo-nos com seus fluidos energéticos ígneos, equilibrando e harmonizando-nos em todos os sentidos de nossas vidas. Purifique nosso íntimo, anulando em nós sentimentos negativos, vícios e limitações conscienciais que nos desequilibram e impedem de evoluirmos e crescermos em nossos caminhos.

Conduza-nos para dentro do seu Mistério Sagrado, concedendo-nos a graça de energizar todo nosso Ser com sua Luz abrasadora que estimulará em nós o crescimento espiritual e material e o despertar para o entendimento da Justiça do Equilíbrio Divino, bem como de todos aqueles que estejam ligados a nós. Amém!

Neste momento, cada um deve pensar em suas dificuldades e clamar por suas dissoluções. Procurem, também, mentalizar seus inimigos ou seus perseguidores e opressores e clamar pela transmutação dos seus sentimentos negativos (ódio, inveja, etc.), anulando da vida e do destino deles e dos seus todas as coisas contrárias aos desígnios divinos para com todos nós.

(Aguardar alguns minutos, para que cada um pense.)

Divina Mãe Oroiná, Sagrado Mistério Feminino da Justiça Divina! Que, a partir deste momento, sua Luz flamejante esteja presente em nossas vidas, amparando-nos de forma luminosa e racional em todos os sete sentidos de nossas vidas, que nos conduzirá de forma irradiante à nossa origem divina. Amém!

Salve nossa Divina Mãe Oroiná! (Todos deverão responder: Kaly-Yê, minha Mãe!)

ORAÇÃO DE AGRADECIMENTO E ENCERRAMENTO

Agradecemos, com todo amor e respeito, a Deus, nosso Divino Criador Olorum! Agradecemos ao Sagrado Mistério Feminino da Justiça, na Divina Mãe Oroiná, pelas bênçãos concedidas neste momento em nossas vidas, bem como a todos aqueles que estão ligados a nós!

Também agradecemos ao nosso Divino Criador e à Mãe Oroiná pela oportunidade de estarmos aqui reunidos, neste culto familiar de louvação à Divindade da Justiça, e que cada um de nós se sinta fortalecido na prática do bem, na fé e no amor ao próximo e desperto para a vida superior.

Desejamos, igualmente, que todas as palavras proferidas neste culto sejam proveitosas aos espíritos sofredores, nossos irmãos ainda ignorantes e viciosos que tenham assistido a esta reunião, para os quais imploramos a misericórdia de Deus.

Amada Mãe! Pedimos que nos sustente na sua Luz Ígnea e que cada um receba as suas graças conforme o seu merecimento. Amém!

Que suas luzes vivas e divinas se estendam para o infinito por este momento de fé, reverência e amor em que nos colocamos diante de seus Mistérios, Senhora dos nossos destinos e razão das nossas existências, para que elas cubram de luzes aqueles que buscam o equilíbrio em seus caminhos e, assim, sejam conduzidos e amparados em todos os sentidos pela sua fonte aquecedora da Justiça Divina. Amém!

Agradecemos ao Divino Criador o rumo que gentilmente nos indicou, a Umbanda Sagrada, a segurança e o conforto de poder pedir e encontrar respostas a tudo que em justa medida nos tem outorgado, de acordo com a Lei Maior. Agradecemos por ter recebido a graça de comungar com a divindade ígnea da Purificação, nossa amada Mãe Oroiná.

Divina Mãe Oroiná, Senhora da Purificação Divina! Ilumine, oriente e proteja todos aqueles que aqui entraram e entrarão, zelando, guardando esta casa e fazendo com que os irmãos, parentes, amigos, vizinhos e demais frequentadores tenham a satisfação de estar conosco, partilhando nossa amizade e carinho e desenvolvendo sua razão, seu equilíbrio e fé. Rogamos-lhe, Senhora Mãe do Fogo Divino, que se manifeste em cada centímetro de área desta casa e que ela seja purificada e abençoada hoje e sempre. Amém!

Salve nossa Divina Mãe Oroiná! (Todos deverão responder: Kaly-Yê, minha Mãe!)

Após a evocação, a oração de agradecimento e o encerramento, todos devem agradecer mentalmente a Olorum e a Seu mistério da Justiça Divina, a Divina Mãe Oroiná; permanecer em absoluto silêncio por alguns minutos, só mentalizando luzes e vibrando bons sentimentos, cruzar o solo com respeito e reverência, deixando as cadeiras postas ao redor da mesa, até a queima de todas as velas.

LÍQUIDOS, FRUTOS, ERVAS E FLORES

Os líquidos energizados serão oferecidos aos participantes. As frutas, as pimentas, a noz-moscada e a canela poderão ser distribuídas e levadas para casa; as frutas também podem ser consumidas no local, como alimentos, aguardando pelo menos 30 minutos após o encerramento do ritual. O vinho e o champanhe, se houver, poderão ser oferecidos aos presentes em pequenos cálices ou levados para casa, para uso posterior. Cada participante poderá levar ervas para os banhos de energização na força de Mãe Oroiná.

No dia seguinte, os restos das velas e dos frutos ingeridos deverão ser recolhidos e despachados na terra de um vaso, de um jardim ou mata, ou em água corrente, pedindo à natureza que absorva os restos do que ela, generosamente, havia nos propiciado.

XVIII – CULTO FAMILIAR À DIVINDADE MASCULINA DA LEI: O DIVINO PAI OGUM

PREPARAÇÃO

Os participantes deverão ser comunicados, antecipadamente, para irem com roupas claras, preferencialmente brancas, e que poderão trazer frutas (mangas, mamão maduro ou goiaba vermelha), flores (cravos e palmas vermelhos) e ervas (espada-de-são-jorge, alecrim, folhas de pinheiro, abre-caminho ou vence-demanda), que levarão para casa ao término da cerimônia. Se quiserem, poderão usar um tapetinho ou almofada para se ajoelhar.

Banho de ervas – O anfitrião responsável pela condução do Culto Familiar deverá tomar um banho de folhas de manga, abre-caminho, guiné, levante, imburana, gengibre e alecrim, do pescoço para baixo, e poderá ensiná-lo aos demais participantes do culto para que também o façam, caso queiram. Antes, firmar uma vela branca de sete dias, para Deus e ao seu Anjo da Guarda, com um copo com água ao lado ou a quartinha consagrada, se a tiver, fazendo as devidas orações e pedindo firmeza e proteção na condução do culto que se realizará.

O banho indicado é excelente para proteção contra o baixo astral, para potencializar a vitalidade, energizar, fortalecer, abrir os caminhos, levantar o astral e equilibrar. Além disso, tem ação curadora para os espíritos necessitados de ajuda; é equilibrador, traz alegria e paz de espírito.

Pode ser preparado colocando dois litros de água para ferver. Após a fervura, desligar o fogo, adicionar as ervas, abafar por uns cinco minutos. Aguardar até a temperatura ficar amena. Tomar o banho normalmente. Após se enxaguar, eleve a vasilha com o banho acima de sua cabeça e peça: "Divino Pai Olorum! Amado Pai Ogum! Irradiem suas energias neste banho, para o meu benefício". Derrame a água de ervas do pescoço para baixo. Recolha os restos e deposite na terra de um vaso ou de um jardim, agradecendo à natureza.

Pequeno altar – Sobre a mesa, ao redor da qual será realizado o ritual, estender uma toalha branca ou da cor azulão. Enfeitar com vasos de louça branca ou vidro transparente com cravo vermelho e espada-de-são-jorge. Distribuir em pequenos vasos, caso queiram, folhas de alecrim, pinheiro, vence-demanda ou abre-caminho.

Fazer um círculo com sete velas de cor azulão, firmadas em pires brancos; ao lado das velas, colocar sete copos que podem conter cerveja sem álcool ou vinho tinto licoroso. No centro da mesa, dentro do círculo de velas, colocar uma vela branca e uma vermelha, uma granada ou hematita, a travessa com as frutas e um pires ou potinho com farinha de mandioca, um misturado com mel e outro com dendê (apadê). Poderá optar por colocar dois pratos com fatias de inhame cozido, um regado com mel e outro com azeite de dendê, e uma ou mais garrafas de vinho tinto licoroso.

Organizar tudo como um pequeno altar sobre a mesa, ao redor da qual todos deverão sentar-se. O anfitrião ou um dos outros participantes poderá preparar uma defumação ou acender um incenso de folhas de manga, vence-demanda, alecrim ou cravo, e incensar as pessoas presentes e o ambiente.

PRELEÇÃO

A pessoa que está conduzindo o culto deverá fazer uma pequena preleção sobre o motivo de estarem reunidos, explicando o que é o culto familiar, a sua finalidade, e, no caso deste culto, falar sobre o Pai Ogum, Divindade Orixá que é a Lei Maior do Divino Criador, nosso Divino Pai.

Sugestão: Hoje, estamos aqui reunidos para louvar nosso Pai Ogum, a Divindade Masculina da Lei. Olorum é o nosso Divino Criador, e criou tudo que nos cerca e se mostra aos nossos olhos na grandeza infinita da Sua criação. Ele criou a Divindade Masculina da Lei, que, com Mãe Iansã, rege a Linha da Lei, na qual ele atua ordenando tudo e ela atua direcionando e fluindo a Lei Maior a toda a criação divina em equilíbrio e harmonia. Pai Ogum, sinônimo de Lei Maior, ordenação divina e retidão.

OGUM – A DIVINDADE MASCULINA DA LEI DIVINA

Ogum é o Orixá da Lei, e seu campo de atuação é a linha divisória entre a razão e a emoção; é a ordenação dos processos e dos procedimentos. É o Trono Regente das milícias celestes, guardiãs dos procedimentos dos seres em todos os sentidos. Pai Ogum é sinônimo de Lei Maior, Ordenação Divina e retidão porque é gerado na qualidade eólica, ordenadora, do Divino Criador. Como ordenação Divina, age apenas como energia, tanto atrativa como repulsiva, ordenando desde a estrutura de um átomo até a estrutura do Universo.

O Trono da Lei, eólico, ao projetar-se cria a linha pura elemental do ar, já com dois polos magnéticos ocupados por Orixás diferenciados em todos os aspectos. O polo magnético positivo é ocupado por Ogum e o polo negativo, por Iansã. Otimismo, rapidez mental, inteligência e alegria são características de Pai Ogum. Com o elemento ar ele areja nossa mente e direciona nossa evolução. Irradia-se no fogo e no tempo, fixa-se nos minerais e na terra, dilui-se na água e absorve o vegetal.

O Orixá Ogum é o senhor do movimento, o senhor que quebra as demandas, que arrebenta as amarras e nos liberta, que faz nossa vida se movimentar e, como bom ordenador, coloca as nossas prioridades à frente, na hora certa. Ele é a divindade que aplica a Lei Maior, é sinônimo de Lei e Ordem e chamado de "Senhor da Guerra". Ele ordena a Fé, o Amor, o Conhecimento, a Ordem, a Justiça, a Evolução e a Geração. Por isso, está em todas as outras qualidades divinas.

Tudo no mundo gira em torno do equilíbrio entre Luz e Trevas, bem e mal, positivo e negativo, alto e embaixo, direita e esquerda, etc. Nessa função, Pai Ogum abrange todos; tudo que alguém fizer envolvendo magia ou ocultismo será anotado por ele, para posterior julgamento junto ao Senhor Maior da Lei, que é Deus. Como Orixá regente do mistério "Guardião", Ogum é o guardião do ponto de forças que mantém o equilíbrio entre o que está no alto e o que está no embaixo, a luz e as trevas, o bem e o mal, o positivo e o negativo, comandando os Exus de Lei da Umbanda. Nosso amado Pai Ogum também vigia a execução dos carmas e tem sob as suas ordens tanto a luz como as trevas.

Nos santuários naturais, os pontos de força de Pai Ogum são os caminhos, as estradas de todos os tipos, que representam as vias evolutivas, a evolução dos espíritos. Pai Ogum é o vigilante dos caminhos daqueles que empreenderam sua caminhada pela senda da luz, mas vigia tanto os caminhos para cima como para baixo. Ele é uma espécie de escudo protetor e luta para não deixar cair seus protegidos.

Quando auxiliamos os semelhantes, Ogum guarda as nossas costas; quando odiamos, ele está à nossa frente, para nos bloquear. Basta sairmos do caminho reto para sermos tolhidos pelas suas irradiações retas e cortantes. Suas irradiações retas são simbolizadas por suas "Sete Lanças"; as cortantes são simbolizadas pelas "Sete Espadas" e sua proteção legal é simbolizada pelos "Sete Escudos".

Quando a Lei quer recompensar, é Ogum quem dá, mas, quando quer cobrar, é o seu lado negativo quem executa. Quando caminhamos rumo à Luz, Ogum está à nossa direita; quando rumamos para as trevas, ele apenas inverte a posição, mas não o lado. Portanto, ele estará à nossa esquerda, anotando sentimentos e atitudes condenáveis.

No estágio humano, nossa vida precisa ter princípios virtuosos a guiá-la; só podemos fazer o bem, não desviando nosso potencial humano na busca da satisfação mundana materialista. Os sentidos superiores que precisamos desenvolver nos levam a verdadeiros êxtases.

A Lei Maior é o campo de atuação de Pai Ogum, que ordena os procedimentos, os processos e as normas ditados pelo Divino Criador, anulando tudo o que estiver em desacordo com ela. Essa força que ordena tudo e todos está presente tanto na estrutura de um átomo como na estrutura do Universo. É a Lei Divina em ação.

A LEI E A ORDEM

Deus é a Lei e a Lei nos guia.

Tudo é regido por uma Lei imutável, a Lei do Criador, a ordem das coisas em todos os planos da vida e em todos os níveis conscienciais. Nas esferas superiores da Luz, há lei, ordem e harmonia, e essa Lei dá os parâmetros para o nosso equilíbrio, evolução e vida no meio que nos acolhe. Lei é ordem das coisas em todos os planos da vida e em todos os níveis conscienciais, e a Lei Divina é a Lei Maior, que rege tudo e a todos conduz, na sua senda evolutiva. A Lei da Umbanda é essa Lei de Deus, justa e poderosa. As outras leis estão dentro dela: carma, reencarnação, causa e efeito, afinidades.

No estágio humano, nossa vida precisa ter sentidos a guiá-la, para adquirirmos equilíbrio, fortalecimento de nossa crença, firmeza nos princípios que nos regem e no sentimento de amor pelo Criador e por Sua criação. Nossa Lei não é dualista, ela não diz que "podemos fazer o bem com a direita e o mal com a esquerda". Só podemos fazer o bem. Cada um traça o seu caminho, a sua estrada, o seu destino.

Muitos direcionam a maior parte de seu potencial humano na busca da satisfação mundana (materialista) e se esquecem de que a vida tem sentidos superiores, êxtases verdadeiros. É preciso desenvolver a consciência e o virtuosismo, para sermos conduzidos de volta ao Todo, em um estágio superior de evolução. Virtuosismo é colocarmo-nos em equilíbrio perante as leis que regem toda a criação, vivenciando Deus em nós mesmos, com fé, amor, razão, lei, equilíbrio, conhecimento, sabedoria e preservação. Virtuosismo é desenvolvermos os nossos dons, para nos tornarmos auxiliares diretos da Lei Maior, no socorro aos semelhantes, cumprindo nossas obrigações para com Deus e Sua Lei.

Somos intermediários entre a vontade do Divino Criador e a nossa vontade, que nem sempre se pauta em valores condizentes com a Lei Maior do Pai Celestial.

Os seres desequilibrados ou desregrados perecem diante da Lei Maior, que age por meio de Pai Ogum; são espíritos que se desvirtuaram ou se viciaram emocionalmente, anulando sua razão e capacidade de raciocínio. Como ninguém se desequilibra por si mesmo, atrás de um desequilibrado estão outros.

No momento da morte, o espírito desvirtuado automaticamente é atraído para as esferas cósmicas negativas, desprovidas de luz (trevas). Aí, sofre alterações em seu corpo espiritual, tornando-se irreconhecível, com aparência desumana. As dimensões negativas são o melhor que a

Lei pode fazer pelos desequilibrados e desregrados, pois seus magnetismos negativos não permitem sua condução para a luz, pois nela não se sustentariam. Um ser humano só sai da prisão das trevas se clamar, de coração e arrependido, pela ajuda de Deus. Isto é a Lei. E Pai Ogum é a divindade que aplica a Lei Maior em tudo e a todos; ele é o comandante das milícias celestes, sempre vigilante e marcial, pronto a agir, anulando tudo o que for oposto a ela.

Seguir os ensinamentos da Lei Maior não significa que o livre-arbítrio não dê liberdade. O fato de não ferir a Lei Maior significa que há muitas escolhas condizentes com os ensinamentos do Pai Criador, escolhas que não desencaminham nem retardam a evolução. A consciência da Lei Maior e da Justiça Divina não deve bloquear o exercício do Livre-Arbítrio, mas nortear as ações, servir de guia.

CANTO

Casa de Guerreiro

Pai Buby

Nesta casa de guerreiro (Ogum!), vim de longe pra rezar (Ogum!),
Rogo a Deus pelos doentes (Ogum!), na fé de Obatalá (Ogum!).
Ó Deus salve a casa santa (Ogum!), os presentes e os ausentes (Ogum!),
Salve nossa esperança (Ogum!), salve velhos e crianças (Ogum!).

Preto-Velho ensinou (Ogum!), na cartilha de Aruanda (Ogum!),
E Ogum não esqueceu (Ogum!) como vencer a quimbanda (Ogum!).
A tristeza foi embora (Ogum!), na espada de um guerreiro (Ogum!)
E a luz do romper da aurora (Ogum!) vai brilhar neste terreiro (Ogum!).
Ogum! Ogum! Ogum!...

ORAÇÃO A PAI OGUM

Evocamos em nome de Deus, nosso Divino Criador Olorum, Senhor Supremo do nosso destino e princípio Criador de tudo e de todos, o Seu Mistério Divino da Lei Maior, em Sua Divindade Ordenadora, o Divino Pai Ogum. Amém!

Divino Pai Ogum, Senhor do Mistério da Lei Maior do nosso Criador Olorum! Nós o reverenciamos e reunidos estamos aqui para louvá-lo, cultuá-lo, adorá-lo e aclamá-lo com todo o nosso amor e fé em seu divino poder.

Senhor dos Caminhos, das Demandas e Aplicador da Lei Maior! Estamos aqui, diante do senhor, suplicando por sua misericórdia, querido Pai, e pedindo que dê ordenação às nossas vidas, de acordo com os ditames da Lei Maior do nosso Divino Criador, Olorum. Deixe que elas sejam levadas por sua onda ordenadora, Pai Ogum Maior, para que possamos, em corpo e em espírito, trilhar as vias evolutivas do alto, em concordância com as esferas de Luz.

Amado Senhor do Trono da Lei Maior, que ordena todos os seres da Terra! Rogamos que nos reequilibre na senda do bem e da verdade, direcionando-nos e fundamentando-nos, para que não nos desvirtuemos dos caminhos predestinados pelo nosso amado Pai, o Divino Criador Olorum. Lembre-se sempre, Pai Divino, de orientar-nos, para que possamos dar sentido às nossas vidas, perdoarmos a nós mesmos e aos nossos semelhantes, libertarmos os nossos corações das angústias e das mágoas, termos firmeza nos princípios de luz que nos regem e no amor ao Criador e a tudo que Ele criou. Que, de alguma forma, nós também possamos orientar aqueles irmãos mais necessitados que nós, ajudando-os a clarear os obscurecimentos e a superar as dificuldades dos seus caminhos.

Amado Pai Ogum, nós o evocamos pedindo bênçãos e proteção e rogamos que nos envolva com o seu manto divino e protetor e nos defenda das nossas próprias vaidades; proteja nossos corpos físicos e espirituais, para que nossos inimigos nos olhem e não nos vejam, e livre-nos dos perigos da Terra e do astral.

Com suas Sete Lanças nos defenda dos inimigos ocultos e declarados, retirando as travas dos nossos caminhos e as deficiências das nossas personalidades e das nossas almas. Com suas Sete Espadas, amado Pai, fortaleça o nosso caráter, para que em nossas atitudes prevaleçam a paz e o diálogo provenientes de sua lei ordenadora; corte toda e qualquer magia negativa que se antepuser em nossos caminhos e todos os males, doenças físicas e cordões energéticos negativos. Corte, também, amado Pai, a inveja, os ódios ocultos ou não e nos direcione para a evolução, equilibrando nossos mentais, trazendo saúde e abrindo nossos caminhos para a prosperidade material e espiritual.

Com sua armadura de aço e seus Sete Escudos, proteja-nos em nossa longa jornada, livrando-nos de toda e qualquer atuação de eguns, quiumbas e portais negativos abertos contra nós. Pai Misericordioso, seja sempre para nós a força que nos impulsiona pelos caminhos da Lei, da honestidade, do trabalho, da verdade e da fé.

Pai Ogum, assim como conduz milhares de espíritos na ordem, pedimos que conduza também a nós. Rogamos-lhe que nos ajude a enxergar os nossos defeitos, reconhecer os nossos erros e podermos realizar uma grande transformação interna, para nos tornarmos dignos diante do Pai Eterno. Amém!

Salve nosso Divino Pai Ogum! (Todos deverão responder: Ogum Yê, meu Pai! Ou: Patacori, Ogum!)

CLAMORES

Rogamos-lhe, Divino Pai Ogum, que suas irradiações vivas e divinas ativem os princípios sagrados e energéticos destes elementos oferendados, consagrando, imantando e potencializando-os, para o nosso benefício. Que seu mistério divino nos envolva completamente, adentrando em nossos mentais, desbloqueando, anulando, rompendo, descarregando e purificando nossos campos vibratórios, energéticos e espirituais de todas as energias, elementos, seres e atuações, provenientes de magias negras ou projeções mentais ou emocionais negativas, que estejam agindo contra nós, nossa saúde física, mental e emocional, contra nossos lares, nossos familiares e nossos caminhos profissionais ou espirituais.

Que tudo e todos sejam envolvidos e recolhidos ao interior do seu divino Mistério da Lei Maior e já, dentro dele, que sejam desnegativados, neutralizados, transmutados, reordenados, conscientizados e positivados em suas evoluções, para não atuarem mais negativamente contra ninguém nem contra os Princípios da Lei de Deus.

Clamamos-lhe, Sagrado Pai da Lei Divina, que nos ampare em nossa jornada evolucionista, arrebentando as amarras que tenham sido firmadas em nossos caminhos, cortando com sua espada todos os males que, porventura, estiverem em nossas vidas. Auxilie-nos a nos conscientizarmos dos nossos erros, falhas e limites humanos, que estejam nos impedindo de trilhar nosso destino de forma luminosa e com energia e força para repará-los. Sustente e oriente-nos, Amado Pai, para que possamos trilhar nossos caminhos a partir de agora, fortalecidos, equilibrados e ordenados em todos os sentidos das nossas vidas, bem como os caminhos daqueles que estejam ligados a nós.

Senhor do movimento e da ordenação divina, Senhor dos caminhos e das estradas! Quebre as demandas que tenham sido colocadas contra nós, tornando nossa senda menos difícil de ser seguida. Ilumine nossas vidas, dê-nos seu amparo e nos liberte da ação da ignorância e dos sentimentos e atitudes negativos.

Conduza-nos, Pai Guerreiro, para que acreditemos e confiemos que iremos sempre em frente, amparados pela ação de sua espada e seu escudo defensor, protegendo-nos contra as forças destrutivas e contra os choques das trevas. Inspire, Senhor Ogum, estes filhos para que possamos concluir nossos afazeres diários, seguindo harmoniosamente o seu caminho de evolução. Livre-nos, Amado Pai, de fazermos o mal e proteja-nos com sua luz, para que só façamos o bem àqueles que nos rodeiam.

Dê-nos equilíbrio em nossa caminhada evolutiva e fortalecimento de nossa crença, para que caminhemos resolutamente pela senda da Luz. Desvie de nós os sentimentos condenáveis, como a inveja, o ódio, a vingança, o orgulho, o egoísmo e a vaidade. Faça nossa vida se movimentar e, como bom ordenador, organize as nossas prioridades, cada uma no momento certo, dando-nos a certeza de que estamos sendo atendidos e amparados na medida de nossos merecimentos.

Conduza-nos para dentro do seu Mistério Sagrado, concedendo-nos a graça de ampliarmos nossa consciência divina de acordo com os ditames da Lei Maior, capacitando-nos a vencer os desafios e obstáculos inerentes aos caminhos da evolução e do crescimento como seres gerados pelo nosso Divino Criador Olorum. Amém!

Neste momento, cada um deve pensar em suas dificuldades e clamar por suas dissoluções; procurem, também, mentalizar seus inimigos ou seus perseguidores e opressores e clamar pela transmutação dos seus sentimentos negativos (ódio, inveja, etc.), anulando da vida e do destino deles e dos seus todas as coisas contrárias ao desígnios divinos para com todos nós.

(Aguardar alguns minutos, para que cada um pense.)

Divino Pai Ogum, Sagrado Mistério da Lei Maior! Que, a partir deste momento, sua Espada de Luz da Lei Divina esteja iluminando nossas vidas, protegendo-nos e abrindo nossos caminhos para que tenhamos paz, saúde, harmonia, prosperidade espiritual e material, conduzindo-nos de forma firme, leal e segura à nossa origem divina, que nos tornará dignos aos olhos do nosso Pai Eterno. Amém!

Que suas falanges luminosas sempre nos protejam e nos auxiliem em nossas aflições. Amém!

Salve nosso Divino Pai Ogum! (Todos deverão responder: Ogum Yê, meu Pai! Ou: Patacori, Ogum! Significa: Salve o Senhor Coroado da Guerra!)

ORAÇÃO DE AGRADECIMENTO E ENCERRAMENTO

Agradecemos, com todo amor e respeito, a Deus, o nosso Divino Criador Olorum! Agradecemos ao Sagrado Mistério da Lei Maior, no Divino Pai Ogum, pelas bênçãos concedidas neste momento em nossas vidas, bem como a todos aqueles que estão ligados a nós!

Também agradecemos ao nosso Divino Criador e a Pai Ogum pela oportunidade de estarmos aqui reunidos, neste culto familiar de louvação à Divindade da Lei, e que cada um de nós se sinta fortalecido na prática do bem, na fé e no amor ao próximo e desperto para a vida superior.

Desejamos igualmente que todas as palavras proferidas neste culto sejam proveitosas aos espíritos sofredores que tenham assistido a esta reunião, necessitados de um caminho, e que eles sejam direcionados conforme a Lei e a Justiça Divina. Eles são nossos irmãos ainda ignorantes e viciosos, para os quais imploramos a misericórdia de Deus.

Amado Pai! Pedimos que nos sustente na sua Lei e que cada um receba as Suas graças conforme o seu merecimento. Amém!

Que suas luzes vivas e divinas se estendam para o infinito por este momento de fé, reverência e amor, em que nos colocamos diante de seus Mistérios, Senhores do nosso destino e razões das nossas existências, para que elas cubram de luzes aqueles que buscam o equilíbrio em seus caminhos, e, assim, sejam conduzidos e amparados em todos os sentidos pela sua fonte ordenadora da Lei de Deus. Amém!

Agradecemos ao Divino Criador o rumo que gentilmente nos indicou, a Umbanda Sagrada, a segurança e o conforto de poder pedir e encontrar respostas a tudo que em justa medida nos tem outorgado, de acordo com a Lei Maior. Agradecemos por ter recebido a graça de comungar com a divindade eólica da Ordem e da Lei Divina, nosso amado Pai Ogum.

Divino Pai Ogum, Senhor da Lei Maior do Criador! Ilumine, oriente e proteja todos aqueles que aqui entraram e entrarão, zelando, guardando esta casa e fazendo com que os irmãos, parentes, amigos, vizinhos e demais frequentadores tenham a satisfação de estar conosco, partilhando nossa amizade e carinho e desenvolvendo seu reto caminhar e sua fé, de acordo com a Lei Maior do Criador. Rogamos-lhe, Senhor da Lei e da Ordem, que se manifeste em cada centímetro de área desta casa e que ela seja protegida, purificada e abençoada hoje e sempre. Amém!

Salve nosso Divino Pai Ogum! (Todos deverão responder: Ogum Yê, meu Pai! Ou: Patacuri, Ogum!)

Após a evocação, a oração de agradecimento e o encerramento, todos devem agradecer mentalmente a Olorum e a seu mistério da Lei Maior, o Divino Pai Ogum; permanecer em absoluto silêncio por alguns minutos, só mentalizando luzes e vibrando bons sentimentos, cruzar o solo com respeito e reverência, deixando as cadeiras postas ao redor da mesa, até a queima de todas as velas.

LÍQUIDOS, FRUTOS, ERVAS E FLORES

Os líquidos energizados serão oferecidos aos participantes. As frutas poderão ser distribuídas e levadas para casa ou consumidas no local, como alimentos, aguardando pelo menos 30 minutos após o encerramento do ritual. O vinho, se houver, poderá ser oferecido aos presentes em pequenos cálices ou levado para casa, para uso posterior. Cada participante poderá levar ervas, para os banhos de energização na força de Pai Ogum.

No dia seguinte, os restos das velas e dos frutos ingeridos deverão ser recolhidos e despachados na terra de um vaso, de um jardim ou mata, ou em água corrente, pedindo à natureza que absorva os restos do que ela, generosamente, havia nos propiciado.

XIX – CULTO FAMILIAR À DIVINDADE FEMININA DA LEI: A DIVINA MÃE IANSÃ

PREPARAÇÃO

Os participantes deverão ser comunicados, antecipadamente, para irem com roupas claras, preferencialmente brancas, e que poderão levar frutas (abacaxi, carambola, pêssego, manga, banana nanica) e rosas ou flores amarelas em geral, espada-de-santa-bárbara, alecrim, folhas de louro e sete pedaços de canela em pau, que levarão para casa ao término da cerimônia. Se quiserem, poderão usar um tapetinho ou almofada, para se ajoelhar.

Banho de ervas – O anfitrião responsável pela condução do Culto Familiar deverá tomar um banho de folhas de pitanga, macela, imburana, alecrim-do-norte, cidreira, hortelã e girassol, da cabeça aos pés, e poderá ensiná-lo aos demais participantes do culto para que também o façam, caso queiram. Antes, firmar uma vela branca de sete dias, para Deus e ao seu Anjo da Guarda, com um copo com água ao lado ou a quartinha consagrada, se a tiver, fazendo as devidas orações e pedindo firmeza e proteção na condução do culto que se realizará.

O banho indicado é excelente para a movimentação de energias, abertura de caminhos, limpeza energética, expansão e prosperidade; vitaliza, acelera e ajuda na tomada de decisões e a encontrar saídas para os problemas. É bom, ainda, para fortalecer a harmonia, a paz de espírito, a alegria, levantar o astral, equilibrar, clarear e iluminar o espírito. É atrator de boas vibrações, proteção e fortalecimento da vontade.

Pode ser preparado colocando dois litros de água para ferver. Após a fervura, desligar o fogo, adicionar as ervas, abafar por uns cinco minutos. Aguardar até a temperatura ficar amena. Tomar o banho normalmente. Após se enxaguar, eleve a vasilha com o banho acima de sua cabeça e peça: "Divino Pai Olorum! Amada Mãe Iansã! Irradiem suas energias neste banho, para o meu benefício". Derrame a água de ervas da cabeça aos pés. Recolha os restos e deposite na terra de um vaso ou de um jardim, agradecendo à natureza.

Pequeno altar – Sobre a mesa, ao redor da qual será realizado o ritual, estender uma toalha amarela ou branca. Enfeitar com vasos de louça branca ou vidro transparente com rosas ou flores amarelas e espada-de-santa-bárbara. Distribuir folhas de louro sobre a toalha.

Fazer um círculo com sete velas amarelas, firmadas em pires brancos; ao lado das velas colocar copos, que podem conter champanhe branca ou de uva (sem álcool), licor de anis ou de cereja, suco de abacaxi ou de manga.

No centro da mesa, dentro do círculo de velas, colocar uma vela branca, uma pedra citrino, a travessa com as frutas, as canelas em pau entre elas e um pires com pemba branca ou amarela ralada (que será assoprada em direção aos participantes, após o "clamor a Mãe Iansã"). Se quiser, pode colocar uma ou mais garrafas de champanhe branca ou de licor de anis ou de cereja.

Organizar tudo como um pequeno altar sobre a mesa, ao redor da qual todos deverão sentar-se. O anfitrião ou um dos outros participantes poderá preparar uma defumação ou acender um incenso de canela, alecrim ou folhas de louro, e incensar as pessoas presentes e o ambiente.

PRELEÇÃO

A pessoa que está conduzindo o culto deverá fazer uma pequena preleção sobre o motivo de estarem reunidos, explicando o que é o culto familiar, a sua finalidade, e, no caso deste culto, falar sobre a Mãe Iansã, Divindade Orixá Feminina que é a Lei do Divino Criador, nosso divino Pai.

Sugestão: Hoje, estamos aqui reunidos para louvar nossa Mãe Iansã, a Divindade Feminina da Lei. Olorum é o nosso Divino Criador, e criou tudo que nos cerca e se mostra aos nossos olhos na grandeza infinita da Sua criação. Ele criou a Divindade Feminina da Lei, Mãe Iansã, que, com Pai Ogum, rege a Linha da Lei, na qual ela atua direcionando tudo e ele atua ordenando e fluindo a Lei Maior a toda a criação divina em equilíbrio e harmonia. Mãe Iansã é sinônimo de Lei Maior, direcionamento divino e retidão.

IANSÃ – A DIVINDADE FEMININA DA LEI DIVINA

Como vibração divina, Iansã é a mãe de natureza ágil, forte, determinada e expedita. Ela é a senhora dos ventos, a senhora das energias puras eólicas, o que lhe dá uma personalidade guerreira e faz com que a associemos automaticamente ao ar e às ventanias. Ela nos traz vida, pois não viveríamos sem o ar.

Como dona do direcionamento e Senhora da Lei, podemos perceber sua ação no próprio giro planetário e nos movimentos e direcionamentos de tudo. Iansã é dona do axé vibracional, que faz tudo se movimentar, direcionando tudo ordenadamente, porém ela é dona de nove axés. Além do axé vibracional ou movimentador, há o axé direcionador, axé separador, axé controlador, axé espelhador, axé sonorizador, axé cadenciador, axé espalhador e axé combinador.

Como Guardiã de Mistérios Divinos, Mãe Iansã anula as injustiças e dilui os acúmulos emocionais. A energia básica eólica é fundamental ao arejamento mental e ao equilíbrio emocional das pessoas. Basta errarmos para que Mãe Iansã nos envolva em uma de suas espirais, impondo-nos um giro completo e transformador de nossos sentimentos viciados.

Como Divindade Cósmica, sua atribuição é atrair magneticamente os espíritos negativos, recolhê-los em seus domínios e retê-los até que esgotem seus negativismos, para devolvê-los às faixas neutras, de onde serão redirecionados para a luz ou para a reencarnação. A grande e poderosa guerreira Iansã tem plenos poderes sobre os eguns (espíritos dos mortos), que direciona para Pai Obaluaiê, no plano espiritual.

Mãe Iansã é extremamente ativa, é movimentadora e aplicadora da Lei nos campos da Justiça. Assim que o ser é purificado de seus vícios, Iansã entra em sua vida redirecionando-o e conduzindo-o a outro campo, no qual retomará sua evolução. Uma de suas atribuições é colher os seres foras da Lei e, com um de seus magnetismos, alterar todo o seu emocional desvirtuado, seu mental e consciência desordenados, para só então redirecioná-los, facilitando sua caminhada pela linha reta da evolução.

Como magnetismo eólico, reflete em nós idealização, lealdade, sustentação, movimentação, circulação, ordenação, segurança, etc. Nossa amada Mãe Iansã, eólica por excelência, irradia-se no fogo e no tempo e fixa-se nos cristais, no mineral e na terra. Dilui-se na água e absorve no vegetal. Ela é o ar que envolve.

Se absorvermos muito dessa energia, tornamo-nos emotivos e aéreos, mas, se absorvermos pouco, nos tornamos densos e bitolados. Ela areja nossa mente, direciona nossa evolução e fortalece nosso sentimento virtuoso.

Iansã é o vendaval que derruba e a ventania que faz tudo balançar. É a Lei atuando no sentido de direcionar os seres que se desequilibram. É a novidade que renova a Lei na mente e no coração humano; é a busca de melhores condições de vida para os seres. Iansã é a aplicadora da Lei na vida dos seres viciados. Seu campo preferencial de atuação é o emocional dos seres: ela os esgota e os redireciona, abrindo-lhes novos campos por onde evoluirão de forma menos "emocional".

Os principais símbolos de Mãe Iansã são o raio, ligado à Justiça Divina, e a espada, instrumento da Lei, que zela, protege e ampara a todos. Seu ponto de forças são as pedreiras, que resultam dos desgastes das montanhas pela ação das intempéries (chuva, vento, diferenças de temperatura, etc.).

Iansã, em seu primeiro elemento, é ar e forma com Ogum um par energético no qual ele rege o polo positivo e é passivo, pois suas irradiações magnéticas são retas. Iansã é cósmica e ativa, e suas irradiações magnéticas são circulares ou espiraladas.

Na linha da Justiça, Iansã é seu aspecto móvel e Xangô é seu aspecto assentado ou imutável, pois ela atua na transformação dos seres através de seus magnetismos. Iansã aplica a Lei nos campos da Justiça e é extremamente ativa. Uma de suas atribuições é colher os seres fora da Lei e, com um de seus magnetismos, altera todo o seu emocional, mental e consciência, para, só então, redirecioná-los em outra linha de evolução, que os aquietará e facilitará sua caminhada.

As energias irradiadas por Iansã densificam o mental, diminuindo seu magnetismo, e estimulam o emocional, acelerando suas vibrações. Com isso, o ser se torna mais emotivo e facilmente redirecionado.

Mãe Iansã é o próprio sentido de direção da Lei; é um mistério que só entra na vida de um ser caso a direção que este esteja dando à sua evolução e à sua religiosidade não siga a linha reta traçada pela Lei Maior. Ela é o ar que areja nosso emocional e nos proporciona um novo sentido da vida e uma nova direção ou meio de vida, renovando a fé na mente e no coração dos seres.

DIRECIONAMENTO

As preces direcionadas a Olorum nos são ouvidas e nos colocam em sintonia direta com as divindades encarregadas de executar Sua vontade.

Direção é a arte ou efeito de dirigir, de conduzir com ordenação. O direcionamento é uma das qualidades de Deus, presente e ativo em tudo o que Ele gera e cria, tanto animado quanto inanimado. Mãe Iansã é em si mesma essa qualidade do Divino Criador, ela é o próprio sentido de direção da lei. É a aplicadora da Lei e ordenadora dos seres emocionados, esgotando seus desequilíbrios e vícios, direcionando-os e abrindo-lhes novos campos, por onde evoluirão de forma menos emocional.

Quando tudo parece estar bem, tomamos decisões por impulso, decidimos por nós mesmos e não nos lembramos de pedir direção ao Criador e à sua Divindade direcionadora, Mãe Iansã. Devemos pensar antes de agir; pedir direção e sabedoria ao Pai Criador e a Iansã, para lidarmos melhor com as situações e decisões importantes em nossas vidas. Dessa forma, poderemos receber orientações divinas bem diferentes daquilo que faríamos intempestivamente. Quando estamos fora da direção, podemos criar problemas para nós, nossa família, para nossos amigos, etc.; problemas que podem se tornar irreparáveis.

Diante de situações difíceis, é muito bom pedirmos ajuda à Mãe Direcionadora, no momento de enfrentarmos os novos desafios. Podemos apresentar a ela os nossos projetos e planos, e pedir ajuda para tomarmos os rumos e as decisões necessárias, tomarmos as direções que são melhores para nós, ainda que à primeira vista não pareçam. Ela pode nos ajudar na abertura de nossos caminhos, com seu grande e benigno poder. Ela não vai decidir por nós, mas iluminar-nos, para que tomemos a direção correta, que não envolva e faça sofrer as pessoas ao nosso redor.

Quando nos encontramos diante das opções de avançar ou recuar diante de um perigo iminente e escolhemos a bravata de ir em frente, mesmo sabendo que há grande perigo, corremos o risco de nos dar mal e sofrermos sequelas para toda a vida. Não devemos ser teimosos e casmurros quando nos virmos confrontados com situações repentinas, que nos deem vontade de prontamente responder. Devemos pedir bênçãos e sabedoria para as nossas escolhas, para que as tomemos pautados não em sentimentos e emoções, mas de acordo com a vontade divina para nossas vidas.

À Mãe Divina Iansã podemos pedir nosso encaminhamento correto no encontro de novos empreendimentos, conhecimentos, religião, processos, novas condições de vida, nos vários campos. Que nossa Mãe Iansã sempre nos proporcione o correto direcionamento e adaptação aos meios onde vivermos.

CANTO

Domínio Público

Moça bonita como brilha a sua espada,
ao cruzar esse imenso céu azul,
cortando as nuvens e trazendo as chuvas,
ela é guerreira do exército de Ogum!

Iansã, linda guerreira,
proteja os seus filhos, sob a luz da Lua Cheia!

ORAÇÃO À MÃE IANSÃ

Evocamos em nome de Deus, nosso Divino Criador Olorum, Senhor Supremo do nosso destino e princípio Criador de tudo e de todos, o Seu Mistério Divino Feminino da Lei Maior, a Divindade Direcionadora, a Divina Mãe Iansã. Amém!

Divina Mãe Iansã, Senhora do Mistério Feminino da Lei Maior do nosso Criador Olorum! Nós a reverenciamos e reunidos estamos aqui para louvá-la, cultuá-la, adorá-la e aclamá-la com todo o nosso amor e fé em seu divino poder.

Querida e amada Mãe Iansã! Estamos aqui diante da senhora para aclamá-la e receber suas energias, para que não nos percamos nos caminhos de nossa evolução. Reluza sua luz viva sobre nossos sete campos internos e sobre nossos sete campos externos, para que assim, imantados pela senhora, possamos ter a paz necessária para resolvermos os nossos problemas e o correto direcionamento, diante das grandes dificuldades de nossas vidas.

Mãe Iansã, Senhora dos Ventos e dos Raios! Nós lhe pedimos o fortalecimento das nossas atitudes positivas no dia a dia, direcionadas de acordo com a Lei Maior e a ordem; não nos deixe cair em vícios e desequilíbrios. Areje-nos com seus ventos e faça com que busquemos cada vez mais os bons ensinamentos, sentimentos e atitudes que nos elevem e nos conduzam à Luz do nosso Divino Criador. Que em nossos caminhos, Mãe Iansã, a Senhora seja a brisa refrescante das nossas emoções acaloradas, não permitindo que tenhamos rancores e mágoas guardados contra nenhum irmão.

Divina Mãe Iansã! Direcione-nos e abra nossos campos materiais e espirituais, para que tenhamos coragem, resignação e inspiração e só pratiquemos o bem. Impeça-nos, Mãe Direcionadora, de sucumbirmos diante de provas elementares e regredirmos por praticar atitudes impensadas, e facilite nossa caminhada pela linha reta da evolução. Mãe Divina! Tire de nossas vidas as tristezas, as angústias e as depressões, direcionando nossos sentimentos para as alegrias de viver, protegendo-nos dos espíritos que venham nos perturbar!

Mãe dos raios e das tempestades! Clareie com sua luz e seus relâmpagos as nossas moradas internas e, com os raios certeiros de sua espada, dilua as desavenças e as indiferenças que nos fazem viver em prantos, trazendo-nos de sua morada divina a sabedoria de viver em harmonia e paz. Nesta morada em que ora estamos, precisamos aprender a reviver os tempos de amor, paz e luz.

Grande guerreira, Orixá dos raios e dos ventos, que ajuda com sua energia a vencer as lutas e as dificuldades! Nós lhe pedimos força e coragem, para nosso desenvolvimento espiritual e para nos livrarmos da submissão aos espíritos viciosos, embusteiros e obsessivos e da atuação de eguns.

Amada Mãe! Defenda-nos com sua espada de luz, fortaleça-nos e proteja-nos sempre, para que a maldade não tenha forças e poder sobre nós. Que qualquer ação levantada contra nós encontre sua presença e se quebre em choque com suas energias direcionadoras da ordem. Dê-nos sua luz poderosa para que compreendamos todo bem que precisamos fazer e tenhamos força para não ceder ao mal. Dirija nossos passos nos caminhos do bem e do amor, para que todos nós possamos contar com sua orientação e com suas bênçãos, para sermos mais fraternos, compreensivos e capazes de perdoar. Auxilie-nos, direcionando nossas vidas para os caminhos certos, por onde possamos ir ao encontro do nosso Divino Criador.

Mãe Divina da Lei Maior! Com a força dos seus raios, dê conformação àqueles que sofrem. Acenda a chama da vida dos que estão desenganados, dando a eles força para continuar lutando pela cura dos seus males. Carregue com seus ventos as tempestades que atormentam nossas moradas e conturbam nossas mentes com pensamentos negativos, gerados por nossas ignorâncias e, com eles, refresque nossos sentimentos, acalmando nossas tempestades!

Dê-nos sua bênção, amada Mãe Iansã! Na certeza de seu amparo e confiantes, agradecemos sua misericórdia e tão grande magnitude. Amém!

Salve nossa amada Mãe Yansã! (Todos deverão responder: Eparrei Iansã! Significa: Salve a Senhora dos Raios!)

CLAMORES

Rogamos-lhe, Divina Mãe Iansã, que suas irradiações vivas e divinas ativem os princípios sagrados e energéticos destes elementos oferendados, consagrando-os, imantando-os e potencializando-os, para o nosso benefício. Que seu mistério divino nos envolva completamente, adentrando em nossos mentais e se expandindo para nossos campos vibratórios, energéticos e espirituais, recolhendo tudo e todos que estiverem atuando negativamente contra nós, contra nossos familiares e contra nosso crescimento espiritual e material.

Desintegre, ó Mãe Divina, todas as energias mentais, elementais e emocionais negativas que tenham sido projetadas contra nós, assim como todos os seres desequilibrados e espíritos fora da Lei envolvidos; que todos sejam purificados, esgotados, neutralizados, paralisados, desnegativados, transmutados, reordenados, equilibrados, positivados e encaminhados conforme determinação da Lei Maior, para que não voltem a atuar e vibrar negativamente contra nós ou quem quer que seja na Criação.

Clamamos-lhe, Sagrada Mãe da Lei Divina, que nos ampare em nossa jornada evolucionista, descarregando e diluindo nossos acúmulos emocionais que nos sobrecarregam e negativam e, assim, contribuem para que nos percamos em nossos caminhos evolutivos. Envolva-nos em sua espiral da Lei Divina, anulando todas as injustiças que, porventura, estiverem em nossas vidas, bem como daqueles que estejam ligados a nós.

Conduza-nos para dentro do seu Mistério Sagrado, concedendo-nos a graça de mobilizar todo nosso ser, fortalecendo sentimentos virtuosos, renovando o conceito da Lei do Criador em nossas mentes, redirecionando nossos sentidos e, assim, proporcionando novas condições para vivermos nossas vidas, reconduzindo-nos de forma segura e objetiva na direção que acelerará nosso crescimento e evolução em todos os sentidos da vida. Amém!

Amada Mãe! Nós lhe pedimos bênçãos e proteção; que sua espada corte todas as invejas, vinganças e males que, porventura, estiverem em nossas vidas; todos os trabalhos de magia negativa, doenças físicas, cordões energéticos negativos, eguns, quiumbas e os portais negativos abertos contra nós, estejam eles onde estiverem. Equilibre nossos mentais, trazendo saúde e abrindo nossos caminhos para a prosperidade material e espiritual.

Mãe Bondosa! Irradie sobre nossos lares e locais de trabalho a luz, a paz, o saber, a justiça, o amor, a evolução e a fé, para que tenhamos equilíbrio em nossas vidas e aprendamos a viver, de acordo com nosso merecimento e capacidade de entendimento!

Amada mãe do Trono da Lei Maior! Direcione os seres obsessores que estão presos a nós por erros passados e ilumine-os, para que encontrem o caminho da luz, anulando em seu íntimo as revoltas e as indiferenças! Cubra-nos com seu manto eólico, amparando-nos em seu colo direcionador, para que sigamos sempre pelos caminhos que nos levam a nosso Pai Olorum! Amém!

Neste momento, cada um deve pensar em suas dificuldades e clamar por suas dissoluções; procurem, também, mentalizar seus inimigos ou seus perseguidores e opressores e clamar pela transmutação dos seus sentimentos negativos (ódio, inveja, etc.), anulando da vida e do destino deles e dos seus todas as coisas contrárias ao desígnios divinos para com todos nós.

(Aguardar alguns minutos, para que cada um pense.)

Divina Mãe Iansã, Sagrado Mistério Feminino da Lei Maior! Que, a partir deste momento, sua Espada da Lei esteja iluminando nossas vidas, acelerando, protegendo e fortificando-nos positivamente pelos caminhos que nos conduzirão segura e suavemente à nossa origem divina. Amém!

Assoprar o pó de pemba em direção aos participantes.

Salve nossa amada Mãe Iansã! (Todos deverão responder: Eparrei Iansã!)

ORAÇÃO DE AGRADECIMENTO E ENCERRAMENTO

Agradecemos, com todo amor e respeito, a Deus, nosso Divino Criador Olorum! Agradecemos ao Sagrado Mistério Feminino da Lei Maior, a Divina Mãe Iansã, pelas bênçãos concedidas neste momento em nossas vidas, bem como a todos aqueles que estão ligados a nós!

Também agradecemos ao nosso Divino Criador e à Mãe Iansã pela oportunidade de estarmos aqui reunidos, neste culto familiar de louvação à Divindade Feminina da Lei, e que cada um de nós se sinta fortalecido na prática do bem, na fé e no amor ao próximo e desperto para a vida superior.

Agradecemos ao Divino Criador o rumo que gentilmente nos indicou, a Umbanda Sagrada, a segurança e o conforto de poder pedir e encontrar respostas a tudo que em justa medida nos tem outorgado, de acordo com a Lei Maior. Agradecemos por ter recebido a graça de comungar com a divindade eólica direcionadora, nossa amada Mãe Iansã.

Desejamos, igualmente, que todas as palavras proferidas neste culto sejam proveitosas aos espíritos sofredores, nossos irmãos ainda ignorantes e viciosos que tenham assistido a esta reunião, para os quais imploramos a misericórdia de Deus.

Amada Mãe! Pedimos que nos sustente na sua Lei e que cada um receba as suas graças conforme o seu merecimento. Amém!

Que suas luzes vivas e divinas se estendam para o infinito por este momento de fé, reverência e amor, em que nos colocamos diante de seus Mistérios, Senhores do nosso destino e razões das nossas existências, para que elas cubram de luzes aqueles que buscam o equilíbrio em seus caminhos, e, assim, sejam conduzidos e amparados em todos os sentidos pela sua fonte direcionadora da Lei na Criação Divina. Amém!

Divina Mãe Iansã, Senhora do Direcionamento Divino! Ilumine, oriente e proteja todos aqueles que aqui entraram e entrarão, zelando, guardando esta casa e fazendo com que os irmãos, parentes, amigos, vizinhos e demais frequentadores tenham a satisfação de estar conosco, partilhando nossa amizade e carinho e desenvolvendo seu reto caminhar, seu direcionamento e sua fé, de acordo com a Lei Maior do Criador. Rogamos-lhe, Senhora dos Raios e dos Ventos, que se manifeste em cada centímetro de área desta casa e que ela seja protegida, purificada e abençoada hoje e sempre. Amém!

Salve nossa Divina Mãe Iansã! (Todos deverão responder: Eparrei, Iansã!)

Após a evocação, a oração de agradecimento e o encerramento, todos devem agradecer mentalmente a Olorum e a seu mistério da Lei

Maior, a Divina Mãe Iansã; permanecer em absoluto silêncio por alguns minutos, só mentalizando luzes e vibrando bons sentimentos, cruzar o solo com respeito e reverência e levantar-se, deixando as cadeiras postas ao redor da mesa, até a queima de todas as velas.

LÍQUIDOS, FRUTOS, ERVAS E FLORES

Os líquidos energizados serão oferecidos aos participantes. As frutas poderão ser distribuídas e levadas para casa ou consumidas no local, como alimentos, aguardando pelo menos 30 minutos após o encerramento do ritual. O licor ou o champanhe, se houver, poderá ser oferecido aos presentes em pequenos cálices ou levado para casa, para uso posterior. Cada participante poderá levar ervas, para os banhos de energização na força de Mãe Iansã.

No dia seguinte, os restos das velas e dos frutos ingeridos deverão ser recolhidos e despachados na terra de um vaso, de um jardim ou mata, ou em água corrente, pedindo à natureza que absorva os restos do que ela, generosamente, havia nos propiciado.

XX – CULTO FAMILIAR À DIVINDADE MASCULINA DA EVOLUÇÃO: O DIVINO PAI OBALUAIÊ

PREPARAÇÃO

Os participantes deverão ser comunicados, antecipadamente, para irem com roupas claras, preferencialmente brancas, e que poderão levar água mineral, água de coco, coco seco fatiado e pipocas, estouradas em pouquíssimo óleo e sem sal, flores brancas ou na cor violeta (cravos, crisântemos) e ervas (sálvia, barba-de-velho, sete-sangrias, carqueja), que levarão para casa ao término da cerimônia. Se quiserem, poderão usar um tapetinho ou almofada para se ajoelhar.

Banho de ervas – O anfitrião responsável pela condução do Culto Familiar deverá tomar um banho de sálvia, barba-de-velho, sete-sangrias, carqueja, cana-do-brejo, jurema, cipó-cruz e pinhão-roxo, do pescoço para baixo e poderá ensiná-lo aos demais participantes do culto para que também o façam, caso queiram. Antes, firmar uma vela branca de sete dias, para Deus e ao seu Anjo da Guarda, com um copo com água ao lado ou a quartinha consagrada, se a tiver, fazendo as devidas orações e pedindo firmeza e proteção na condução do culto que se realizará.

O banho indicado proporciona purificação, iluminação e evolução espiritual. É bom para desenvolver capacidade, sabedoria, discernimento, concentração, equilíbrio e melhores condições para a tomada de decisões. É bom, também, para purificação, fortalecimento e equilíbrio do espírito e ligação de vibrações.

Pode ser preparado colocando dois litros de água para ferver. Após a fervura, desligar o fogo, adicionar as ervas, abafar por uns cinco minutos.

Aguardar até a temperatura ficar amena. Tomar o banho normalmente. Após se enxaguar, eleve a vasilha com o banho acima de sua cabeça e peça: "Divino Pai Olorum! Amado Pai Obaluaiê! Irradiem suas energias neste banho, para o meu benefício". Derrame a água de ervas do pescoço para baixo. Recolha os restos e deposite na terra de um vaso ou de um jardim, agradecendo à natureza.

Pequeno altar – Sobre a mesa, ao redor da qual será realizado o ritual, estender uma toalha branca ou violeta. Enfeitar com vasos de louça branca ou vidro transparente com flores, crisântemos ou cravos brancos, violetas e pequenos vasos com sálvia, carqueja, barba-de-velho e sete-sangrias.

Fazer um círculo com sete velas brancas, firmadas em pires brancos; ao lado das velas colocar copos que podem conter água potável ou água de coco. No centro da mesa, dentro do círculo de velas, colocar uma vela na cor violeta, um mineral de turmalina preta, um prato ou cestinha de vime com pipoca, coberta com o coco fatiado e regada com mel, e um pires com um pedaço de fumo de rolo. Se quiser, colocar uma imagem de Pai Obaluaiê ou de São Lázaro, santo sincretizado com a força desse Orixá, e vinho *rosé* licoroso.

Organizar tudo como um pequeno altar sobre a mesa, ao redor da qual todos deverão sentar-se. O anfitrião ou um dos outros participantes poderá preparar uma defumação ou acender um incenso de sálvia, cipó-cruz ou jurema, e incensar as pessoas presentes e o ambiente.

PRELEÇÃO

A pessoa que está conduzindo o culto deverá fazer uma pequena preleção sobre o motivo de estarem reunidos, explicando o que é o culto familiar, a sua finalidade, e, no caso deste culto, falar sobre o Pai Obaluaiê, Divindade Orixá que é a Evolução do Divino Criador, nosso divino Pai.

Sugestão: Hoje, estamos aqui reunidos para louvar nosso Pai Obaluaiê, a Divindade Masculina da Evolução. Olorum é o nosso Divino Criador, e criou tudo que nos cerca e se mostra aos nossos olhos na grandeza infinita da Sua criação. Ele criou a Divindade Masculina da Evolução, Pai Obaluaiê, que, com Mãe Nanã, rege a Linha da Evolução, na qual atua transmutando tudo e ela atua decantando, fluindo a evolução a toda a criação divina, em equilíbrio e harmonia. Pai Obaluaiê é sinônimo de estabilidade e transmutação.

A DIVINDADE MASCULINA DA EVOLUÇÃO

Obaluaiê é o Orixá que atua na evolução dos seres, e seus fatores mais conhecidos e formadores de seu poderoso axé são o estabilizador, o transmutador, o evolucionista e o regenerador. Nada se sustenta sem estabilidade, e sem transmutação tudo fica parado. Para evoluirmos, precisamos nos regenerar, elevando nosso padrão mental e consciência a um novo patamar. A estabilidade proporciona o meio ideal para os seres viverem e na mobilidade são gerados os recursos para que eles evoluam.

Pai Obaluaiê é a divindade que representa essa qualidade que é dupla, pois tanto sustenta cada coisa no seu lugar como conduz cada uma a ele. Ele está no próprio Universo, na sustentação de cada corpo celeste e no movimento da mecânica celeste. Na sua irradiação aceleradora da vida, dos níveis e dos processos genéticos, desperta nos seres a vontade de seguir em frente, de evoluir.

Esse Divino Pai, com Mãe Nanã, sinaliza as passagens de um estágio de evolução a outro. Ambos são Orixás terra-água; têm magnetismo misto, pois na terra está a estabilidade e na água a mobilidade.

Enquanto Mãe Nanã decanta os espíritos que irão reencarnar, Pai Obaluaiê estabelece o cordão energético que une o espírito ao corpo (feto) e reduz o corpo plasmático do espírito, até que fique do tamanho do corpo carnal alojado no útero materno.

Pai Obaluaiê é o "Senhor das Passagens" de um plano a outro, de uma dimensão para outra, do espírito para a carne e vice-versa. É o Orixá da cura, do bem-estar e da busca de melhores condições de vida.

Na Umbanda, esse Pai é evocado como senhor das almas, dos meios aceleradores de sua evolução e, quando um ser natural de Obaluaiê baixa em um médium e gira no Templo, todos sentem uma serenidade e um bem-estar imenso, pois ele traz em si a estabilidade, a calmaria e a vontade de avançar, de ir para mais perto de Deus.

Esse Pai rege a linha das almas ou corrente dos pretos-velhos, que traz a natureza medicinal de Obaluaiê, Orixá curador. Muitos têm sido curados após clamarem por sua interseção. Os pretos-velhos nos transmitem paz, confiança, esperança e humildade.

Os pontos de forças regidos por Pai Obaluaiê, no acima, são os cruzeiros dos cemitérios ou campos-santos, lugares sagrados para os povos de todas as culturas. São os pontos de transição do espírito, quando deixa a matéria e passa para o plano espiritual.

EVOLUÇÃO

Evolução é a razão básica da existência do ser.
Existimos para evoluir.
Rubens Saraceni

Evoluir significa crescer, aprimorar, lapidar, transformar, crescer mentalmente, passar de um estágio a outro, ascender em uma linha de vida de forma contínua e estável. Significa uma renovação contínua do ser, uma reposição constante de valores, deixando para trás conhecimentos ultrapassados, hábitos e costumes inadequados, atitudes e posturas velhas e decadentes. Significa procurar continuamente o movimento e a estabilidade em nossas vidas.

Pai Obaluaiê é o Orixá que desperta em cada um de nós a vontade irresistível de seguir adiante, de alcançar um nível de vida superior, para chegar mais perto de Deus. Ele é o Orixá do bem-estar, da busca de melhores dias, de melhores condições de vida, de sabedoria e de razão. A evolução costuma ser representada por uma espiral ascendente de progresso, por onde todos nós caminhamos. Podemos, por vezes, ficar parados em algum lugar dessa espiral, o que significa uma perda de tempo precioso. Podemos até escorregar para trás – perda ainda maior de tempo e trabalho –, mas continuamos sempre. Não há como escapar ao processo evolutivo.

A evolução é uma situação pessoal. Ninguém evolui no lugar do outro ou pelo outro. E o mais importante é que ninguém evolui de forma isolada; ninguém evolui sozinho. O próprio Universo é um fantástico entrelaçamento de forças e formas em constante evolução.

"A evolução é um princípio divino que acontece independentemente de nossas vontades. É Lei estabelecida que dá movimento a tudo no Universo. Se tudo evolui, nada permanece estático. Esse movimento constante é benéfico, pois permite aos seres mudarem suas situações de vida e suas condições de vivência das coisas divinas. O movimento é sadio, é chance para os humanos. O fato é que grande parte não faz suas escolhas de modo correto, pois é comandada por valores que não estão de acordo com as leis do Divino Criador" (VIEIRA, Lurdes de Campos. *Sermões de um Mestre Pena Branca* – Madras Editora).

Todos nós temos em nosso interior um potencial de incrível poder transformador e, junto da evolução pessoal, devemos desenvolver ações amorosas e engrandecedoras, apoiadas no sentimento do verdadeiro perdão. Precisamos eliminar os bloqueios que atrapalham nossa evolução, dedicando diariamente alguns minutos para perdoar as pessoas que, de alguma forma, nos ofenderam, prejudicaram, rejeitaram, odiaram, abandonaram, traíram, ridicularizaram, humilharam, amedrontaram, iludiram ou causaram dificuldades.

É necessário perdoar, especialmente, aqueles que nos provocaram, até que perdêssemos a paciência e reagíssemos violentamente, sentindo, depois, vergonha, remorso e culpa. Sabemos que, por várias vezes, fomos responsáveis pelas agressões recebidas, pois confiamos em pessoas negativas e permitimos que elas descarregassem sobre nós seu mau-caráter. Outras vezes, suportamos maus-tratos e humilhações, perdendo tempo e energia na inútil tentativa de conseguir um bom relacionamento com elas.

Devemos, também, pedir perdão a todas as pessoas a quem, de alguma forma, consciente ou inconscientemente, ofendemos, injuriamos, prejudicamos ou desagradamos. Só assim poderemos estar livres da necessidade compulsiva de sofrer e conviver com indivíduos e ambientes doentios.

Vamos, a partir de agora, sob o amparo de nosso Pai Obaluaiê, iniciar uma nova etapa de nossas vidas, em companhia de pessoas amigas, sadias e competentes, compartilhando sentimentos nobres, enquanto trabalhamos pelo progresso e evolução de todos.

CANTO

Meu Velho Pai

Lurdes de Campos Vieira

Obaluaiê, meu velho, meu velho Pai,
Obaluaiê, meu velho, meu velho Pai,
Obaluaiê, leve as almas quando vai,
Obaluaiê, leve as almas quando vai.

Atotô, meu Pai, atotô Obaluaiê,
Atotô, meu Pai, atotô Obaluaiê,

Atotô, meu Pai, alivie o meu sofrer!
Atotô, meu Pai, alivie o meu sofrer!

ORAÇÃO A PAI OBALUAIÊ

Evocamos em nome de Deus, nosso Divino Criador Olorum, Senhor Supremo do nosso destino e princípio Criador de tudo e de todos, o Mistério Divino da Evolução, em Sua Divindade Evolucionista, o Divino Pai Obaluaiê. Amém!

Divino Pai Obaluaiê, Senhor do Mistério da Evolução do nosso Criador Olorum! Nós o reverenciamos e reunidos estamos aqui para louvá-lo, cultuá-lo, adorá-lo e aclamá-lo com todo o nosso amor e fé em seu divino poder.

Sagrado Orixá do Trono da Evolução, Pai clemente e piedoso! Ao senhor, dotado da qualidade divina de transformar o íntimo dos seres e mostrar a trilha certa para a evolução, pedimos a emanação de sua Luz sobre nós, para que possamos compreender quanto infrigimos as sábias leis divinas e o que devemos fazer para superar nossos erros e suas consequências, acumulados no decorrer de tantas vidas.

Rogamos-lhe, querido Pai, que nos ajude nesta árdua caminhada, que exige a colocação frente a frente com nossas realidades para reconhecermos nossos erros e defeitos, aceitando-nos como somos e sabendo que, para um dia conhecermos o mundo divino, estamos neste mundo para nos melhorarmos sempre.

Emane sua luz sobre nossas vidas, para que possamos organizá-las de tal modo que os entraves nelas não se instalem. Pedimos-lhe, Pai Divino, a estabilização das nossas qualidades positivas e a mobilidade transformadora de tudo o que necessitamos para acelerar a nossa evolução interior em todos os sentidos.

Permita-nos, Pai, abrirmos as portas para o sucesso e bem-aventuranças, com o desenvolvimento da nossa razão, pois somente ela nos aproxima do Criador. Ajude-nos a fazermos dos nossos corpos físicos caminhos de desenvolvimento, para que, após deixá-los, nossos espíritos possam se libertar e alçar voos rumo ao Criador Olorum.

Amado Pai Obaluaiê, Senhor da Evolução! Com sua Luz, ilumine nossas mentes e corações, para que usemos nossas reencarnações com sabedoria, ativando cada vez mais nossos sentidos e dons, amando e respeitando nosso Criador Divino. Faça com que multipliquemos os dons do perdão, da tolerância, da fé, da paciência, da compaixão e do compartilhar. Permita, também, quebrarmos as barreiras que nos induzem às más tendências, à vaidade, ao egoísmo e ao orgulho adquiridos no decorrer de nossas várias encarnações.

Senhor Obaluaiê, Sagrado Orixá do Trono da Evolução, Pai clemente, piedoso e cheio de misericórdia! Olhe por nós nos momentos de fraqueza em que o perigo de cairmos é maior. Desperte em nosso íntimo o sentido da evolução, para que possamos prosseguir no caminho para o Alto, sem tropeços e sem nos prender ao passado. Leve-nos à Presença Divina em plenitude, íntegros, completos e de consciência limpa. Quando às vezes a jornada é triste, ajude-nos a prosseguir, calmos e destemidos, guiados por sua mão generosa. Capacite-nos com a humildade e compreensão necessárias para ajudarmos nossos irmãos infelizes, e nos inunde a todos com seu poder evolutivo, para que nossos passos sejam sempre firmes em direção à Luz Divina.

Amado Pai Obaluaiê, Orixá do perdão, da cura, das passagens e de todas as transformações! Faça com que desenvolvamos em nossa caminhada a simplicidade, a humildade e a sabedoria. Faça de nós seres equilibrados nas emoções e sentimentos, capazes de controlar nossas ações, para que jamais sejamos escravos de qualquer parte negativa que possa nos envolver no orgulho, no ódio, na inveja, no ciúme, no egoísmo e na incerteza de nossa personalidade.

Amado Pai! Que suas bênçãos nos recubram com seu manto como cruzes redentoras que abram passagens em nossos caminhos, para que possamos galgar um degrau de luz e uma consciência um pouco mais elevada, tornando-nos extensões da sua misericórdia e do seu mistério divino nas vidas dos nossos irmãos. Amém!

Salve Nosso Divino Pai Obaluaiê! (Todos deverão responder: Atotô, meu Pai! Significa: Peço quietude, meu Pai!)

CLAMORES

Rogamos-lhe, Divino Pai Obaluaiê, que suas irradiações vivas e divinas ativem os princípios sagrados e energéticos destes elementos oferendados, consagrando-os, imantando-os e potencializando-os, para o nosso benefício. Que seu mistério divino nos envolva completamente, adentrando em nossos mentais, descarregando, purificando, drenando, neutralizando todas as energias negativas, miasmas, seres desequilibrados, espíritos sofredores e obsessores, eguns e magias negativas direcionadas e instaladas em nossos campos vibratórios, espirituais, órgãos vitais e em nossos caminhos, bem como de todos aqueles ligados a nós.

Liberte-nos, Pai, de seres negativos e trevosos, encarnados ou desencarnados, que agem sobre nossas fraquezas e tentam nos impedir de seguir o caminho divino e nos desviam da luz e do crescimento espiritual e material, procurando nos levar para as profundezas escuras e sem retorno das almas e das consciências irremediavelmente perdidas. Livre-nos da atuação de seres espirituais ainda desvirtuados e presos à ilusão, que se comprazem no mal, na luxúria, no vício e nas paixões desenfreadas.

Amado Pai! Que tudo e todos que estejam desequilibrados e nos desequilibrando sejam decantados, transmutados e paralisados em suas sobrecargas negativas e involutivas. Desestabilize-os anulando todo acúmulo energético, vibratório, elemental negativo e seus sustentadores e manipuladores, desterrando e petrificando-os. Que todos sejam modificados, alterando seus psiquismos, transmutando seus racionais, positivando e encaminhando tudo e todos aos seus lugares de merecimento na Criação, conscientizando-os para refletirem e evoluírem recorrendo à Lei da razão. Assim, não mais atuarão negativamente contra nós ou quem quer que seja, passando a atuar positivamente, devolvendo-nos tudo o que nos foi tirado nessas ações negativas e fechando todo processo negativo e involutivo que nos envolvia.

Clamamos-lhe, Sagrado Pai da Evolução, que nos ampare em nossa jornada evolucionista, realinhando, restaurando, apaziguando e racionalizando nosso emocional, equilibrando nossas energias espirituais, energéticas, físicas e mentais, dotando-nos de uma consciência positiva, fortalecendo e condensando nossas forças naturais, espirituais e divinas.

Conduza-nos para dentro de seu Mistério Sagrado, concedendo-nos a graça de transmutarmos e amadurecermos nossos sentidos, positivando-os; de sermos conscientizados, de vivermos com fraternidade e sabedoria, acelerando, assim, nossa evolução e nosso crescimento em todos os sentidos da vida. Amém!

Neste momento, cada um deve pensar em suas dificuldades e clamar por suas dissoluções; procurem, também, mentalizar seus inimigos ou seus perseguidores e opressores e clamar pela transmutação dos seus sentimentos negativos (ódio, inveja, etc.), anulando da vida e do destino deles e dos seus todas as coisas contrárias aos desígnios divinos para com todos nós.

(Aguardar alguns minutos, para que cada um pense.)

Divino Pai Obaluaiê, Sagrado Mistério da Evolução! Que, a partir deste momento, seu Portal Divino esteja iluminado em nossas vidas, estabilizando todo o nosso ser, abrindo novas passagens, possibilidades e condições para desenvolvermos a razão, que nos dará discernimento e segurança para agirmos positivamente. Assim, conscientizados, seremos cada vez mais capacitados de assumirmos nossas escolhas e nosso destino como seres gerados pelo nosso Divino Criador, Olorum. Amém!

Salve Nosso Divino Pai Obaluaiê! (Todos deverão responder: Atotô, meu Pai!)

ORAÇÃO DE AGRADECIMENTO E ENCERRAMENTO

Agradecemos, com todo amor e respeito, a Deus, nosso Divino Criador Olorum! Agradecemos ao Sagrado Mistério da Evolução, no Divino Pai Obaluaiê, pelas bênçãos concedidas neste momento em nossas vidas, bem como a todos que estão ligados a nós!

Também agradecemos ao nosso Divino Criador e ao Pai Obaluaiê pela oportunidade de estarmos aqui reunidos, neste culto familiar de louvação à Divindade da Evolução, e que cada um de nós se sinta fortalecido na prática do bem, na fé e no amor ao próximo e desperto para a vida superior.

Desejamos, igualmente, que todas as palavras proferidas neste culto sejam proveitosas aos espíritos sofredores, nossos irmãos ainda ignorantes e viciosos que tenham assistido a esta reunião, para os quais imploramos a misericórdia de Deus.

Amado Pai! Pedimos que nos sustente em sua Luz e que cada um receba as suas graças conforme o seu merecimento. Amém!

Que suas luzes vivas e divinas se estendam para o infinito por este momento de fé, reverência e amor em que nos colocamos diante de seus Mistérios, Senhores do nosso destino e razões das nossas existências, para que elas cubram de luzes aqueles que buscam o equilíbrio em seus caminhos, e, assim, sejam conduzidos e amparados em todos os sentidos pela sua fonte evolucionista na Criação Divina. Amém!

Agradecemos ao Divino Criador o rumo que gentilmente nos indicou, a Umbanda Sagrada, a segurança e o conforto de poder pedir e encontrar respostas a tudo que em justa medida nos tem outorgado, de acordo com a Lei Maior. Agradecemos por ter recebido a graça de comungar com a divindade telúrico-aquática da Evolução, nosso amado Pai Obaluaiê.

Divino Pai Obaluaiê, Senhor da Evolução do Divino Criador! Ilumine, oriente e proteja todos aqueles que aqui entraram e entrarão, zelando, guardando esta casa e fazendo com que os irmãos, parentes, amigos, vizinhos e demais frequentadores tenham a satisfação de estar conosco, partilhando nossa amizade e carinho e desenvolvendo seu livre-arbítrio, com calma e sabedoria, em conformidade com as leis divinas, com amor e fé, para que sua evolução se faça de acordo com os desígnios de nosso Pai Maior. Rogamos-lhe, Senhor da Evolução, que se manifeste em cada centímetro de área desta casa e que ela seja protegida, purificada e abençoada hoje e sempre. Amém!

Salve Nosso Divino Pai Obaluaiê! (Todos deverão responder: Atotô, meu Pai!)

Após a evocação, a oração de agradecimento e o encerramento, todos devem agradecer mentalmente a Olorum e ao seu mistério Masculino da Evolução, o Divino Pai Obaluaiê; permanecer em absoluto silêncio por alguns minutos, só mentalizando luzes e vibrando bons sentimentos, cruzar o solo com respeito e reverência e levantar-se, deixando as cadeiras postas ao redor da mesa, até a queima de todas as velas.

LÍQUIDOS, FRUTOS, ERVAS E FLORES

A água mineral e os demais líquidos energizados serão oferecidos aos participantes. As frutas poderão ser distribuídas e levadas para casa ou consumidas no local, como alimentos, aguardando pelo menos 30 minutos após o encerramento do ritual. O vinho, se houver, poderá ser oferecido aos presentes em pequenos cálices ou levado para casa, para uso posterior. Cada participante poderá levar ervas, para os banhos de energização na força de Pai Obaluaiê.

No dia seguinte, os restos das velas e dos frutos ingeridos deverão ser recolhidos e despachados na terra de um vaso, de um jardim ou mata, ou em água corrente, pedindo à natureza que absorva os restos do que ela, generosamente, nos propiciou.

XXI – CULTO FAMILIAR À DIVINDADE FEMININA DA EVOLUÇÃO: A DIVINA MÃE NANÃ

PREPARAÇÃO

Os participantes deverão ser comunicados, antecipadamente, para irem com roupas claras, preferencialmente brancas, e que poderão levar frutas (ameixa roxa, figo, uva *rosé*, amora, ameixa ou figo em calda), batata-doce de casca roxa cozida, flores-do-campo, violetas ou crisântemos roxos, hortelã, manjericão roxo, camomila e losna, que levarão para casa ao término da cerimônia. Se quiserem, poderão levar um tapetinho ou almofada para se ajoelhar.

Banho de ervas – O anfitrião responsável pela condução do Culto Familiar deverá tomar um banho de alfazema, camomila, assa-peixe, tiririca, cana-do-brejo, losna e hortelã, da cabeça aos pés, e poderá ensiná-lo aos demais participantes do culto para que também o façam, caso queiram. Antes, firmar uma vela branca de sete dias, para Deus e ao seu Anjo da Guarda, com um copo com água ao lado ou a quartinha consagrada, se a tiver, fazendo as devidas orações e pedindo firmeza e proteção na condução do culto que se realizará.

O banho indicado proporciona tranquilidade, equilíbrio e fortalecimento para o campo astral; traz paz de espírito, harmonia, transmutação de energias, força e coragem para transformações urgentes e renovadoras. Além disso, ajuda no esgotamento de magias negativas e dos seus elementos, purifica e levanta o astral.

Pode ser preparado colocando dois litros de água para ferver. Após a fervura, desligar o fogo, adicionar as ervas, abafar por uns cinco minutos. Aguardar até a temperatura ficar amena. Tomar o banho normalmente. Após se enxaguar, eleve a vasilha com o banho acima de sua cabeça e peça: "Divino Pai Olorum! Amada Mãe Nanã! Irradiem suas energias neste banho, para o meu benefício". Derrame a água de ervas da cabeça aos pés. Recolha os restos e deposite na terra de um vaso ou de um jardim, agradecendo à natureza.

Pequeno altar – Sobre a mesa, ao redor da qual será realizado o ritual, estender uma toalha branca ou lilás. Enfeitar com vasos de louça branca ou vidro transparente, com flores-do-campo, violetas ou crisântemos roxos, e pequenos vasos com peregum roxo, losna ou manjericão roxo. Distribuir folhas de hortelã.

Fazer um círculo com sete velas lilases, firmadas em pires brancos; ao lado das velas colocar copos, que podem conter água potável, vinho tinto suave, licor de amora ou chá de hortelã.

No centro da mesa, dentro do círculo de velas, colocar uma vela branca, uma jarra com água, uma pedra de rubelita ou uma peça de prata, um prato com as frutas ou com batata-doce, ou ambos, e um pires com um punhado de terra.

Organizar tudo como um pequeno altar sobre a mesa, ao redor da qual todos deverão sentar-se. O anfitrião ou um dos outros participantes poderá preparar uma defumação ou acender um incenso de guiné, hortelã ou noz-moscada ralada, e incensar as pessoas presentes e o ambiente. Se quiser, colocar uma imagem de Mãe Nanã ou de Nossa Senhora Santana, santa sincretizada com a força dessa Orixá.

PRELEÇÃO

A pessoa que está conduzindo o culto deverá fazer uma pequena preleção sobre o motivo de estarem reunidos, explicando o que é o culto familiar, a sua finalidade, e, no caso deste culto, falar sobre Mãe Nanã, Divindade Orixá Feminina que é a Evolução do Divino Criador, nosso divino Pai.

Sugestão: Hoje, estamos aqui reunidos para louvar nossa Mãe Nanã, a Divindade Feminina da Evolução. Olorum é o nosso Divino Criador, e criou tudo que nos cerca e se mostra aos nossos olhos na grandeza infinita da Sua criação. Ele criou a Divindade Feminina da Evolução, Mãe Nanã Buruquê, que, com Pai Obaluaiê, rege a Linha da Evolução, na qual ele atua transmutando tudo e ela atua fluindo a maleabilidade e a decantação a toda a criação divina, em equilíbrio e harmonia. Mãe Nanã é sinônimo de decantação e maleabilidade.

NANÃ BURUQUÊ – A DIVINDADE FEMININA DA EVOLUÇÃO

Mãe Nanã é a divindade feminina gerada por Olorum em Sua onda evolutiva, regente da maturidade, atuando no racional dos seres. Seu fator gera flexibilidade, maturidade, transmutabilidade, racionalismo, persistência e sapiência. Ela é a regente dessa irradiação magnética bipolar, é maleabilidade e decantação; ela desfaz o que está petrificado, paralisando, dando maleabilidade, e decanta tudo e todos dos seus vícios, desequilíbrios ou negativismos.

Essa Mãe Evolutiva atua no polo negativo da Linha da Evolução, onde é absorvente, passiva no elemento terra e ativa no elemento água. No elemento terra, ela paralisa e absorve e, no elemento água, ela dá maleabilidade. Por isso é regente da terra em contato com a água – a lama, o lodo, o pântano.

Essa Mãe Divina é a Guardiã dos lagos e águas calmas e do ponto de força atrativo da natureza que absorve as irradiações negativas que se acumulam no espaço, trazidas pelas correntes eletromagnéticas que envolvem a crosta terrestre e atraem, absorvem e descarregam grande parte das forças negativas criadas pelas mentes humanas nos seus momentos de dor, angústia e ódio.

Nanã é cósmica, dual e atua sobre os seres por atração magnética, desfazendo os excessos e decantando ou enterrando os vícios. Ela oculta muitos mistérios em sua profundeza. Seu principal elemento é a água; fixa-se na terra, no mineral e no cristal. Absorve o vegetal e é incompatível com o fogo e com o ar. Ela traz uma energia e magnetismo absorventes muito fortes.

A tranquilidade e o silêncio são próprios do modo de ser de Mãe Nanã. Ela é representada como a Grande Avó, calma, misericordiosa, madura, sábia e simples. É o colo feminino acolhedor e amoroso, que nos ampara e ajuda na decantação e transmutação de sentimentos emocionalizados, de instintos e mágoas, para perdão, maturidade e sabedoria. Sua atuação fixa os seres nos estágios em que estão, até que se livrem desses sentimentos emotivos e das reações instintivas. É a ela que recorremos quando precisamos nos libertar do passado e nos autoperdoar.

Dentre suas atribuições podemos destacar também que a partir da transmutação novas coisas são geradas. Nanã, assim como decanta o que se esgotou no íntimo dos seres, também decanta o que se esgotou na natureza terrestre, comandando a reciclagem, dando origem a coisas renovadas, no macro e no microcosmo.

Nanã, a Grande Avó, é a divindade que age sobre o nosso carma, atuando nas passagens; ela adormece a nossa memória e acompanha nosso fim na carne e nossa entrada em espírito, conduzindo essa transição com sabedoria e serenidade. Ela também prepara o espírito para uma nova vida, decantando-o e adormecendo sua memória, para reencarnar. É a guardiã do saber ancestral.

A maleabilidade, a decantação, o silêncio e a calma absoluta são encontrados em nossa Mãe Nanã. Por isso, ela é associada à velhice, quando o ser começa a se esquecer do que vivenciou na carne. Ela adormece os conhecimentos do espírito, paralisa a sexualidade e a geração de filhos.

Cada Orixá rege uma etapa da vida dos seres. Mãe Nanã faz esquecer, preparando para uma nova vida, na carne ou no espírito.

MATURIDADE E SABEDORIA

> A Sabedoria nos acomoda e revela
> os mistérios ocultos e sagrados.
> **Rubens Saraceni**

Na Idade Madura, o ser, ao tornar-se mais racional, começa a ter uma "luz interior" alimentada por sólidos princípios que o guiam. Essa "luz interior" é que, logo após o desencarne, irá distinguir um ser livre de outro preso aos instintos e impulsos.

A divindade que acompanha nosso fim na carne, assim como nossa entrada, em espírito, no mundo astral, é Mãe Nanã. Nessa porta de passagem, ela atua sobre o nosso carma, conduzindo esta transição com calma e serenidade. Mãe Nanã Buruquê é a maleabilidade e a decantação, é a calma absoluta, que se movimenta lenta e cadenciadamente. Essa calma absorvente de Mãe Nanã exige silêncio; descarrega e magnetiza o campo vibratório das pessoas, que se modificam, passando a agir com mais ponderação, equilíbrio e maturidade.

Mas maturidade não é sinônimo de idade, e idade não é sinônimo de sapiência nem de maturidade. Maturidade é sabedoria, é o desenvolvimento e o compartilhamento de virtudes; é o uso da razão, com simplicidade, harmonia, equilíbrio, amor e fé.

O ser mais racional, guiado por princípios virtuosos, tem uma luz que se reflete em sua aura, dando-lhe um aspecto luminoso, sóbrio e estável, pois resiste aos contratempos que, porventura, surjam em sua vida. Essa luz se expande a partir de seu íntimo e fortalece sua aura. O ser racional, em sua velhice, é o pai e a mãe, preocupado com o bem estar de seus filhos e netos, que sabe se mostrar agradável aos jovens, por ser extrovertido, sem se tornar frívolo.

O magnetismo do ser racional, positivo ou virtuoso, fará com que ele seja atraído mais facilmente para as esferas positivas de luz quando do desencarne, pois estará sem grandes débitos em sua vida terrena a incomodá-lo em espírito.

"A capacidade de usar a razão dá as ferramentas necessárias para que as escolhas sejam realizadas com maturidade e sem afoitezas e bravatas. Maturidade e ponderação, eis as qualidades que podem mudar as frequências vibratórias. Quanto mais os sentidos da fé, do conhecimento, do amor e outrós vão sendo desenvolvidos pelo ser, mais ele estará fazendo suas escolhas conectadas às faixas luminosas e ajudando o semelhante. A razão, o equilíbrio, a maturidade, a tranquilidade e o raciocínio correto são fundamentais para isso.

Quando somos impelidos por forças atuantes do plano astral, positivas ou negativas, é porque estamos vibrando nas mesmas frequências dessas forças e dos seres ligados a elas. Eles não atuam sobre nós sem que tenhamos nosso contato, por afinidade. A afinidade ocorre quando nos sintonizamos na frequência do magnetismo positivo ou negativo; a partir do contato, é possível a atuação dos seres e suas influências sobre nós.

Portanto, as escolhas estão ligadas às nossas próprias frequências. Não escolhemos apenas por influência dos seres do astral, mas, principalmente, pelo magnetismo que vamos desenvolvendo em nossas vidas. Cada sentimento negativo tem suas próprias frequências, que vão alterando nosso magnetismo, negativando ou positivando-o. Amor e ódio, fraternidade e egoísmo, simplicidade e orgulho, são lados, são faces das 'moedas escolhas'" (Mestre Pena Branca).

Os seres maduros têm sua religiosidade fundamentada em princípios abrangentes e conseguem sublimar-se muito rapidamente após o desencarne. Desligam-se do plano material e buscam seus afins nas esferas de luz.

Já nos seres presos aos impulsos, sem maturidade, sua luz é exterior e varia conforme seu estado de espírito. O ser imaturo, quando atinge a velhice, começa a sofrer muito, por não possuir energias humanas para alimentar seu corpo emocional e acaba tornando-se apático, desinteressado, implicante, etc. Sua luz vai se exaurindo com o advento da velhice, em um processo oposto ao dos seres maduros.

A luz de um ser é a sublimação de seu espírito humano, que irá se conduzir segundo os princípios divinos que regem toda a criação. É por isso que se diz que sábios são aqueles que evoluíram tanto, em todos os sentidos, que compreenderam que Criador e Criação são inseparáveis; um sem o outro não seriam possíveis. A partir daí, amam o todo e preservam a todos.

CANTO

Nas águas de Mãe Nanã
Lurdes de Campos Vieira

Nas águas de Nanã Buruquê, vou me banhar, vou me benzer,
nas águas de Nanã Buruquê, vou me banhar, vou me benzer.

Eu vou rezar pelos filhos de Umbanda,
pra mãe Nanã que é vovó lá na Aruanda,
eu vou pedir pelos filhos do congá,
pra vovó de Aruanda nos abençoar.
Eu vou pedir pelos filhos do congá,
pra vovó de Aruanda nos abençoar!

Lá no seu reino tem lua de prata, Nanã!
Lá no seu reino tem raios de sol,
tem o silêncio da calma da noite, Nanã,
e tem a luz do esplendor da manhã!

ORAÇÃO À MÃE NANÃ BURUQUÊ

Evocamos em nome de Deus, nosso Divino Criador Olorum, Senhor Supremo do nosso destino e princípio Criador de tudo e de todos, o Mistério Divino Feminino da Evolução, em Sua Divindade Racionalizadora, a Divina Mãe Nanã Buruquê. Amém!

Divina Mãe Nanã, Senhora do Mistério da Evolução do nosso Criador Olorum! Nós a reverenciamos e reunidos estamos aqui para louvá-la, cultuá-la, adorá-la e aclamá-la com todo o nosso amor e fé em seu divino poder.

Senhora Mãe da Evolução e da Maturidade! Diante da sua bondade e da sua luz, nós a reverenciamos, querida Mãe. Pedimos, Senhora Mãe, que nos acumule de bênçãos e nos torne irradiantes, diante da sua presença, do seu amor e da sua misericórdia. Mãe, aquático-telúrica por natureza, ampare, sustente, guie, conduza e envolva-nos em todos os sentidos, carnais e espirituais.

Amada Vovó de Aruanda! Vovó amorosa, sempre paciente com nossas imperfeições de espíritos encarnados tentando trilhar a senda da Luz! Traga-nos luz radiante onde houver a escuridão pela falta de fé. Traga-nos, querida avó, a capacidade mental de entendimento das coisas visíveis. Proteja-nos com sua ajuda sábia e equilibrada.

Paralise, ó Mãe Divina, o que estiver desvirtuado em nosso caminho, transformando-o em saber puro. Faça de nós, ó Mãe, seus eternos filhos encantados do plano de Deus, desfazendo os possíveis desvios de nossa personalidade, decantando tudo o que estiver desvirtuado.

Querida Mãe Nanã! Que sua natureza maleável e decantadora seja um remédio para as nossas vidas, absorvendo as energias negativas e transformando-as em positivas, decantando nossas mágoas, para dinamizar nossa evolução. Libere suas irradiações, querida Mãe, para a cura das feridas de nossa alma, de nossos familiares, de nossas casas e ambientes de trabalho, mantendo as vibrações virtuosas e elevadas.

Estimule-nos, ó Divina Mãe, na busca do crescimento interior, da maturidade, da sabedoria e da fé. Afaste de nós os vícios, as emotividades ligadas aos instintos e impulsos, e os desequilíbrios. Ative, ó Mãe, com seu gesto seguro, nossa religiosidade. Paralise e perdoe os excessos por nós cometidos. Aquiete-nos, Mãe querida, sustente-nos, conduza-nos, leve-nos em seus braços firmes e seguros, para que nunca sejamos induzidos a seguir uma direção contrária à Lei Maior.

Ó Mãe Divina! Mãe madura, equilibrada, livre do emocionalismo que permeia nossas vidas terrenas, abençoe estes seus filhos, abençoe os quatro cantos da Terra, com seu santo e Divino amor, e faça de nós eternos aprendizes, despindo-nos de toda a emotividade impulsiva e instintiva, para que nosso espírito possa evoluir rumo à Luz do Divino Criador. Decante os nossos vícios, negativismos, excessos e paixões. Prepare-nos para uma vida mais equilibrada e calma, aquietando-nos com seu magnetismo poderoso e absorvente.

Avó que sempre nos acolhe e orienta quando estamos inseguros como crianças que perderam o rumo, imante o nosso campo vibratório com suas águas calmas, modificando o nosso modo de ser, para que tenhamos mais ponderação em nossa caminhada na vida. Quando preciso, lembre-nos de que o silêncio é regra de ouro. Absorva com suas águas calmas todas as irradiações negativas produzidas por nossas mentes nos momentos de angústia, dor ou aflições, descarregando-as em seus pontos de força, atrativos como para-raios.

Divina Mãe que acompanhará nosso fim na carne e nossa entrada em espírito, no mundo astral! Ajude-nos, nessa porta de passagem, a fazer a transição com serenidade, calma e consciência.

Salve nossa Divina Mãe Nanã Buruquê! (Todos deverão responder: Saluba Nanã! Significa: Salve a Mãe das Águas Pantaneiras!)

CLAMORES

Rogamos-lhe, Divina Mãe Nanã Buruquê, que suas irradiações vivas e divinas ativem os princípios sagrados e energéticos destes elementos oferendados, consagrando, imantando e potencializando-os, para o nosso benefício. Que seu mistério divino nos envolva completamente, adentrando em nossos mentais, decantando, descarregando, desestagnando todos os acúmulos energéticos e irradiações de ordens magísticas, elementais, mentais, emocionais e irracionais de seres desequilibrados e negativados. Que tudo e todos sejam absorvidos pelo seu mistério sagrado e paralisados em suas ações negativas que afetam as próprias evoluções, bem como a nossa e de todos aqueles que estão ligados a nós.

Pedimos também, Divina Mãe, que suas irradiações vivas e divinas se instalem em nosso campo vibratório, neutralizando toda energia, vibrações e seres que estejam nos desequilibrando, enfraquecendo, adoecendo e comprometendo nossa saúde física e mental, nossa energia vital, nosso racional, emocional e espiritual. Que todas as toxinas energéticas negativas, infecções fluídicas, formas-pensamentos densos e enfermiços sejam desestabilizados, desmagnetizados, sendo tudo e todos recolhidos, purificados, paralisados e encaminhados de acordo com a determinação da Lei Maior e o merecimento de cada um.

Clamamos-lhe, Sagrada Mãe da Evolução, que nos ampare em nossa jornada evolucionista, desparalisando nosso racional, decantando nossos vícios, desequilíbrios e negativismos, apaziguando nossos emocionais, para que assim, retificados, equilibrados, conscientizados da nossa própria condição humana, possamos, com o uso da razão, retornar à trilha da senda da Luz.

Conduza-nos para dentro do seu Mistério Sagrado, concedendo-nos a graça de suprir-nos com suas irradiações modificadoras, que despertarão todo o nosso ser. Supra-nos, também, Mãe, com seus sólidos princípios, para vivermos nossa vida com equilíbrio, serenidade, harmonia e maturidade, proporcionando-nos assim a possibilidade de acessar nossas próprias capacidades divinas, para vencermos com ponderação e sabedoria todos os desafios exigidos para evoluirmos e crescermos em todos os sentidos da vida. Amém!

Neste momento, cada um deve pensar em suas dificuldades e clamar por suas dissoluções; procurem, também, mentalizar seus inimigos ou seus perseguidores e opressores e clamar pela transmutação dos seus sentimentos negativos (ódio, inveja, etc.), anulando da vida e do destino deles e dos seus todas as coisas contrárias aos desígnios divinos para com todos nós.

(Aguardar alguns minutos, para que cada um pense.)

Divina Mãe Nanã, Sagrado Mistério Feminino da Evolução! Que, a partir deste momento, sua Luz Divina esteja se expandindo do nosso íntimo, conduzindo de forma virtuosa e racional todos os sete sentidos da nossa vida, que nos levarão com simplicidade à nossa origem divina. Amém!

Salve nossa Divina Mãe Nanã Buruquê! (Todos deverão responder: Saluba Nanã!)

ORAÇÃO DE AGRADECIMENTO E ENCERRAMENTO

Agradecemos, com todo amor e respeito, a Deus, nosso Divino Criador Olorum! Agradecemos ao Sagrado Mistério Feminino da Evolução, na Divina Mãe Nanã, pelas bênçãos concedidas neste momento em nossas vidas, bem como a todos aqueles que estão ligados a nós!

Também agradecemos ao nosso Divino Criador e a Mãe Nanã pela oportunidade de estarmos aqui reunidos, neste culto familiar de louvação à Divindade Feminina da Evolução, e que cada um de nós se sinta fortalecido na prática do bem, na fé e no amor ao próximo e desperto para a vida superior.

Desejamos igualmente que todas as palavras proferidas neste culto sejam proveitosas aos espíritos sofredores, nossos irmãos ainda ignorantes e viciosos que tenham assistido a esta reunião, para os quais imploramos a misericórdia de Deus.

Amada Mãe! Pedimos que nos sustente em sua Luz e que cada um receba suas graças conforme o seu merecimento. Amém!

Que suas luzes vivas e divinas se estendam para o infinito por este momento de fé, reverência e amor em que nos colocamos diante de seus

Mistérios, Senhores do nosso destino e razões das nossas existências. Que elas cubram de luzes aqueles que buscam o equilíbrio em seus caminhos e, assim, sejam conduzidos e amparados em todos os sentidos pela sua fonte decantadora na Criação Divina. Amém!

Agradecemos ao Divino Criador o rumo que gentilmente nos indicou, a Umbanda Sagrada, a segurança e o conforto de poder pedir e encontrar respostas a tudo que em justa medida nos tem outorgado, de acordo com a Lei Maior. Agradecemos por ter recebido a graça de comungar com a divindade aquático-telúrica da Evolução, nossa amada Mãe Nanã.

Divina Mãe Nanã, Senhora da Evolução e da Decantação do Divino Criador! Ilumine, oriente e proteja todos aqueles que aqui entraram e entrarão, zelando, guardando esta casa e fazendo com que os irmãos, parentes, amigos, vizinhos e demais frequentadores tenham a satisfação de estar conosco, partilhando nossa amizade e carinho e desenvolvendo seu livre-arbítrio, com calma e sabedoria, em conformidade com as leis divinas, com amor e fé, para que sua evolução se faça de acordo com os desígnios de nosso Pai Maior. Rogamos-lhe, Senhora da Evolução, que se manifeste em cada centímetro de área desta casa e que ela seja protegida, purificada e abençoada hoje e sempre. Amém!

Salve nossa Divina Mãe Nanã Buruquê! (Todos deverão responder: "Saluba Nanã!")

Após a evocação, a oração de agradecimento e o encerramento, todos devem agradecer mentalmente a Olorum e ao seu mistério feminino da Evolução, a Divina Mãe Nanã; permanecer em absoluto silêncio por alguns minutos, só mentalizando luzes e vibrando bons sentimentos, cruzar o solo com respeito e reverência, deixando as cadeiras postas ao redor da mesa, até a queima de todas as velas.

LÍQUIDOS, FRUTOS, ERVAS E FLORES

A água mineral e os demais líquidos energizados serão oferecidos aos participantes. As frutas poderão ser distribuídas e levadas para casa ou consumidas no local, como alimentos, aguardando pelo menos 30 minutos após o encerramento do ritual. O vinho, se houver, poderá ser oferecido aos presentes em pequenos cálices ou levado para casa, para uso posterior. Cada participante poderá levar ervas, para os banhos de energização na força de Mãe Nanã.

No dia seguinte, os restos das velas, da terra e dos frutos ingeridos deverão ser recolhidos e despachados na terra de um vaso, de um jardim ou mata, ou em água corrente, pedindo à natureza que absorva os restos do que ela, generosamente, nos propiciou.

XXII – CULTO FAMILIAR À DIVINDADE FEMININA DA GERAÇÃO: A DIVINA MÃE IEMANJÁ

PREPARAÇÃO

Os participantes deverão ser comunicados, antecipadamente, para irem com roupas claras, preferencialmente brancas, e que poderão levar frutas (maçã verde, pera, uvas verdes, goiaba branca), rosas ou palmas brancas e ervas (manjericão, alfazema, jasmim, erva-cidreira e anis-estrelado), que levarão para casa ao término da cerimônia. Se quiserem, poderão usar um tapetinho ou almofada para se ajoelhar.

Banho de ervas – O anfitrião responsável pela condução do Culto Familiar deverá tomar um banho de rosas brancas e manjericão, da cabeça aos pés, e poderá ensiná-lo aos demais participantes do culto para que também o façam, caso queiram. Antes, firmar uma vela branca de sete dias, para Deus e ao seu Anjo da Guarda, com um copo com água ao lado ou a quartinha consagrada, se a tiver, fazendo as devidas orações e pedindo firmeza e proteção na condução do culto que se realizará.

O banho indicado é excelente para trazer paz ao espírito, harmonizar, desenvolver as faculdades psíquicas, purificar os chacras, principalmente o coronal, o frontal e o cardíaco, clarear a mente, além de nos ajudar a ter novas ideias. Também propicia excelente conexão com o plano espiritual, fortalecendo o espírito e ligando às vibrações mais sutis.

Pode ser preparado colocando dois litros de água para ferver. Após a fervura, desligar o fogo, adicionar as ervas e as rosas brancas, abafar por uns cinco minutos. Aguardar até a temperatura ficar amena. Tomar o banho normalmente. Após enxaguar, eleve a vasilha com o banho acima de sua cabeça e peça: "Divino Pai Olorum! Amada Mãe Iemanjá! Irradiem suas energias neste banho, para o meu benefício". Derrame a água de ervas da cabeça aos pés. Recolha os restos e deposite na terra de um vaso ou de um jardim, agradecendo à natureza.

Pequeno altar – Sobre a mesa, ao redor da qual será realizado o ritual, estender uma toalha branca ou azul-clara. Enfeitar com vasos de louça branca ou vidro transparente com rosas ou palmas brancas e manjericão, alfazema, jasmim ou folhas de erva-cidreira. Fazer um círculo com sete velas azul-claras, firmadas em pires brancos, ao lado das velas colocar copos, que podem conter champanhe branca, suco de laranja-lima, chá de valeriana, melissa ou erva-cidreira. Distribuir anis-estrelado.

No centro da mesa, dentro do círculo de velas, colocar uma vela branca, um mineral água-marinha, a travessa com as frutas e um recipiente de vidro com água e sal grosso e outro com água com perfume de alfazema diluídos.

Organizar tudo como um pequeno altar sobre a mesa, ao redor da qual todos deverão sentar-se. O anfitrião ou um dos outros participantes poderá preparar uma defumação ou acender um incenso de alfazema, jasmim ou flor de laranjeira, e incensar as pessoas presentes e o ambiente.

PRELEÇÃO

A pessoa que está conduzindo o culto deverá fazer uma pequena preleção sobre o motivo de estarem reunidos, explicando o que é o culto familiar, a sua finalidade, e, no caso deste culto, falar sobre a Mãe Iemanjá, Divindade Orixá Feminina da Vida do Divino Criador, nosso Divino Pai.

Sugestão: Hoje, estamos aqui reunidos para louvar nossa Mãe Iemanjá, a Divindade Feminina da Vida. Olorum é o nosso Divino Criador, e criou tudo que nos cerca e se mostra aos nossos olhos na grandeza infinita da Sua criação. Ele criou a Divindade Feminina da Geração, Mãe Iemanjá, que, com Pai Omolu, rege a Linha da Vida, na qual atua criando e gerando tudo, e ele atua paralisando, equilibrando a vida e a geração. Mãe Iemanjá é sinônimo de Criatividade em todos os sentidos.

MÃE IEMANJÁ – A DIVINDADE FEMININA DA VIDA

Homem livre,
Prostai-vos frente ao mar
Ele é vosso espelho!

Charles Baudelaire

Mãe Iemanjá é a qualidade unigênita de Olorum criativa e geradora, fonte da vida e das coisas que dão sustentação a ela. Ela, por sua característica geradora, representa a Grande Mãe, a Mãe Universal, Mãe dos Orixás, que gera e mantém a vida. Ela é o amparo à maternidade.

Nossa Mãe Rainha do Mar, Senhora da Coroa Estrelada, é a Orixá Maior doadora de vida e dona do mar, ponto de força da natureza, santuário aberto, onde tudo é levado para ser purificado e depois devolvido.

Mãe Iemanjá é associada ao mar porque suas vibrações e energia se condensam com mais facilidade na água salgada. A água é o elemento correspondente a ela. Ela é a água que nos dá vida, como uma força divina. Somos regidos por ela, pois, quando não há água, não há vida. Água é amor, é sentimento, é a energia fundamental para a criatividade.

Assim, Iemanjá, água, se fixa no cristal e se dilui na terra, absorve o vegetal e o mineral, irradia-se no ar e é incompatível com o fogo.

Como regente da geração, ela simboliza a maternidade, o amparo materno, a mãe propriamente dita. Ela atua na criação dos seres, das criaturas e das espécies, despertando em cada um e em todos um amor único pela sua hereditariedade. Tudo o que existe foi gerado, e as irradiações de Mãe Iemanjá estimulam os seres a ampararem as criaturas.

O amor maternal é uma característica marcante dessa divindade, mãe ciumenta dos seus filhos, aos quais ampara e diligentemente encaminha e protege até que se tornem aptos a se conduzir por si mesmos. Iemanjá também é uma mãe rigorosa que não perdoa o erro daqueles que vão até o seu ponto de força na natureza, o mar, para fazer o mal.

Para o mar, alimentador da vida, se dirigem milhares de espíritos após o desencarne, à procura de paz. Lá encontram um vasto campo para isso. A energia salina cura enfermidades do espírito, queima larvas astrais resistentes, irradia energias purificadoras.

O mar é o melhor irradiador de energias cristalinas, pois suas águas são condutoras naturais de energias elementais. O mar é alimentador da vida e irradiador de energias que purificam o planeta e o mantém imantado. A energia salina das Sete Águas Divinas de Mãe Iemanjá cura enfermidades do espírito, queima larvas astrais resistentes e irradia energias purificadoras para o nosso organismo.

As características marcantes da Divina Mãe Iemanjá são o amor maternal, a criatividade e a geração. Ela simboliza o amparo, a maternidade que envolve os seres, protegendo-os até que tenham seus conscienciais despertados, estando aptos a se guiarem.

A criatividade de Mãe Iemanjá torna os seres, criaturas e espécies capazes de se adaptarem às condições e meios mais adversos. Ela é a água que vivifica os sentimentos e umidifica os seres, tornando-os fecundos na vida. Vida é existência e é uma das vias de evolução do espírito, eterno – imortal. Como somos seres espirituais, a vida é uma de nossas vias evolutivas.

A VIDA

Que a luz da vida os abençoe e ampare enquanto viverem no meio (carne), pois assim poderão amparar a muitos que estão à sua volta.

Rubens Saraceni

Vida é existência! Como somos seres espirituais, a vida é uma das vias de evolução do espírito, que é eterno – imortal. A vida é o bem maior dos seres humanos e de todos os outros seres. Olorum está em cada um de nós, no plano material ou em outro plano qualquer, como vida, em seu significado mais amplo. O que diferencia algo vivo de algo morto é a presença de Olorum. Amar e respeitar a vida é amar Olorum, o princípio espiritual da vida!

"Vida é sinônimo de espiritualidade e espiritualização. A carne é perecível, portanto é somente um meio; o espírito é eterno, portanto, imortal.

Então, é a vida sinônimo de imortalidade" (SARACENI, Rubens. *As Sete Linhas de Evolução e Ascensão do Espírito Humano* – Madras Editora). Vida é a vivência do espírito e não da carne, mas ambos os princípios vivem lado a lado, no meio (Terra), e todos nós estamos sujeitos às influências de ambos.

Porém, o mais bonito e importante é que a vida na carne é uma via de evolução que nos permite vivermos as qualidades que tanto nos enobrecem aos olhos do Criador Olorum. Se um espírito, em sua vida na carne, usa das coisas da Luz (fé, amor, conhecimento, justiça, lei, evolução e geração), ao retornar ao mundo espiritual, aparentará isso. Se já vivemos essa qualidade na vida da carne, podemos expandir tais qualidades espirituais.

A Mãe da Vida – criativa e geradora – é a Divindade Iemanjá, criada e gerada pelo Divino Criador, Olorum, para ser um princípio doador e amparador da vida. Ela atua com intensidade na geração dos seres, das criaturas e das espécies. A geração irradia essa qualidade a tudo e a todos, concedendo-lhes a condição de se fundirem, para se multiplicar e se repetir.

Iemanjá é a amada Mãe da Vida, pois gera vida em si mesma e sustenta o nascimento. Ela é a água que vivifica os sentimentos e umidifica os seres, tornando-os fecundos na criatividade (vida). Ela rege o mar, que é um santuário natural, um altar aberto a todos. Por isso, é chamada "Rainha do Mar", para onde tudo é levado, para ser purificado e depois devolvido. Água é vida. Somos regidos pelas águas, pois tanto o nosso corpo como o nosso planeta são constituídos predominantemente por água.

Depois da vida, o segundo maior bem do ser humano é a fé, pois, depois do seu despertar para a vida, ele começa a buscar sua origem. A fé pode lhe dar respostas que não o satisfaçam totalmente, mas lhe dá a certeza de que tem uma origem divina e pode então aquilatar o real valor da vida.

Vida é espiritualidade e espiritualização e, portanto, imortalidade. A carne é apenas um meio para evoluirmos. A vida é a vivência das virtudes do espírito, na luz.

CANTO

Lágrimas de Luz

Lurdes de Campos Vieira

As rosas brancas perfumadas vêm beijar a fina areia,
iluminadas pelos raios de luar!
Na clara espuma a sereia, com seu canto, nos seduz
e suas pérolas são lágrimas de luz.

Divina mãe Iemanjá que rosas brancas vem buscar,
seu pranto é vida e gerou o imenso mar!
Divina mãe Iemanjá criou a vida nesse mar,
suas estrelas são presentes de Oxalá!

ORAÇÕES À MÃE IEMANJÁ

Evocamos em nome de Deus, nosso Divino Criador Olorum, Senhor Supremo do nosso destino e princípio Criador de tudo e de todos, o Mistério Divino Feminino da Vida, em Sua Divindade Geradora e Criativista, a Divina Mãe Iemanjá. Amém!

Divina Mãe Iemanjá, Senhora do Mistério da Vida do nosso Criador Olorum, nós a reverenciamos e reunidos estamos aqui para louvá-la, cultuá-la, adorá-la e aclamá-la com todo o nosso amor e fé em seu divino poder.

Por *Lurdes de Campos Vieira*

Ó Divina Mãe Geradora Aquática! Mãe da Vida!

Ajoelhados diante da senhora, pedimos bênçãos com as suas Sete Águas Sagradas, para vivificar nossas vidas!

Acolha-nos, Mãe Geradora, na concha de seu colo amoroso e seguro! Abrace-nos, conforte-nos e embale-nos, no vai e vem de suas ondas e do seu canto melodioso!

Envolva-nos com sua Luz Divina, suprindo nossas carências de conforto e de amor, dando-nos coragem e confiança para enfrentarmos as dificuldades da vida!

Purifique-nos, Amada Mãe, livrando-nos de emoções, sentimentos, pensamentos e atitudes negativos!

Imante-nos, Divina Mãe, com sua capacidade criativa e geradora!

Cure nossos corpos e espíritos com suas Águas Sagradas, que são vida!

Irradie sobre nós, Mãe Divina, suas energias aquáticas, para a recomposição de nossa aura e para a imantação positiva de nossos locais de trabalho e de nossas moradas!

Presenteie-nos, Mãe Divina, com suas Pérolas Sagradas, frutos do seu amor e das suas lágrimas, guardados em suas conchas!

Consagre-nos com suas emanações, para que sejamos merecedores desse seu tesouro e possamos transformar:

- As pérolas da fé, em redenção, religiosidade e congregação;
- As pérolas do amor, em doação e fraternidade;
- As pérolas do conhecimento, em sabedoria e simplicidade;
- As pérolas da justiça, em equilíbrio e proteção;
- As pérolas da Lei, em amparo e orientação;
- As pérolas da evolução, em razão, humildade e compaixão;
- As pérolas da criação, em vida compartilhada com nossos irmãos!

Faça de nossos corações, ó Mãe da Vida, conchas acolhedoras, portais mágicos geradores de benefícios para nossos semelhantes!

Transforme nossos corações, Mãe Amada, em arcas divinas, onde suas pérolas encontrem as condições necessárias para serem por nós cultivadas!

Que essas pérolas se reproduzam em nós, e, cada vez mais, possamos reparti-las com os irmãos, encarnados ou não!

Que seu amor de Mãe Divina nos ampare, acolha, purifique, vivifique e ilumine sempre! Amém!

Salve a Divina Mãe Iemanjá, Mãe Geradora da Vida! (Todos deverão responder: "Odoiá, Minha Mãe" ou "Odociaba!" Significa: Salve a Amada Senhora da Água!)

Por *Pai Ronaldo A. Linares*

Oh! Doce, Meiga e Querida Mamãe Iemanjá. Vós permitistes que no seio de vossa morada se formassem as primitivas formas de vida, que foram o berço de toda a criação, de toda a Natureza e de toda a humanidade; aceitai nossas preces de reconhecimento e amor.

Oh! Visão divina e celestial. Que os lampejos que emanam de vosso diáfano manto de estrelas venham, como benéficas vibrações espirituais, aliviar os nossos males, curar aos doentes, apaziguar os nossos irmãos irados, consolar os corações aflitos.

Que as flores e oferendas que depositamos em vosso tapete sagrado sejam por vós aceitas e, quando entrarmos nas águas para ofertá-las, sejam as ondas do mar portadoras de vossos fluidos divinos.

Fazei, Senhora Rainha das Águas, com que a espuma das ondas em sua alvura imaculada traga-nos a presença de Oxalá, limpe os corações de todas as maldades e malquerenças.

Que os nossos corpos, tocados por vossas águas sagradas, libertem-se, em cada onda que passa, de todos os males materiais e espirituais.

Que a primeira onda a nos tocar afaste de nossas mentes todos os eventuais desejos de vingança.

Que a segunda onda lave nossos corações e nosso espírito, para que não nos atinjam as infâmias e malquerenças de nossos desafetos.

Que a terceira onde afaste a vaidade de nossos corações.

Que a quarta onda lave nosso corpo de todos os males e doenças físicas para que, sadios, possamos prosseguir.

Que a quinta onda afaste de nossa mente a ganância e a cobiça.

Que a sexta onda venha carregada de flores e que nosso maior desejo seja o de cultivar o amor fraternal que deve existir entre todos os homens.

E que ao passar a sétima onda, nós, puros e limpos de mente, corpo e alma, possamos ver, ainda que apenas por alguns segundos, o esplendor de vossa radiosa imagem.

É o que humildemente vos suplicam os filhos de Umbanda.

CLAMORES

Rogamos-lhe, Divina Mãe Iemanjá, que suas irradiações vivas e divinas ativem os princípios sagrados e energéticos destes elementos oferendados, consagrando, imantando e potencializando-os, para o nosso benefício. Que seu mistério divino nos envolva completamente, adentrando em nossos mentais, projetando suas irradiações salinas, purificando, dissolvendo, consumindo, esterilizando, descontaminando, neutralizando todas as energias negativas, cordões energéticos, fluxos negativos, vibrações mentais, elementais, emocionais, espirituais e deletérias que estejam bloqueando, desequilibrando, paralisando e impedindo o fluir natural de energias positivas e benéficas em todo nosso ser.

Que todas as atuações direcionadas contra nós e a todos aqueles ligados a nós sejam anuladas, reprimidas em suas ações, e os seres negativados, ligados a esse processo criativo e gerativo, desvirtuados e degenerados por suas emoções negativas que contrariam os sete sentidos da vida, sejam paralisados, esgotando todas suas energias caóticas e criações destrutivas na Criação. Que tudo e todos sejam recolhidos por seu mistério divino e sejam purificados, transmutados, regenerados, conscientizados e positivados, para retornarem em suas evoluções, livres de seus negativismos.

Clamamos-lhe, Sagrada Mãe doadora da Vida, que nos ampare em nossa jornada evolucionista, regenerando e equilibrando nosso emocional, vivificando nossos sentimentos virtuosos, para reproduzirmos em nós princípios doadores e amparadores, em benefício das vidas de nossos semelhantes e, assim, nos tornarmos límpidos e fecundos como suas águas sagradas.

Conduza-nos para dentro do seu Mistério, concedendo-nos a graça de sermos envolvidos e amparados pela sua Força Divina. Supra com seu Amor Maternal as nossas deficiências emocionais e conscienciais, confortando e fortificando-nos, para trilharmos todos os sentidos da vida, imantados e protegidos por sua Fonte inesgotável de Vida e Luz. Amém!

Neste momento, cada um deve pensar em suas dificuldades e clamar por suas dissoluções; procurem, também, mentalizar seus inimigos ou seus perseguidores e opressores e clamar pela transmutação dos seus sentimentos negativos (ódio, inveja, etc.), anulando da vida e do destino deles e dos seus todas as coisas contrárias ao desígnios divinos para com todos nós.

(Aguardar alguns minutos, para que cada um pense.)

Divina Mãe Iemanjá, Sagrado Mistério Feminino da Vida! Que, a partir deste momento, sua Coroa Estrelada seja a guia luminosa iluminando nossas vidas, conduzindo-nos amorosamente à nossa origem divina. Amém!

Salve a Divina Mãe Iemanjá! (Todos deverão responder: "Odoiá, minha Mãe" ou "Odociaba!")

ORAÇÃO DE AGRADECIMENTO E ENCERRAMENTO

Agradecemos, com todo amor e respeito, a Deus, nosso Divino Criador Olorum! Agradecemos ao Sagrado Mistério Feminino da Vida, na Divina Mãe Iemanjá, pelas bênçãos concedidas neste momento em nossas vidas, bem como a todos aqueles que estão ligados a nós!

Também agradecemos ao nosso Divino Criador e à Mãe Iemanjá pela oportunidade de estarmos aqui reunidos, neste culto familiar de louvação à Divindade da Vida, e que cada um de nós se sinta fortalecido na prática do bem, na fé e no amor ao próximo e desperto para a vida superior.

Desejamos, igualmente, que todas as palavras proferidas neste culto sejam proveitosas aos espíritos sofredores, nossos irmãos ainda ignorantes e viciosos que tenham assistido a esta reunião, para os quais imploramos a misericórdia de Deus.

Amada Mãe! Pedimos que nos sustente em sua Luz e que cada um receba suas graças conforme o seu merecimento. Amém!

Que suas luzes vivas e divinas se estendam para o infinito por este momento de fé, reverência e amor em que nos colocamos diante de seus Mistérios, Senhores do nosso destino e razões das nossas existências, para que elas cubram de luzes aqueles que buscam equilíbrio em seus caminhos e, assim, sejam conduzidos e amparados em todos os sentidos pela sua fonte de Vida na Criação Divina. Amém!

Agradecemos ao Divino Criador o rumo que gentilmente nos indicou, a Umbanda Sagrada, a segurança e o conforto de poder pedir e encontrar respostas a tudo que em justa medida nos tem outorgado, de acordo com a Lei Maior. Agradecemos por ter recebido a graça de comungar com a divindade aquática da Vida, nossa amada Mãe Iemanjá.

Divina Mãe Iemanjá, Senhora da Vida, do Divino Criador! Ilumine, oriente e proteja todos aqueles que aqui entraram e entrarão, zelando, guardando esta casa e fazendo com que os irmãos, parentes, amigos, vizinhos e demais frequentadores tenham a satisfação de estar conosco, partilhando nossa amizade e carinho e desenvolvendo seu livre-arbítrio, com calma e sabedoria, em conformidade com as leis divinas, com amor e fé, para que sua evolução se faça de acordo com os desígnios de nosso Pai Maior. Rogamos-lhe, Senhora da Geração, que se manifeste em cada centímetro de área desta casa e que ela seja protegida, purificada e abençoada hoje e sempre. Amém!

Salve a Divina Mãe Iemanjá! (Todos deverão responder: "Odoiá, Minha Mãe" ou "Odociaba!")

Após a evocação, a oração de agradecimento e o encerramento, todos devem agradecer mentalmente a Olorum e ao seu mistério Feminino da Geração, a Divina Mãe Iemanjá; permanecer em absoluto silêncio por alguns minutos, só mentalizando luzes e vibrando bons sentimentos, cruzar o solo com respeito e reverência e levantar-se, deixando as cadeiras postas ao redor da mesa, até a queima de todas as velas.

LÍQUIDOS, FRUTOS, ERVAS E FLORES

Os líquidos energizados serão oferecidos aos participantes. As frutas poderão ser distribuídas e levadas para casa ou consumidas no local, como alimentos, aguardando pelo menos 30 minutos após o encerramento do ritual. O champanhe, se houver, poderá ser oferecido aos presentes em pequenos cálices ou levado para casa, para uso posterior. Cada participante poderá levar ervas, para os banhos de energização na força de Mãe Iemanjá.

No dia seguinte, os restos das velas e dos frutos ingeridos deverão ser recolhidos e despachados na terra de um vaso, de um jardim ou mata, ou em água corrente, pedindo à natureza que absorva os restos do que ela, generosamente, havia nos propiciado.

XXIII – CULTO FAMILIAR À DIVINDADE MASCULINA DA GERAÇÃO: O DIVINO PAI OMOLU

PREPARAÇÃO

Os participantes deverão ser comunicados, antecipadamente, para irem com roupas claras, preferencialmente brancas, e que poderão levar água, frutas (ameixa preta, jabuticaba e coco seco), pipoca (estourada com muito pouco óleo e sem sal), flores brancas ou roxas (crisântemos, flores-do-campo e rosas brancas) e ervas (pinhão-roxo, manjerona, manjericão roxo), que levarão para casa ao término da cerimônia. Poderão também optar ou completar com um prato de batata-doce roxa, cozida e amassada, regada com mel. Se quiserem, poderão usar um tapetinho ou almofada para se ajoelhar.

Banho de ervas – O anfitrião responsável pela condução do Culto Familiar deverá tomar um banho de pinhão-roxo, dandá, manjericão roxo, manjerona, gengibre, angélica e cipó-cravo, do pescoço para baixo, e poderá ensiná-lo aos demais participantes do culto para que também o façam, caso queiram.

O banho indicado é excelente para ajudar a consumir e dissipar larvas e miasmas astrais e paralisar energias e fluxos negativos. Traz firmeza de propósitos, ânimo, energia, vitalidade, regeneração, alegria, concentração e expansão. É também esgotador, ajuda na limpeza de magias e elementos negativos, desagregando e purificando. Pode ser preparado colocando dois litros de água para ferver. Após a fervura, desligar o fogo, adicionar as ervas e as rosas brancas, abafar por uns cinco minutos. Aguardar até a temperatura ficar amena. Tomar o banho normalmente.

Após enxaguar, eleve a vasilha com o banho acima de sua cabeça e peça: "Divino Pai Olorum! Amado Pai Omolu! Irradiem suas energias neste banho, para o meu benefício". Derrame a água de ervas do pescoço para baixo. Recolha os restos e deposite na terra de um vaso ou de um jardim, agradecendo à natureza.

Pequeno altar – Sobre a mesa, ao redor da qual será realizado o ritual, estender uma toalha branca ou roxa. Enfeitar com vasos de louça branca ou vidro transparente com as flores, e pequenos vasos com folhas de manjericão roxo, manjerona e pinhão-roxo. Os crisântemos devem estar plantados em vasos, para ativar o elemento terra.

Sobre a mesa, fazer um círculo com sete velas, sendo três brancas, duas pretas e duas vermelhas, intercaladas, firmadas em pires brancos; ao lado das velas colocar sete copos de água potável.

No centro da mesa, dentro do círculo de velas, colocar uma vela roxa, uma turmalina ou ônix preto, a travessa com as frutas e, optativamente, uma cestinha de vime com pipoca, coberta com coco fatiado, regado com mel; um pires com um punhado de pó de café e outro com uma cebola roxa cortada em cruz e vinho doce licoroso.

Organizar tudo como um pequeno altar sobre a mesa, ao redor da qual todos deverão sentar-se. O anfitrião ou um dos outros participantes poderá preparar uma defumação ou acender um incenso de manjericão roxo seco, e incensar as pessoas presentes e o ambiente.

PRELEÇÃO

A pessoa que está conduzindo o culto deverá fazer uma pequena preleção sobre o motivo de estarem reunidos, explicando o que é o culto familiar, a sua finalidade e, no caso deste culto, falar sobre Pai Omulu, Divindade Orixá Masculino da Vida do Divino Criador.

Sugestão: Hoje, estamos aqui reunidos para louvar nosso Pai Omulu, a Divindade Masculina da Vida. Olorum é o nosso Divino Criador, e criou tudo que nos cerca e se mostra aos nossos olhos na grandeza infinita da Sua criação. Ele criou a Divindade Masculina da Vida, Pai Omulu, Orixá que não deve ser temido, mas respeitado. Como regente da geração, Iemanjá simboliza a maternidade, enquanto ele atua na paralisação da vida, a morte.

PAI OMULU – A DIVINDADE MASCULINA DA VIDA

A Morte é a transformação de uma vida em outra.
Rubens Saraceni

O Divino Omolu, na Umbanda, é o Orixá cósmico que polariza com Mãe Iemanjá, na Linha da Vida. Ele é o polo cósmico, ativo e absorvente; é o recurso paralisador de todo processo criativo ou gerativo que se desvirtuar, desequilibrar-se ou se negativar. Portanto, seu fator paralisante, predominantemente telúrico, é fundamental para o equilíbrio da vida e da geração. Pai Omulu nos paralisa nos atos geradores desvirtuados, das ideias, doutrinas, projetos, desejos, faculdades sexuais, princípios, leis, etc.

Como regente do desencarne, não deve ser temido, mas respeitado e amado da mesma forma que os demais Orixás. Ele é o rigoroso Guardião da vida, mas, ainda que não o demonstre, é compreensivo e amparador daqueles que merecem. Omolu é o mais caridoso dos Orixás, pois é o Guardião Divino dos espíritos caídos, guardando para Olorum todos os que fraquejaram na jornada encarnatória e se entregaram à vivenciação emocional de vícios. Ele se consagrou a esse amparo, como divindade cósmica.

Logo após o desencarne, cada espírito é conduzido por Omolu para o seu devido lugar, de acordo com a Lei Maior, onde colherá o que plantou. Portanto, para os espíritos caídos nos campos da morte porque atentaram contra a vida, ele é a própria caridade divina e, por puro amor divino, a divindade Omolu consagrou-se no amparo desses seres. Omolu é o Pai rigoroso, o Guardião dos Mortos e da Vida, que paralisa quem atenta contra a vida, e, nesse caso, ele tem de ser temido, sim. Omolu é a morte, o fúnebre, o roxo profundo.

É também chamado Senhor das Almas, pois, se a Lei o ordenar, mantém os espíritos nos cemitérios, após o desencarne. Ele guarda para Olorum os espíritos que, durante suas jornadas terrenas, fraquejaram e se entregaram à vivência de seus vícios emocionais. Mas ele não pune ou castiga, apenas conduz cada um ao seu devido lugar após o desencarne.

Em seu polo positivo, ele é o puro amor divino, é a própria caridade divina no amparo aos seres caídos, até que os mesmos tenham se curado e retornado ao caminho reto. Em seu polo negativo, é o chefe de todos os executores da Lei na Linha das Almas. Sempre que uma ação nossa possa prejudicar alguém, ela já nos atingiu, feriu e escureceu, e Pai Omolu atuará sobre nós com seu fator paralisador, para nos preservar e defender de nós mesmos.

Os atributos de Omolu são telúricos; ele é uma divindade da terra, pois é por meio da essência telúrica seca que suas irradiações nos chegam, imantando-nos e despertando em nosso íntimo os virtuosos sentimentos de preservação de tudo que foi gerado pelo Divino Criador. O mistério de Pai Omolu é telúrico-temporal. Omolu tem poder sobre o Tempo e pode paralisá-lo. Para cortar trabalhos de magia negra feitos no Tempo, devemos recorrer a ele. O elemento telúrico de Pai Omolu se fixa no cristal, irradia-se na água, no ar e no fogo, absorve vegetais e minerais e não se incompatibiliza com nenhum elemento. Como Orixá telúrico puro, é denso, rígido, cáustico e seco.

Em seu polo cósmico Omolu comanda os executores, porém, em seu polo positivo ele é o curador divino, que cura as almas que se feriram a si mesmas e as mantém sob sua irradiação até que retornem ao caminho reto. Como Orixá curador, ele tanto cura nosso corpo doente quanto nossa alma ferida.

O campo de Pai Omolu é a terra seca, o pó, e ele é o dono dos cemitérios ou campos-santos, seu ponto de força no embaixo. Como força divina cósmica e mistério divino, no momento da passagem de um ser, a energia de Pai Omolu se condensa ao redor do cordão de prata que une o espírito ao corpo físico e o dissolve. Por isso é chamado de Senhor dos Mortos. Pai Omolu atua em todas as religiões, sendo denominado em algumas de "Anjo da Morte" e em outras como Divindade ou Senhor dos Mortos. Ele deve ser o pulsar que não vemos e, por isso, é descrito pelos videntes como opaco ou envolto por um manto negro.

A energia telúrica é fundamental para a estabilidade do ser. Terra é firmeza, estrutura, sensação e compaixão. Toda a magia envolvendo os mortos está em seu reino, o ponto de forças dos cemitérios, no embaixo, já que no alto a regência é de Pai Obaluaiê.

O Divino Orixá Omolu, equilibrador da vida e da geração, é o fim para um novo começo.

VIDA/MORTE

A morte é um ato de vida.

Rubens Saraceni

Tradicionalmente, o dia 2 de novembro é dedicado aos nossos mortos; é o Dia de Finados, data em que, na Umbanda, costumamos louvar a força do Divino Orixá Omulu, Senhor das transições no Universo. Na doutrinação umbandista há uma preocupação com ensinamentos sobre a vida, como devemos nos comportar enquanto encarnados, para garantir um bom lugar nas esferas espirituais, quando chegar a hora do desencarne.

Porém, na Umbanda, como nas demais religiões espiritualistas, não consideramos a morte do corpo físico como o fim da vida, mas como o fim de um ciclo, da passagem encarnatória. Não fugiremos à Lei imutável de que há vida após a morte. A verdadeira vida eterna é a existência do espírito que, após um período no astral, reencarna, voltando ao corpo material muitas vezes, para ampliar a consciência do ser e continuar o seu aperfeiçoamento e crescimento no caminho rumo ao Criador.

Esta vida é apenas um estágio, no qual devemos adquirir compreensão para evoluir. Com a morte, muda apenas a vibração, pois o plano de vida passa a ser o espiritual. Portanto, vida e morte constituem um único ciclo de vida, no qual o nascimento corresponde à entrada na vida material e a morte, à entrada na vida espiritual.

Pai Omulu é o Orixá, fiel depositário do nosso corpo, quando o espírito se desprende dele. Ele é o Orixá da terra seca, paralisador, que nos aguarda até que sejamos chamados pelo Nosso Senhor, Olorum.

O que normalmente chamamos de morte é uma dissolução progressiva do indivíduo, que, ao desencarnar, se defronta com uma zona de transição entre o mundo da matéria e o mundo astral, denominada túnel da triagem. Esse túnel escuro, possível de ser atravessado em frações de segundos, tem portas de entrada para o astral superior que conduzem a zonas de repouso e regeneradoras, e portas de entrada para as zonas trevosas do astral inferior. Ao passar por esse túnel, bastam alguns segundos para que toda a vida do ser, suas ideias, seus preconceitos, seus comportamentos e suas crenças desenrolem-se como cenas de um filme. Essa aferição dará seu direcionamento ao local que habitará após o desencarne, de acordo com suas afinidades com princípios positivos luminosos ou negativos e viciados.

Após a morte física, o ser desencarnado será encaminhado para uma esfera espiritual condizente com seus atos e com sua vibração emocional, acumulada durante sua passagem no corpo físico. Aquele que vibrou ódio terá sua morada com seres odiosos; se vibrou o amor, sua morada será um lugar aprazível, pois somos aquilo que criamos ao nosso redor e essa é a realidade que encontraremos no pós-morte. Os vícios terrenos muitas vezes atrasam em milênios nossa caminhada evolutiva.

No culto ao Orixá Omulu devemos exaltar a Divindade desse Pai e o que ele representa, "pois como a Divindade do 'fim', não está presente apenas na tão temida morte física, gerando uma imagem temerosa em relação a ele. Sua vibração se faz presente centenas de vezes durante nossa vida, como, por exemplo, no fim de um relacionamento amoroso, quando há o rompimento de cordões emocionais e o fim de um ciclo de convivência entre duas pessoas. Nesse momento de finalização lá está presente a vibração desse Orixá para encaminhar os envolvidos em seus caminhos individuais. Também podemos citar mudança de emprego, de moradia, fim de amizades, etc. Sempre em situações, principalmente de rompimentos ou encerramentos de ciclos, é esta vibração divina que se faz presente na vida dos envolvidos" (QUEIROZ, Rodrigo. *Morte e Vida Umbandista: Crença Pós-morte e Funeral na Umbanda*).

Pai Omulu, de seu ponto de forças no campo-santo (cemitério), coordena todas as almas, após o desencarne, de acordo com a Lei Maior, mantendo-as no cemitério ou encaminhando-as ao umbral (purgatório), onde também é o regente.

Com o fim da vida na matéria, termina uma etapa e renascemos no mundo espiritual. Assim ocorre também com o inverso, ou seja, quando reencarnamos, "morremos" para a vida no plano etérico e nascemos para o plano físico. A crença no reencarne explica o resgate dos débitos, que é um aprendizado constante para o ser.

O Senhor Omulu é o chefe de todos os executores da Lei dentro da Linha das Almas e é, ele mesmo, o verdadeiro executor dos seres que caíram, por vários motivos, e que têm de purgar os seus erros no astral inferior. Ele também recolhe os espíritos que, quando na carne, ofenderam o Criador e que cairão nos planos sem retorno. Em todas as culturas o campo-santo é considerado um lugar sagrado, onde os corpos sem vida são devolvidos ao Criador Olorum. Os mortos merecem o nosso respeito e devem ser lembrados com amor, pois tais sentimentos os auxiliarão em sua caminhada evolutiva.

A obrigação de todos nós é cuidarmos da vida na carne, da melhor maneira possível, com a coragem de colocarmo-nos frente a frente com os nossos vícios, erros, desejos e anseios. É reconhecermos que somos imperfeitos e buscarmos sempre nossa melhora, envidando todos os esforços possíveis para vencermos a nós mesmos, mudarmos nossas atitudes em relação aos semelhantes e a nós e caminharmos rumo ao Divino Criador.

CANTO
O Senhor do Braço Forte
Lurdes de Campos Vieira

Quem nos ampara na vida, quem nos ampara na morte,
Quem nos ampara na vida, quem nos ampara na morte?
É Omolu, nosso Pai, o Senhor do braço forte.
É Omolu, nosso Pai, o Senhor do braço forte.

Olhe por nós, Omolu, meu velho Pai,
pra que ninguém tropece ao caminhar,
mas se um filho seu tropeça e cai,
por amor, ó Pai, ajude a levantar!
Por amor, ó Pai, ajude a levantar!

ORAÇÃO A PAI OMOLU

Evocamos em nome de Deus, nosso Divino Criador Olorum, Senhor Supremo do nosso destino e princípio Criador de tudo e de todos, o Mistério Divino Masculino da Vida, em Sua Divindade Estabilizadora, o Divino Pai Omulu. Amém!

Divino Pai Omulu, Senhor do Mistério da Vida do Nosso Criador Olorum! Nós o reverenciamos e reunidos estamos aqui para louvá-lo, cultuá-lo, adorá-lo e aclamá-lo com todo o nosso amor e fé em seu divino poder. Com respeito e amor, rogamos-lhe, amado Pai, que derrame suas bênçãos sobre nós, fortalecendo a nossa fé e o despertar da nossa religiosidade.

Amado Pai Omolu! Pedimos força, coragem, resignação e inspiração para que só pratiquemos o bem. Sabemos como é difícil seguir a sua senda, pois temos consciência das nossas fraquezas e imperfeições. Entretanto, Sagrado Pai, nós nos esforçamos para sermos dignos de suas bênçãos e de seu perdão. Zele, Pai Omulu, para que sejamos sempre amparadores da vida e dos seus sentidos. Faça com que busquemos, cada vez mais, os bons ensinamentos, sentimentos e atitudes que nos elevem e nos conduzam à Luz do nosso Divino Criador.

Pai Misericordioso! Mantenha-nos sob sua proteção, para que nunca fraquejemos, desvirtuemo-nos, degeneremos, desequilibremos nem tenhamos vícios, emoções e sentimentos negativos, em relação à criação e à geração. Que sua paz e calma que tudo estabilizam nos deem amparo familiar, para que possamos ver o crescimento saudável e feliz de nossas famílias. Que tenhamos a estabilidade financeira necessária para sustentarmos de forma digna e próspera todos que dependem de nós como provedores.

Que sua cruz ilumine nossos espíritos, dando-nos forças para trilhar a árdua jornada terrena, de modo que eles não se desvirtuem e não fraquejemos nessa trajetória. Ampare-nos, Pai Amado, com a luz da vida, equilibrando-nos e direcionando-nos aos domínios dos Tronos que nos regem, para que possamos cumprir nossas missões, conforme a determinação divina. Conduza-nos, Senhor Omulu, pelos princípios mantidos pela sua irradiação divina. Se assim não fizermos, Pai Amado, que seu mistério paralisador e esgotador atue sobre nosso negativismo, reconduzindo-nos para o equilíbrio divino.

Divino Pai Omolu! Cubra-nos com seu manto de irradiações telúricas, imantando-nos e despertando em nosso íntimo os virtuosos sentimentos de preservação de tudo que foi gerado pelo Divino Criador, para que jamais O ofendamos. Cremos em seu poder divino que transcende tudo que possamos imaginar. Ao Senhor, que é a luz que dá vida aos nossos espíritos imortais, rogamos, Pai Amado, que tenhamos o entendimento necessário, para que nossos espíritos não se percam em vida nem se desvirtuem dos caminhos predestinados por nosso amado Pai Olorum.

Ao Senhor, que rege o mistério dos campos-santos, que rege sobre a vida após a morte e sobre o espírito dos desencarnados, humildemente pedimos bênçãos, amparo e auxílio. Encaminhe, generoso Omolu, todo e qualquer espírito desencarnado que esteja ligado a nós interferindo em nosso processo de evolução e em nossa missão terrena.

Pai Amado! Inspire-nos, para que possamos ser instrumentos de seu mistério, irradiando e paralisando todos os espíritos que vivem em desequilíbrio, para que possam resgatar os seus verdadeiros sentimentos que estavam negativados. Ampare-nos, Pai, a fim de que possamos direcionar os espíritos desequilibrados para os verdadeiros valores da Luz e da vida que emanam do nosso Deus Pai Olorum. Envolva-nos com seu manto sagrado, Pai Omulu, pois só assim estaremos protegidos contra os ataques de inimigos, tanto ocultos quanto declarados, que não terão poder nem forças para atuar contra estes filhos que clamam pela sua proteção.

O Senhor, que é o puro amor e a própria caridade divina no amparo dos espíritos caídos, até que os mesmos tenham se curado e retornado ao caminho reto, mantenha-nos sob sua caridade e amparo, ó Pai, para que nunca nos desviemos do caminho da retidão e da evolução a Deus. Impeça-nos, Pai, de sucumbirmos diante de provas elementares e regredirmos praticando atitudes impensadas. Pedimos força, coragem, paz, amparo, saúde física e espiritual e o luzir de nossos espíritos com a capacidade de amar e perdoar.

Se por ignorância falhamos perante nosso amado Pai Criador, por não conhecer o que era erro, por termos sentimentos mesquinhos e pensamentos desvirtuados, já cientes dos nossos pecados, cometidos contra as leis divinas, pedimos perdão e misericórdia; pedimos perdão para as nossas culpas e falhas desta e de outras encarnações passadas.

Amado Pai Misericordioso! Que suas bênçãos recaiam sobre nós com a dádiva da saúde física e mental, curando as chagas abertas em nossos íntimos, curando as dores das nossas almas e afastando dos nossos corpos físicos toda doença que se avizinhe. Rogamos-lhe a cura de nossas doenças mentais e espirituais, paralisando-as.

Nós estamos diante do Senhor, Divino Pai, recorrendo à sua proteção, pedindo com fé, para que sejamos poupados, permanecendo no gozo da saúde e, se adoecermos, atue, Amado Pai, no nosso magnetismo, no nosso corpo energético, no nosso campo vibratório e no nosso corpo carnal, curando-nos ou possibilitando-nos o encaminhamento à pessoa certa, ao profissional que nos aplicará o tratamento físico ou espiritual adequado às nossas necessidades. Sagrado Pai Omulu! Cure nossas almas feridas e nossos corpos doentes, fortaleça-nos e proteja-nos com seus recursos do invisível poder de Deus. Amém!

Sagrado Pai, livre-nos da submissão aos espíritos viciosos, embusteiros e obsessivos. Que cada um de nós se sinta fortalecido e ungido das suas graças, agora e durante toda a nossa passagem terrena. Que a maldade não tenha forças e poder sobre nós, e que qualquer ação levantada contra nós encontre a sua presença e se quebre em choque com as obras de luz.

Pai Omulu! Ajude-nos, para que, após o nosso desencarne, estes humildes filhos sejam dignos de ser recebidos em seu plano divino. Que, no momento de nossa passagem para o plano espiritual, nossos espíritos sejam conduzidos para o campo eterno da luz e não vaguem sem rumo pela eternidade. Que tenhamos, no nosso dia final na matéria, uma passagem sem longos padecimentos. Limpe-nos, Pai, das impurezas do corpo e do espírito. Que, do outro lado da vida, possamos recuperar rapidamente a nossa consciência, com seu amparo, para a retomada de nosso caminho em direção à Luz. Que Pai Omulu, o Sagrado Doador da Vida, nos resgate e encaminhe para a evolução!

Pai Amado! Nós lhe pedimos com muito amor e esperança porque temos fé na existência de uma força maior. Comprometemo-nos a trabalhar para melhorar, conhecer e controlar os nossos aspectos negativos. Cientes dos nossos deveres, trabalharemos cada vez mais, ajudando os nossos irmãos. Amplie em nós, Pai Amado, a capacidade de perdoarmos e de ter misericórdia, capacitando-nos com a necessária humildade e compreensão, para ajudarmos os irmãos necessitados e infelizes.

Que suas bênçãos nos envolvam, Pai de Luz, como dádivas divinas de paz interior, para que, no fim de cada percurso, possamos recostar nossas cabeças e desfrutar da tranquilidade de termos cumprido as nossas missões com êxito e, assim, sermos merecedores de descansar o sono dos justos, até que novas sendas luminosas nos sejam facultadas. Amém!

Salve nosso Divino Pai Omolu! (Todos deverão responder: "Atotô, meu Pai!" Significa: Peço quietude, meu Pai!)

CLAMORES

Rogamos-lhe, Divino Pai Omulu, que suas irradiações vivas e divinas ativem os princípios sagrados e energéticos destes elementos oferendados, consagrando-os, imantando-os e potencializando-os, para o nosso benefício. Que o seu mistério divino nos envolva completamente, adentrando em nossos mentais, decompondo, esterilizando, neutralizando e reprimindo todas as atuações negativas que estejam agindo e ativas em nossos campos vibratórios, corpos energéticos, físicos e espirituais, provenientes de magias negativas, vibrações mentais, elementais ou emocionais de seres desequilibrados, viciados, trevosos e vingativos, que estejam projetados e atuando contra nossas vidas espirituais e materiais e de todos aqueles ligados a nós. Que suas irradiações telúricas se projetem para toda magia negativa e para seus ativadores mentais, espirituais e humanos, envolvam-nos e os recolham em seu mistério divino, para que nele todos sejam purificados de seus negativismos, anulando neles o desejo de praticarem o mal contra quem quer que seja.

Também pedimos, Amado Pai, que suas irradiações vivas e divinas absorvam, enfraqueçam, neutralizem todas as fontes negativas geradoras de ondas deletérias que estejam desestabilizando, enfraquecendo e comprometendo nossa saúde física, mental, emocional e espiritual, libertando-nos das nossas aflições, tormentos e sofrimentos. Que tudo e todos sejam desnegativados, transmutados, positivados, reordenados, reequilibrados, redirecionados em suas evoluções e conscientizados a não mais agirem negativamente na Criação, afrontando a Lei e o nosso Divino Criador.

Clamamos-lhe, Sagrado Pai Doador da Vida, que nos ampare em nossa jornada evolucionista, auxiliando-nos a reconhecermos nossas imperfeições, fortalecendo e solidificando nosso racional para que os pensamentos, sentimentos negativos e vícios emocionais não nos dominem. Ampare-nos com o seu Amor Paternal, para não fraquejarmos, não nos desvirtuarmos nem degenerarmos nos sentidos da vida e, assim, termos nossa evolução paralisada.

Pai Omulu! Corte todos os trabalhos de magia negativa existentes contra nós. Limpe nossas energias e nossos corpos físicos. Livre-nos de todas as obsessões de eguns e espíritos trevosos, que nós mesmos criamos ou que foram projetadas contra nós.

Pai Amado e Misericordioso! Tire de nós a paralisação dos nossos sete sentidos da vida, para que em paz, com amor e esperança possamos caminhar com passos largos rumo ao divino e amado Pai Criador.

Omulu-yê, nosso Pai! Abra nossos caminhos espirituais e materiais, libertando-nos das amarras da escravidão dos baixos níveis vibratórios, onde baixos espíritos estão ligados a nós, por nossas culpas.

Conduza-nos para dentro do seu Mistério Sagrado, concedendo-nos a graça de gerarmos em nosso íntimo a retidão, a resignação e a consciência quanto aos princípios da Lei que regem a Vida no seu plano humano, espiritual e divino. Reacenda em nós sentimentos virtuosos de preservação a tudo que foi gerado pelo nosso Criador e nos fortaleça para sermos instrumento de luz e amparo na vida de nossos semelhantes. Amém!

Salve nosso Divino Pai Omulu! (Todos deverão responder: "Atotô, meu Pai!")

Neste momento, cada um deve pensar em suas dificuldades e clamar por suas dissoluções; procure, também, mentalizar seus inimigos ou seus perseguidores e opressores e clamar pela transmutação dos seus sentimentos negativos (ódio, inveja, etc.), anulando da vida e do destino deles e dos seus todas as coisas contrárias aos desígnios divinos para com todos nós.

Vibre seus pensamentos nos antepassados, seus parentes desencarnados, solicitando ao Pai Omulu que ilumine a todos, pois, se algum deles estiver precisando de ajuda, por estar perdido nas questões emocionais e ainda não ter alcançado a luz, pode ser oportuno acontecer seu resgate. Aqueles que já estiverem em situações apropriadas se sentirão gratificados pelas vibrações, além de ser o momento de demonstrar gratidão aos antepassados que participaram da sua passagem presente.

(Aguardar alguns minutos, para que cada um pense.)

Divino Pai Omulu, Sagrado Mistério Masculino da Vida! Que, a partir deste momento, a sua Caridade Divina esteja nos amparando e auxiliando a nos aperfeiçoarmos e evoluirmos como seres gerados pelo Divino Criador Olorum. Imante e irradie sua Luz Geradora para todos os sete sentidos de nossas vidas, para vencermos a nós mesmos e, assim, retornarmos ao caminho da nossa origem divina. Amém!

ORAÇÃO DE AGRADECIMENTO E ENCERRAMENTO

Agradecemos, com todo amor e respeito, a Deus, nosso Divino Criador Olorum! Agradecemos ao Sagrado Mistério Masculino da Vida, no Divino Pai Omulu, pelas bênçãos concedidas neste momento em nossas vidas, bem como a todos aqueles que estão ligados a nós!

Também agradecemos ao nosso Divino Criador e ao pai Omulu pela oportunidade de estarmos aqui reunidos, neste culto familiar de louvação à Divindade Masculina da Vida, e que cada um de nós se sinta fortalecido na prática do bem, na fé e no amor ao próximo e desperto para a vida superior.

Desejamos igualmente que todas as palavras proferidas neste culto sejam proveitosas aos espíritos sofredores, nossos irmãos ainda ignorantes e viciosos que tenham assistido a esta reunião, para os quais imploramos a misericórdia de Deus.

Amado Pai! Pedimos que nos sustente em sua Luz e que cada um receba as suas graças conforme o seu merecimento. Amém! Que suas luzes vivas e divinas se estendam para o infinito por este momento de fé, reverência e amor, em que nos colocamos diante de seus Mistérios, Senhores do nosso destino e razões das nossas existências, para que elas cubram de luzes aqueles que buscam o equilíbrio em seus caminhos, e, assim, sejam conduzidos e amparados em todos os sentidos pela sua fonte geradora de Vida na Criação Divina. Amém!

Agradecemos ao Divino Criador o rumo que gentilmente nos indicou, a Umbanda Sagrada, a segurança e o conforto de poder pedir e encontrar respostas a tudo que em justa medida nos tem outorgado, de acordo com a Lei Maior. Agradecemos por ter recebido a graça de comungar com a divindade telúrica da Vida, nosso amado Pai Omolu.

Divino Pai Omulu, Senhor da Morte na matéria e vida no espírito! Ilumine, oriente e proteja todos aqueles que aqui entraram e entrarão, zelando, guardando esta casa e fazendo com que os irmãos, parentes, amigos, vizinhos e demais frequentadores tenham a satisfação de estar conosco, partilhando nossa amizade e carinho e desenvolvendo sua religiosidade com calma e sabedoria, em conformidade com as leis divinas, com amor e fé, para que suas vidas transcorram de acordo com os desígnios de nosso Pai Maior. Rogamos-lhe, Senhor da Geração, que se manifeste em cada centímetro de área desta casa e que ela seja protegida, purificada e abençoada, hoje e sempre. Amém!

Salve nosso Divino Pai Omulu! (Todos deverão responder: "Atotô, meu Pai!")

Após a evocação, a oração de agradecimento e o encerramento, todos devem agradecer mentalmente a Olorum e ao seu mistério da Geração, o Divino Pai Omulu; permanecer em absoluto silêncio por alguns minutos, só mentalizando luzes e vibrando bons sentimentos, cruzar o solo com respeito e reverência, deixando as cadeiras postas ao redor da mesa, até a queima de todas as velas.

LÍQUIDOS, FRUTOS, ERVAS E FLORES

A água mineral e os demais líquidos energizados serão oferecidos aos participantes. As frutas e a batata-doce poderão ser distribuídas e levadas para casa ou consumidas no local, como alimentos, aguardando pelo menos 30 minutos após o encerramento do ritual. O vinho, se houver, poderá ser oferecido aos presentes em pequenos cálices ou levado para casa, para uso posterior. Cada participante poderá levar ervas, para os banhos de energização na força de Pai Omulu.

No dia seguinte, os restos das velas e dos frutos ingeridos deverão ser recolhidos e despachados na terra de um vaso, de um jardim ou mata, ou em água corrente, pedindo à natureza que absorva os restos do que ela, generosamente, havia nos propiciado.

XXIV – CULTO FAMILIAR À DIVINDADE DA VITALIDADE: O DIVINO ORIXÁ EXU

PREPARAÇÃO

Os participantes deverão ser comunicados, antecipadamente, que poderão levar frutas (manga, limão, caju, pitanga, amora, cana descascada e cortada em rodelas, jabuticaba ou ameixa-preta), pimenta dedo-de-moça, moedas, cravos vermelhos, cristas-de-galo vermelhas e ervas (folhas de mamonas, de pinhão-roxo e açoita-cavalo), que levarão para casa ao término da cerimônia. Também é optativo fazer uma salada de couve picada bem fininha, com passas sem caroço e, na hora, temperar com sal e limão e uma farofa comestível, com carne e linguiça, bem temperada. Se quiserem, poderão usar um tapetinho ou almofada para ajoelhar.

Banho de ervas – O anfitrião responsável pela condução do Culto Familiar deverá tomar um banho de folhas de pinhão-roxo, açoita-cavalo, dandá, casca de alho e casca de cebola, do pescoço para baixo, e poderá ensiná-lo aos demais participantes do culto para que também o façam, caso queiram.

O banho indicado funciona como um ácido astral, que ajuda corroendo, dissolvendo, desintegrando e queimando magias e elementos negativos e parasitas astrais, paralisando energias e fluxos negativos. É excelente para limpeza profunda, purificação, libertação energética e desintoxicador do espírito. Pode ser preparado colocando dois litros de água para ferver. Após a fervura, desligar o fogo, adicionar as ervas e abafar por uns cinco minutos. Aguardar até a temperatura ficar amena. Tomar o banho normalmente.

Após enxaguar, eleve a vasilha com o banho acima de sua cabeça e peça: "Divino Pai Olorum! Amado Orixá Exu! Irradiem suas energias neste banho, para o meu benefício". Derrame a água de ervas do pescoço para baixo. Recolha os restos e deposite na terra de um vaso ou de um jardim, agradecendo à natureza.

Pequeno altar – Sobre a mesa, ao redor da qual será realizado o ritual, estender uma toalha preta. Enfeitar com vasos de louça ou vidro, com cravos vermelhos, cristas-de-galo vermelhas e folhas de mamona e pequenos vasos com as ervas.

Fazer um círculo com sete velas pretas; ao lado das velas, colocar sete copos de aguardente (pinga) ou chá de jurubeba; dentro do círculo de velas, colocar a travessa com as frutas e distribuir entre elas as pimentas, uma pedra de ônix preto, um pedaço de carvão ou um pouco de enxofre, um pires com um limão cortado em cruz, um copinho com dendê, outro recipiente com moedas douradas (de cada participante) e um charuto. Colocar, também, a couve e a farofa, se houver.

Organizar tudo como um pequeno altar sobre a mesa, ao redor da qual todos deverão sentar-se. O anfitrião ou um dos outros participantes poderá preparar uma defumação com enxofre em pó, folhas de pinhão-roxo, casca de alho ou de cebola ou utilizar o charuto, baforando as pessoas presentes e o ambiente e depois colocá-lo aceso na mesa, em um cinzeiro, e deixá-lo queimando.

PRELEÇÃO

A pessoa que está conduzindo o culto deverá fazer uma pequena preleção sobre o motivo de estarem reunidos, explicando o que é o culto familiar, a sua finalidade, e, no caso deste culto, falar sobre o Orixá Exu, Divindade da Vitalidade do Divino Criador, nosso Divino Pai.

Sugestão: Hoje, estamos aqui reunidos para louvar o Orixá Exu, a Divindade do Vigor e da Vitalidade. Olorum é o nosso Divino Criador, e criou tudo que nos cerca e se mostra aos nossos olhos na grandeza infinita da Sua criação. Ele criou a Divindade do Vazio, o Orixá Exu, que, com a Orixá Pombagira, rege a vitalidade e o desejo. Enquanto ela atua criando o desejo, ele rege o vigor, pois um sem o outro não tem sentido. Exu é sinônimo de vitalidade.

ORIXÁ EXU – A DIVINDADE DA VITALIDADE

Não podemos confundir o Orixá Maior Exu, a Orixá Maior Pombagira e os Orixás Maiores Exu-Mirim e Pombagira-Mirim com os espíritos que se manifestam e incorporam sob suas regências nos trabalhos de atendimento aos frequentadores, nos Templos, pois estes são espíritos que estão em evolução.

Na Umbanda, diferentemente do Candomblé, acreditava-se, até algumas décadas atrás, que os espíritos Exus atuantes nos terreiros e o Orixá Exu fossem a mesma entidade. No Candomblé, descrevia-se Exu como o mensageiro entre os homens e os Orixás, e ele até é visto como servo dos Orixás. Hoje, sabemos que o Orixá Exu é muito mais e, assim como os outros Orixás, transcende tudo o que podemos imaginar sobre ele. No elevado plano divino, diferentemente da visão de hierarquia desenvolvida pelos humanos, todos os Orixás servem e são servidos entre si e não há subalternos ou inferiores.

Neste primeiro século de existência da Umbanda, faltaram textos esclarecedores que fundamentassem e nos ensinassem sobre as manifestações religiosas dos Orixás Exu, Pombagira e Exu-Mirim e Pombagira-Mirim. Agora, dispomos das obras de Pai Rubens Saraceni que nos explicam, dentre tantas outras coisas, que o Orixá Exu recebeu na Umbanda uma linha à Esquerda, na qual incorporam, na sua força e poder, os espíritos Exus de trabalho. A Orixá Pombagira recebeu a linha na qual incorporam, na sua força e poder, os espíritos Pombagiras de trabalho. O Orixá Exu-Mirim e a Orixá Pombagira-Mirim dão força e poder para a linha de trabalhos dos Exus-Mirins e Pombagiras-Mirins.

Assim como as Divindades que chamamos de Orixás têm estado presentes em diversas culturas, também a Esquerda vem se manifestando em todas as regiões geográficas e dimensões temporais. Na Criação Divina, o Mistério Exu é o regente dos carmas coletivos e individuais que, no plano material, são transmutados, esgotados ou anulados. Enquanto energia e magnetismo, é vitalizador e transformador.

EXU

Por *Pai Rubens Saraceni*

Orixá primordial da criação. É o primeiro estado da criação exterior de Deus. É um mistério divino e todos os mistérios são passíveis de muitas interpretações.

Para os nigerianos é o primeiro Orixá, irmão de Ogum, a boca que tudo devora, o insaciável. Mensageiro dos Orixás, a boca que tudo revela... São formas de interpretação.

Isso ocorre até com Deus, mas há algo em comum:
Deus é o princípio. Exu é o primogênito.
É o primeiro que Deus criou? Não! Em Deus tudo já existe.
Como interpretar?
Quando nada existia, tudo era um vazio absoluto fora de Deus. Dentro d'Ele tudo existia, fora d'Ele, nada!
Quando só Deus existia, para algo existir, precisava de algo que lhe desse sustentação. Deus começou a gênesis, que é a criação d'Ele, pois tudo foi criado a partir d'Ele.
Fora de Deus, só o vazio existia. Exu foi criado para preencher esse vazio, até chegar ao meio mais denso que é o humano.
O primeiro estado, o vazio, é regido por Exu – primogênito da Criação. Sobre o vazio absoluto é que os outros estados se estabeleceram, até chegar ao estado mais denso onde nós vivemos.
O Orixá, antes de ser cultuado, e assim foi com o Orixá Exu, é estado da criação. Antes de ser uma forma, ele é esse primeiro estado da criação.
Como não é possível se permanecer no vazio, era preciso um segundo estado – o espaço infinito – do Orixá Oxalá. Esse segundo estado está dentro do primeiro, que é o vazio, o estado de Exu – que não tem tamanho – infinito em todas as direções. Todos os outros estados estão em Oxalá. Ele é o único que comporta em seu estado a existência de todos os outros Orixás. A existência do espaço mensura o vazio.
Os nigerianos estavam corretos em seus ensinamentos:
No início do culto aos Orixás, despachar Exu. Cultuar Exu do lado de fora – o vazio.
Espaço infinito do Templo = Oxalá e os outros Orixás.
Exu, além do espaço infinito, está do lado de fora da criação. Para Exu entrar, os outros têm de sair e vice-versa.
Tudo está dentro do espaço infinito de Oxalá e do vazio infinito de Exu. No espaço infinito, não há vazio absoluto, apenas vazio relativo. Entre o núcleo do átomo e seus elétrons há inúmeras partículas. Sem Exu não haveria o espaço infinito e os outros Orixás não poderiam se assentar.
Quando o espaço sofre uma sobrecarga emitida por todos os seres, nas diversas dimensões, no espaço acumulam-se energias negativas (oriundas das vibrações dos seres) que têm de ser descarregadas. Só há um lugar para descarregar essas sobrecargas – o vazio – o estado de Exu, pois esta é sua função natural.
Para todos os outros estados da criação o estado do vazio é fundamental. É função natural de Exu, enquanto mistério da criação, que

entra em todos os domínios dos outros Orixás, descarregar as sobrecargas geradas a partir dos sentimentos dos seres. Exu descarrega no vazio, tudo fica neutro, para posteriormente dar continuidade à evolução. Se isso não ocorre, os estados da criação entram em desequilíbrio.

Assim, os Orixás servem-se de Exu sempre que se faz necessário. Ele recolhe o que lhe pertence, sem que os Orixás se incomodem com sua ação. Exu não incomoda os outros Orixás; despacha as sobrecargas, descarregando-as no vazio. Daí por que ele é indispensável aos outros Orixás.

[...]

Exu é regente do único estado da criação capaz de receber todos os excessos de todos os outros estados da criação. Se as sobrecargas energéticas vão parar no vazio, tudo em desacordo com esse estado vai parar nele.

Exemplo: No estado de Ogum está cheio de seres chamados filhos de Ogum, em desequilíbrio, se negativando e negativando, até que chega a um estado que de filho de Ogum não tem mais nada. Filho de Ogum é ordeiro, caprichoso. O que deixou de ser filho de Ogum é desordeiro, bagunceiro; é o contrário de Ogum; regrediu. Rapidamente é expulso da realidade de Ogum.

Na criação, os desordeiros de Ogum ninguém quer. Ninguém quer o filho de outro Orixá, quando no negativo. Menos Exu. Ele fica com todos os filhos que não deram certo e recolhe-os em seu domínio. "Exu é a pura generosidade" (risos).

As vibrações negativas ressonam no vazio e Exu fica sabendo antes de todos que blasfemamos, erramos, etc. Sabe o que acontece nos domínios de cada Orixá. Tudo o que é negativo ressoa no vazio e o ativa, para transmutar e positivar, deixando o cara "brilhando" (risos). A ação de Exu é permanente na criação. Ele não dá nada que não merecemos, mas dá o que merecemos em abundância. Recolhe todos os filhos dos outros Orixás que não dão certo, transmuta-os e esgota-os. Exu acolhe calado porque o vazio não fala.

Quando voltam, voltam como Exus de Oxalá, de Ogum, de Iemanjá, de Xangô... Ele espreme até o negativismo pular fora, sem anestesia. Enquanto o Orixá imanta, acolhe, etc., Exu age através da dor. Joga no vazio, envolve e arranca. No vazio nada subsiste. Não tem como tirar o negativismo, a não ser pela dor, mas é melhor ser esvaziado por Exu na dor do que perecer no tempo.

Após o esvaziamento e neutralização, vai para a fila de espera, para sair do vazio. Fica ali literalmente até que alguém lhe estenda a mão e é assim que um guia preenche os seus domínios com esses Exus iniciantes. Os mais sortudos – que têm alguém rezando por eles – são escolhidos mais rápido.

Hoje, tem mais coisa no vazio do que no espaço infinito. Temos nosso carma e não sabemos a extensão dele. Podemos ativar o mistério Exu e pedir. Iremos resgatar carma com trabalho gratuito, que dará um bom retorno para acelerar nossa evolução.

O Mistério Exu é em si o "vazio absoluto", o primeiro estado da Criação, o primeiro poder e o primeiro Orixá manifestado por Deus na sua Criação, e rege a vitalidade e o vigor sexual. Foi a base pura e vazia onde foram assentados os outros Orixás para manifestarem seus mistérios. Sendo Exu o primeiro Orixá, o mais velho de todos, é o primeiro a ser cultuado. Exu é o mensageiro, pois é o Guardião do Oráculo; é quem abre ou fecha as comunicações entre os planos. Exu serve os outros Orixás, mas também é servido por eles e, enquanto mistério manifestado por Deus, é indispensável para a manutenção do equilíbrio da Criação. O mistério Exu é neutro, regido no alto pela luz e embaixo pelas trevas e, como Divindade, gera sua hierarquia divina.

Exu é o Orixá mais controvertido e incompreendido. É mistério da criação, elemento mágico universal, divindade cósmica que gera e irradia o fator que dá vitalidade e ativa os seres em todos os sentidos da vida. A Divindade Exu Orixá é regida pelo Divino Mehor-Yê, Trono Cósmico dual, regente da vitalidade, mas que não vibra o desejo, por isso é polarizador natural da Divina Mahor-Yê, que é o Trono Cósmico dual regente do mistério Pombagira – o desejo e a vontade. Exu e Pombagira são mistérios complementares e formam um par natural. São indispensáveis um ao outro.

Exu, por ser dual, lida com aspectos positivos e negativos da Criação, e esses aspectos de seu mistério nem sempre são corretamente interpretados. Porém, tudo na Criação tem seu aspecto dual e, para limitarmos algo, necessitamos de dois aspectos (alto-embaixo, direita-esquerda, positivo-negativo, dentro-fora, etc.). Exu atua no alto (é Orixá); no embaixo, leva Luz às trevas; na direita e na esquerda, atua guardando e mantendo a Lei e a ordem na Criação. Exu é ativo (executa a Lei, quando violada, ou vitaliza as qualidades positivas do ser), é passivo (guarda os merecedores do amparo da Lei) e é neutro. O Orixá Exu é um poder.

A dualidade é uma das manifestações mais difíceis de se entender, pois tudo o que é diferente da moral e do padrão de pensamento ocidental cristão, distorcido segundo interesses econômicos e políticos, é logo associado à sua antítese e chamado de demônio. "Entender Exu é entender o próprio funcionamento da Lei Maior" (FERSAN, Douglas. "Os Guardiões Incompreendidos" – *J.U.S.*). "Eu sou Orixá Exu, sou a verdade nua, crua e rasgada, represento o que assusta e dá medo aos homens. Represento a quebra de todas as máscaras; represento o abandono de qualquer personagem assumido, represento a destruição do ego, represento o poder real e absoluto, o poder de ser apenas você mesmo" (CUMINO, Alexandre. "Eu sou Orixá Exu". *Jornal de Umbanda Sagrada*, 159, agosto 2013).

Muitas das pesadas energias atuantes no planeta Terra são originárias de pensamentos e ações negativos emanados pelos seres humanos; começam na mente de cada um. O Orixá Exu é responsável pela condensação e transformação dessas energias densas, para que elas não interfiram demais na vida dos seres vivos, mantendo o equilíbrio na Criação. Nenhum Orixá dispensa a presença de Exu no lado negativo dos seus estados, auxiliando-os nos seus campos, pois Exu pode recolher no vazio absoluto tudo o que desagrada os Orixás. Pode esvair e diluir o que os desagradou ou pode reter esse algo ou alguém no lado negativo da criação, do qual é guardião. Isso faz com que Exu, que lida naturalmente com os aspectos negativos dos Orixás, ativando-os ou desativando-os, seja tão importante e fundamental para a manutenção da harmonia, do equilíbrio e da paz na Criação e seja chamado de auxiliar do mistério "Orixás". Ninguém chega a Deus sem passar pelos portais de Exu, Guardião da Lei Maior.

O Orixá Exu é uma Divindade Maior de Deus que realiza sua função em toda a Criação, amparando todas as criaturas geradas pelo Divino Criador, em todos os lugares. É a divindade ligada à sexualidade, à fertilidade e à virilidade, seus campos naturais de atuação, e é representado com um cetro em forma de falo. Exu é agente da Justiça cármica e atua como mensageiro e intermediário entre os homens e os Orixás.

Exu Orixá nunca encarnou, não conhece os sentimentos de tristeza, mágoa ou remorso. É cósmico e transformador e em seu aspecto negativo é desvitalizador. Quando a Lei Maior ativa Exu não é o "ser" Exu que é ativado, mas, sim, o "mistério" Exu, o poder, agente cármico e elemento mágico.

VITALIDADE

O vigor físico é bom, o vigor intelectual, melhor ainda, mas, muito acima de ambos, está o vigor do caráter.

Theodore Roosevelt

Vitalidade é vigor, força vital, qualidade própria para preservar a vida. Exu é o mistério, o elemento mágico universal ou aberto a todos, é a divindade cósmica que gera e irradia o fator que vitaliza e ativa os seres, em todos os sentidos da vida. Quando alguém recebe a energia irradiada por Exu, sente-se vitalizado, forte, vigoroso e feliz. Mas vigor sem estímulo não se torna ativo; Exu se complementa com a qualidade de Pombagira – o desejo, estímulo – e vice-versa.

Exu tanto gera e irradia o fator vigor como o retira e absorve, atuando como paralisador ou esgotador de carmas grupais ou individuais, ativado pela Lei Maior. Quando um ser se desvirtua e se afasta da irradiação luminosa do Orixá, automaticamente estará sob a irradiação punitiva de seu mistério Exu, que cuidará dos desequilíbrios, pois ele é agente cármico.

Os Exus não são os demônios e espíritos malignos ou imundos que algumas religiões pregam, tampouco são espíritos obsessores. Os espíritos trevosos ou obsessores que vivem no baixo astral são conhecidos pelos umbandistas como quiumbas – espíritos humanos que se encontram desajustados perante a Lei Divina e se deleitam na prática do mal, provocando os mais variados distúrbios morais e mentais nas pessoas, por ódios, vinganças ou prazer.

O baixo astral é alimentado pelas más atitudes e maus pensamentos dos encarnados e desencarnados, com sentimentos negativos de vícios, ódios, paixões, rancores, iras e vinganças, que fortalecem essa faixa vibracional. Cada mal praticado leva o ser cada vez mais para "baixo", provocando mais revoltas. Alguns caem tanto que perdem a consciência humana, transformando seus corpos astrais em verdadeiras feras (lobos, cães, cobras, lagartos, etc.).

A vitalidade de Exu age principalmente no mental do ser, atuando no seu reequilíbrio emocional, fortalecendo seus corpos físico e energético, fazendo com que o ser saia da apatia, tornando-se capaz de tomar suas próprias decisões, estimulado a evoluir. Esse é um mecanismo usado para que os seres vivenciem suas atividades em vários campos: profissional, amoroso, sexual, intelectual, religioso, etc.

Exu é um elemento mágico, neutro, não tendo a livre iniciativa de se autoativar. Se uma pessoa estiver sendo atuada por Exu, é porque alguém o ativou e direcionou contra ela – um desafeto ou a Lei Maior. Se foi a Lei Maior, a pessoa atuada só a desativará através de transformação íntima, com mudança de suas condutas pessoais, reformulação de seus princípios, reparação de seus erros, etc. É o choque de retorno, que volta com a força reativa da Lei Maior, já com seus aspectos punitivos e executores de pessoas que fazem mau uso dos mistérios divinos e dos elementos mágicos universais, colocados à disposição de todos pela Lei Maior.

(Manual Doutrinário, Ritualístico e Comportamental Umbandista. Coord. Lurdes de Campos Vieira – Madras Editora.)

CANTO

Recursos da Lei Maior

Lurdes de Campos Vieira

Orixá Exu, venha nos guardar,
Nós precisamos da sua vitalidade.
A Pombagira também é Orixá,
Traz decisão, muito ânimo e vontade.

São Orixás! São Orixás!
Pombagira e Exu, mistérios da criação!
São Orixás! São Orixás!
Pombagira e Exu, mistérios da criação!

ORAÇÃO A EXU

Evocamos em nome de Deus, nosso Divino Criador Olorum, Senhor Supremo do nosso destino e princípio Criador de tudo e de todos, o Mistério Divino Masculino da Vitalidade, em Sua Divindade vitalizadora, o Divino Pai Exu. Amém!

Divino Orixá Exu, Senhor do Mistério do Vazio do nosso Criador Olorum! Nós o reverenciamos e reunidos estamos aqui para louvá-lo, cultuá-lo, adorá-lo e aclamá-lo com todo o nosso amor e fé em seu divino poder. Com respeito e amor, rogamos-lhe que derrame suas bênçãos sobre nós, fortalecendo a nossa fé, religiosidade e a vitalidade.

"Vós que sois a mão esquerda do Criador, vós que nos amparais nos caminhos sombrios, quando nos encontramos perdidos, vós que nos conduzis ao encontro dos nossos pais e mães Orixás, vós que tendes nos guiado, quando buscamos a luz, vós que também sois luz no nosso caminho! Neste momento, nós clamamos para que acolhais os pedidos que estamos enviando e rogamos que estejais sempre em nosso caminho espiritual, para nos guiar no destino traçado pelo Divino Criador Olorum!

Orixá Exu! A vós que tendes acompanhado os nossos passos e os problemas de nossas vidas, que tendes acompanhado nossa caminhada em prol da religião, a vós que vedes o nosso íntimo, sem precisar olhar para nós, que sabeis das nossas intenções neste momento, em nome do nosso Criador, clamamos, para que nos abençoeis em nome d'Ele. A vós, que sois Orixá Exu, que servis à Lei, que servis à humanidade a partir da esquerda do Criador, nós clamamos, neste momento, para que nos ampareis nesta caminhada em prol da humanidade!

Nós, que estamos no centro, que nos irmanamos com os nossos irmãos da esquerda e da direita, vos louvamos, vos abençoamos e a vós clamamos!" (Pai Rubens Saraceni)

Ao Senhor Orixá executor e transformador da Lei e da Justiça Divina, na escuridão da consciência dos humanos caídos e perdidos pelos caminhos negros da ignorância espiritual, dirigimo-nos, pedindo que abra nossos caminhos, desatando os nós dos laços que amarram nossas vidas e impedem o desenrolar de nossas atividades diárias. Traga-nos sorte, crescimento e vitórias em nossa vida profissional e em nossos negócios! Ajude-nos a mantermos a união de nossas famílias, o respeito, o equilíbrio e a força interior de cada um de nós! Anule ciúmes, inveja, mau-olhado e feitiços que, porventura, inimigos façam contra nós!

Afaste os obstáculos que possam nos fazer tropeçar ou escorregar, causando-nos quedas que manchem nossas almas com profundidade, a ponto de marcá-las por várias encarnações. Dê-nos força e vitalidade, para que consigamos eliminar esses obstáculos e recuperar nossa integridade espiritual.

Seja nosso protetor de esquerda, servindo de escudo contra os ataques das vibrações negativas e seres trevosos que queiram nos atingir e destruir! Intua-nos, também, contra a atuação mental dos inimigos declarados ou ocultos, para que não caiamos em armadilhas perigosas que nos prejudiquem e enfraqueçam!

Nós lhe pedimos que nos defenda da atuação dos obsessores, quiumbas e outros tipos de seres trevosos que tentem se aproximar de nós e sugar nossas energias e nossa vitalidade! Mantenha-nos harmoniosos e equilibrados com as forças dos demais Sagrados Orixás!

Ó sábio manipulador da magia astral! Utilize-a em benefício destes seus devotos e protegidos, para obtenção daquilo que pretendemos, na Lei de Deus! Movimente suas forças e falanges, para a formação de energias favoráveis ao atendimento de nossos pedidos, com a presteza necessária e o merecimento reconhecido pela Justiça Divina.

Com o seu poder, concedido por nosso Divino Criador, movimentando forças ocultas, sabemos que estaremos protegidos, amparados e fortes diante dos obstáculos, colocados em nossas vidas pela maldade alheia.

Agradecemos tudo o que faz por nós e pedimos, do Alto, grandes bênçãos e aumento cada vez maior da sua Força e Luz, que se refletirá em seus protegidos.

Laroiê Exu! (Todos deverão responder: "Exu Omojubá!" Significa: Exu é poderoso, nós nos curvamos perante sua força!)

CLAMORES

Rogamos-lhe, Divino Orixá Exu, que suas irradiações vivas e divinas ativem os princípios sagrados e energéticos destes elementos oferendados, consagrando, imantando e potencializando-os, para nosso benefício. Que seu mistério divino nos envolva completamente, descarregando, desobstruindo, esvaziando, minguando e purificando nossos campos vibratórios, energéticos, espirituais e emocionais de toda magia negativa, atuações mentais e elementais, fontes vivas, criaturas e seres negativados, desequilibrados e trevosos que estejam ativados e direcionados contra nós, nossos familiares, em nossos lares, contra nossos trabalhos espirituais e profissionais e agindo negativamente contra nossas forças e proteções espirituais, naturais e divinas. Que tudo e todos sejam recolhidos pelo seu mistério, isolados, enfraquecidos, bloqueados e consumidos em seus negativismos, desvitalizando-os.

Clamamos-lhe, Sagrado Mistério Vitalizador, que nos fortaleça, em nossas jornadas evolucionistas, equilibrando nossos emocionais e revigorando nossas forças espirituais, naturais e divinas. Orixá Exu! Envolva todo nosso ser em seu mistério sagrado, desembaraçando, desbloqueando e abrindo nossos caminhos, devolvendo-nos tudo que injustamente nos foi tirado em todos os sete sentidos da vida, bem como daqueles ligados a nós.

Pedimos ao Senhor Sagrado Orixá Exu que nos auxilie a reconhecer as causas em nós que bloqueiam, dificultam e impossibilitam nossas evoluções e crescimentos. Desencape e desoculte de nossos sentidos as ilusões que turvam e ofuscam a nossa caminhada, desviando-nos da Luz. Desobscureça nosso mental, para que, amparados por sua força e poder, possamos retornar ao caminho seguro e reto que nos conduzirá à nossa origem divina.

Amado Orixá Exu! Que seu poder divino desobstrua e potencialize nosso racional, para que possamos antever os perigos, situações prejudiciais de toda natureza, desordens e confusões que, porventura, venham a acontecer, permitindo a cada um de nós desviarmo-nos destas situações negativas, invertendo-as. Amém!

Neste momento, cada um deve pensar em suas dificuldades e clamar por suas dissoluções; procurem, também, mentalizar seus inimigos ou seus perseguidores e opressores e clamar pela transmutação dos seus sentimentos negativos (ódio, inveja, etc.), anulando da vida e do destino deles e dos seus todas as coisas contrárias aos desígnios divinos para com todos nós.

(Aguardar alguns minutos, para que cada um pense.)

Divino Orixá Exu, Sagrado Mistério da Vitalidade! Que, a partir deste momento, seu Poder Divino esteja ativado e positivado em nossas vidas, revigorando, vitalizando e abrindo os nossos caminhos em todos os sete sentidos da vida, possibilitando a cada um de nós trilhar com paz, saúde, harmonia, prosperidade, equilíbrio mental, físico, espiritual e emocional. Amém!

Laroiê Exu! (Todos deverão responder: "Exu Omojubá!")

ORAÇÃO DE AGRADECIMENTO E ENCERRAMENTO

Agradecemos, com todo amor e respeito, a Deus, nosso Divino Criador Olorum! Agradecemos ao Sagrado Mistério da Vitalidade, no Divino Orixá Exu, pelas bênçãos concedidas neste momento em nossas vidas, bem como a todos aqueles que estão ligados a nós!

Também agradecemos ao nosso Divino Criador e ao Orixá Exu pela oportunidade de estarmos aqui reunidos, neste culto familiar de louvação à Divindade da Vitalidade, e que cada um de nós se sinta fortalecido na prática do bem, na fé e no amor ao próximo e desperto para a vida superior.

Desejamos igualmente que todas as palavras proferidas neste culto sejam proveitosas aos espíritos sofredores, nossos irmãos ainda ignorantes e viciosos que tenham assistido a esta reunião, para os quais imploramos a misericórdia de Deus.

Sagrado Orixá! Pedimos que nos sustente em sua Luz e que cada um receba as suas graças conforme o seu merecimento. Amém! Que seu poder divino se estenda para o infinito por este momento de fé, reverência e amor em que nos colocamos diante de seus Mistérios, Senhores do nosso destino e razões das nossas existências, para que eles cubram de luzes aqueles que buscam o equilíbrio em seus caminhos, e, assim, sejam conduzidos e amparados em todos os sentidos por sua fonte potente de Vitalidade da Criação Divina. Amém!

Agradecemos ao Divino Criador o rumo que gentilmente nos indicou, a Umbanda Sagrada, a segurança e o conforto de poder pedir e encontrar respostas a tudo que em justa medida nos tem outorgado, de acordo com a Lei Maior. Agradecemos por ter recebido a graça de comungar com a divindade do Vazio e da Vitalidade, nosso amado Orixá Exu.

Divino Orixá Exu, Senhor do Vigor e da Vitalidade! Ilumine, oriente e proteja todos aqueles que aqui entraram e entrarão, zelando, guardando esta casa e fazendo com que os irmãos, parentes, amigos, vizinhos e demais frequentadores tenham a satisfação de estar conosco, partilhando nossa amizade e carinho e desenvolvendo sua religiosidade com calma e sabedoria, em conformidade com as leis divinas, com amor e fé, para que suas vidas transcorram de acordo com os desígnios de nosso Pai Maior. Rogamos-lhe, Senhor Exu, que se manifeste em cada centímetro de área desta casa e que ela seja protegida, purificada e abençoada, hoje e sempre. Amém!

Laroiê Exu! (Todos deverão responder: "Exu Omojubá!")

Após a evocação, a oração de agradecimento e o encerramento todos devem agradecer mentalmente a Olorum e ao seu mistério da Vitalidade, o Divino Orixá Exu; permanecer em absoluto silêncio por alguns minutos, só mentalizando luzes e vibrando bons sentimentos, cruzar o solo com respeito e reverência, deixando as cadeiras postas ao redor da mesa, até a queima de todas as velas.

LÍQUIDOS, FRUTOS, ERVAS E FLORES

Os líquidos energizados serão oferecidos aos participantes. As frutas, a couve e a farofa poderão ser distribuídas e levadas para casa ou consumidas no local, como alimentos, aguardando pelo menos 30 minutos após o encerramento do ritual. A aguardente, se houver, poderá ser oferecida aos presentes em pequenos cálices ou levada para casa, para uso posterior. Cada participante poderá levar ervas, para os banhos de energização na força de Exu.

Cada participante poderá guardar uma das moedas como talismã e as demais deverão ser colocadas em circulação.

No dia seguinte, os restos das velas e dos frutos ingeridos deverão ser recolhidos e despachados na terra de um vaso, de um jardim ou mata, ou em água corrente, pedindo à natureza que absorva os restos do que ela, generosamente, havia nos propiciado.

XXV – CULTO FAMILIAR À DIVINDADE DO DESEJO E DO ESTÍMULO: A DIVINA ORIXÁ POMBAGIRA

PREPARAÇÃO

Os participantes deverão ser comunicados, antecipadamente, de que poderão levar frutas (maçã, morango, uva rosada e cereja), pimenta dedo-de-moça, rosas vermelhas, antúrios, fitas de cetim vermelha (50 centímetros) e moedas, que levarão para casa ao término da cerimônia. Se quiserem, poderão usar um tapetinho ou almofada, para se ajoelhar.

Banho de ervas – O anfitrião responsável pela condução do Culto Familiar deverá tomar um banho de pétalas de rosas vermelhas, cravos-da-índia, artemísia, malva e saco-saco, do pescoço para baixo, e poderá ensiná-lo aos demais participantes do culto para que também o façam, caso queiram.

O banho indicado é excelente atrator do sexo oposto, harmonizador, animador e equilibrador. É ótimo para melhorar a sensibilidade, a percepção espiritual, a vibração astral e a coragem para tomar decisões. Além disso, melhora a concentração nos estudos, o afeto, a suavidade e a paz interior. Pode ser preparado colocando dois litros de água para ferver. Após a fervura, desligar o fogo, adicionar as ervas e as rosas vermelhas, abafar por uns cinco minutos. Aguardar até a temperatura ficar amena. Tomar o banho normalmente.

Após enxaguar, eleve a vasilha com o banho acima de sua cabeça e peça: "Divino Pai Olorum! Amada Orixá Pombagira! Irradiem suas energias neste banho, para o meu benefício". Derrame a água de ervas do pescoço para baixo. Recolha os restos e deposite na terra de um vaso ou de um jardim, agradecendo à natureza.

Pequeno altar – Sobre a mesa, ao redor da qual será realizado o ritual, estender uma toalha vermelha. Enfeitar com vasos de louça ou vidro transparente, com as rosas vermelhas e os antúrios. Distribuir cravos-da-índia e pétalas de rosas vermelhas sobre a toalha.

Fazer um círculo com sete velas vermelhas; ao lado das velas colocar sete copos ou taças, que podem conter champanhe *rosé* (sem álcool), chá de morango ou chá de maçã com canela. Dentro do círculo de velas, colocar a travessa com as frutas, distribuindo as pimentas entre elas, uma pedra de ágata vermelha, um copinho com azeite de dendê e outro com mel, um pires com canela em pó e um recipiente com moedas douradas. Arrumar as fitas, sete cigarros acesos em um cinzeiro e um perfume ou essência (rosas, patchuli, almíscar ou dama-da-noite), que poderá ser borrifado nas mãos dos participantes e no ambiente, ao término do "clamor".

O anfitrião ou um dos participantes preparará uma defumação ou acenderá incenso de mandrágora, dama-da-noite, canela em pó ou patchuli.

PRELEÇÃO

O condutor do culto deverá fazer uma pequena preleção sobre o motivo de estarem reunidos, explicando o que é o culto familiar, a sua finalidade, e, no caso deste culto, falar sobre a Orixá Pombagira, Divindade do Desejo e do Estímulo do Divino Criador, nosso Divino Pai.

Sugestão: Hoje, estamos aqui reunidos para louvar a Orixá Pombagira, a Senhora do Desejo e da Vontade. Olorum é o nosso Divino Criador, e criou tudo que nos cerca e se mostra aos nossos olhos na grandeza infinita da Sua criação. Ele criou a Divindade dos Abismos, a Orixá Pombagira, Mistério do Desejo que, com o Orixá Exu, rege o desejo e a vitalidade. Enquanto ele atua com o vigor, ela rege o desejo, pois um sem o outro não tem sentido.

Pombagira é sinônimo de desejo, de vontade.

ORIXÁ POMBA GIRA – A DIVINDADE DO DESEJO

Tudo o que fazemos na vida é buscar pela manifestação de nossos desejos. Evolução espiritual leva ao refinamento destes desejos.
Rav Berg

Pombagira Orixá foi gerada no interior de Olorum, em sua matriz geradora de interiores (Deus Pai/Mãe), sendo, portanto, um dos aspectos da Mãe Divina, da Grande Mãe, como manifestação do desejo, do estímulo manifestado nas vontades mais íntimas e profundas. A Divindade Pombagira Orixá é regida e fundamentada pelo Divino Trono Mahor-Yê, Trono cósmico dual do desejo, gerando e irradiando o desejo, atuando como elemento mágico e agente cármico, nos limites estabelecidos pela Lei Maior, à disposição dos Orixás. Mas não é unicamente desejo sexual, e sim desejo, estímulo e vontade em todos os setores da vida.

O Mistério de Pombagira estende-se à vontade do ser humano, à vontade do Criador, no estímulo da evolução, da expansão de consciência, da maturidade mental e emocional. Esse Trono tem a função de criar e enviar vibrações estimuladoras a toda a Criação, para que nada fique estático, mas procure evoluir, crescer, desenvolver-se e lutar contra seres que perturbam a Luz.

Ainda hoje, quando se fala em Pombagira, muitos têm um estranhamento, pois para quem tem ideias preconceituosas sobre essa divindade, associando-a à promiscuidade, é inconcebível aceitá-la como Divindade de Deus. Mas essa Mãe Orixá está muito longe da imagem pejorativa ligada à libertinagem e à sexualidade desenfreada. Negar que Pombagira é mãe é o mesmo que negar a sensualidade feminina à mulher que se torna mãe.

"Pomba é um pássaro usado no passado como correio, 'os pombos correios'. Gira é movimento, caminhada, deslocamento, volta, giro, etc. Portanto, interpretando seu nome genuinamente português, Pombagira significa mensageira dos caminhos à esquerda, trilhados por todos os que se desvirtuaram dos seus originais caminhos evolutivos e que se perderam nos desvios e desvãos da vida" (SARACENI, Rubens. *Orixá Pombagira* – Madras Editora).

Pombagira revela o que trazemos escondido em nosso íntimo, para poder esgotar nossos entraves, desequilíbrios e bloqueios. Ela é Mistério da Criação e instrumento regressor da Lei Maior e da Justiça Divina, esgotadora do íntimo de pessoas negativadas por causa de decepções e frustrações nos campos do amor. É um dos mais repressores mistérios da Lei Maior, que atua justamente nos desvios consciênciais relacionados à sexualidade, à libido, à reprodução e à multiplicação das espécies.

Como regente dos interiores, ela é o abismo em si mesmo; é o interior do espaço e o nosso íntimo mais profundo e escondido, razão pela qual ela lida com desenvoltura com os problemas íntimos. Ela é a Guardiã dos "infernos" internos. O mistério abismador de Pombagira é assustador, porque não é um interior, e sim um abismo que não vai dar em lugar algum, aberto embaixo de tudo o que existe, à espera de que os seres se negativem, atentando contra a paz, a harmonia e o equilíbrio e comecem a criar problemas nos meios onde vivem. Para quem vive e evolui em paz e harmonia, esses abismos ficam fechados.

Elemento mágico e agente cármico, ela é a própria iniciativa em si, com seu fator interiorizador que rege os interiores de tudo. Esse fator é um de seus recursos para que o ser exteriorize algo que vibra em seu interior; esse fator cria interiores em tudo o que deixa de ser intenção e adquire existência. O fator interiorizador de Pombagira é o meio pelo qual retornaremos ao interior do nosso Divino Pai.

Dentre os muitos fatores de Pombagira Orixá, está o fator avessador, capaz de fazer aflorar no exterior dos seres a beleza interior de cada um. Pombagira é indispensável para a Criação, para o equilíbrio do lado externo, pois o caos energético teria proporções impensáveis, caso não houvesse um interior para abrigar os excessos de energias geradas pelas coisas criadas.

Os fatores determinam as propriedades das vibrações divinas dos Orixás, irradiadas para toda a Criação, e conhecendo-os saberemos quando e onde eles atuam em nosso benefício. Pombagira irradia muitos fatores divinos, como o fator estimulador, desejador, incitador, exitador, extasiador, aprazerador, desagregador e muitos outros.

Pombagira age no campo vibracional dos sentimentos em geral, não apenas do amor. Por sua essência feminina, ela tem a sensibilidade de diagnosticar feridas na alma, abertas pelo que quer que leve o ser humano a sucumbir emocionalmente. Ela ajuda a curar as nossas feridas emocionais, mas, acima de tudo, respeita o livre-arbítrio de cada ser. Pombagira é um instrumento de Deus, um mistério que executa as ações da Justiça Divina.

Pombagira merece o nosso amor e o nosso respeito e não aceita a submissão da mulher ao homem e a imposição de papéis e modos de ser que a mulher sofre na sociedade, encorajando-a a não minimizar nem vulgarizar sua força, a externar seu encanto e sensualidade natural. Pombagira preza a liberdade da mulher e do homem. Não aceita pedidos de "amarrações", mas aceita solicitações virtuosas, para o nosso bem e do próximo, para aprendermos a lidar com os nossos desejos, antes de pretendermos o amor do outro.

DESEJO E ESTÍMULO

Ela é Odara, ela é Pombagira,
Se eu pedir ela me dá.

Pombagira também é um Mistério colocado à disposição dos Orixás para atuar como elemento mágico e agente cármico, nos limites estabelecidos pela Lei Maior. Ela é a própria iniciativa em si. O desejo (estímulo e vontade) é um fator divino fundamental em nossas vidas, pois nós o absorvemos por todos os chacras.

O fator desejo, de Pombagira, combina com o fator vigor de Exu; ambos se completam e, ao se completarem, criam em nossos sentidos as condições ideais para nos lançarmos na conquista de algo, pois despertam em nosso íntimo o desejo de realizar. Sem a atuação de Pombagira, desistiríamos daquilo que buscamos, assim que surgissem dificuldades em nossos caminhos. Sem a atuação de Exu, não teríamos o vigor, a vitalidade para lutar pelo que desejamos.

O desejo só existe porque assim Deus quis e não se manifesta apenas pelo sexo, pois sentimos o desejo de aprender, de dormir, de viajar, de conversar, de nos divertir, de comer determinado alimento ou de vestir determinada roupa, etc. O desejo, se visto por inteiro, atrai admiração por sua beleza e harmonia, mas, por partes, é visto como fonte de prazer.

A Senhora Orixá Pombagira é a pura vibração da sexualidade, mas na função de frear, de bloquear os impulsos sexuais, procurando evitar que os seres caiam na tentação do desejo sexual mais instintivo, próximo ao dos animais – a luxúria e a volúpia. Seu Mistério principal é dar fluidez e expandir sentimentos e vontades que por si sós são passivos. A Orixá Pombagira foi criada na matriz geradora do fator estimulador de Olorum, também conhecida como matriz geradora dos desejos.

Atenção! Embora nos trabalhos de atendimento as Guias Espirituais Pombagiras demonstrem alegria, vivacidade e liberdade de palavras e movimentos, elas não devem ser vistas como prostitutas desencarnadas, e sim como Entidades que lidam com a sexualidade das pessoas presentes para descarregar delas o acúmulo desse tipo de energia. Elas atendem aos nossos pedidos, desde que haja merecimento. Com o trabalho dessas maravilhosas Entidades e permissão dos Sagrados Orixás a quem elas respondem, os caminhos são limpos, abertos e os pedidos realizados.

As pessoas devem ser muito atentas quanto ao que solicitam à Orixá Pombagira, pois devem pedir apenas coisas justas, verdadeiras, que lhes tragam benefícios, mas que não prejudiquem ninguém nem lugar algum. Se forem feitos pedidos escusos, embora venham a se realizar, o prejuízo causado a outrem retornará a quem pediu, em dobro. É a Lei do Retorno.

Caso os mistérios de Pombagira sejam ativados e usados indevidamente, perdem suas grandezas e tornam-se paixões devastadoras para quem deu mau uso a eles. É preciso atenção, também, ao que prometerem. Não assumam compromissos que não possam cumprir. Se o fizerem, cumpram-nos, senão ela virá cobrar, para ensinar a quem prometeu que aprenda a ter palavra, mostre-se honesto e digno de ter recebido a graça concedida.

CANTO

Recursos da Lei Maior
Lurdes de Campos Vieira

Orixá Exu, venha nos guardar,
Nós precisamos da sua vitalidade.
A Pombagira também é Orixá,
Traz decisão, muito ânimo e vontade.

São Orixás! São Orixás!
Pombagira e Exu, mistérios da criação!
São Orixás! São Orixás!
Pombagira e Exu, mistérios da criação!

ORAÇÃO À ORIXÁ POMBAGIRA

Evocamos em nome de Deus, nosso Divino Criador Olorum, Senhor Supremo do nosso destino e princípio Criador de tudo e de todos, o Mistério Feminino dos Desejos, em Sua Divindade estimuladora, a Divina Mãe Pombagira! Amém! Pedimos Sua permissão, Divino Olorum, para ofertar nossa fé a um de Seus mistérios divinos, que é a Senhora Pombagira.

Divina Pombagira, Senhora do Mistério dos Abismos do nosso Criador Olorum! Nós a reverenciamos e reunidos estamos aqui para louvá-la, cultuá-la, adorá-la e aclamá-la com todo o nosso amor e fé em seu divino poder. Com respeito e amor, rogamos-lhe que derrame suas bênçãos sobre nós, fortalecendo a nossa fé, religiosidade e os nossos desejos e vontades.

À nossa boa e gloriosa Pombagira, Senhora do mistério do estímulo, do desejo, da vontade e das emoções, defensora e protetora das mulheres, rogamos e suplicamos, neste momento de devoção, que sua proteção e amparo estejam sempre presentes em nossos caminhos. Que nossos caminhos sejam abertos e sua energia nos estimule em todos os sentidos, principalmente no setor sentimental, impedindo-nos de cair em tentações de luxúria e na fraqueza das paixões desenfreadas.

Orixá Rainha Pombagira! Equilibre nossas emoções e nossas atitudes, para que não tenhamos excessos de vaidade, egoísmo, orgulho e desejos sobre o que é do próximo. Defenda-nos e livre-nos de todas as más influências de encarnados e desencarnados que queiram nos envolver em emoções, pensamentos e atos de baixas vibrações. Defenda-nos, ainda, para que não nos tornemos prisioneiros de desejos e sensações primitivos e obscuros, que alimentem seres trevosos em seus instintos torpes e negativados. Que os nossos desejos sejam as vontades que nos levem ao amor.

Pombagira, Estimuladora! Ampare-nos para que jamais esqueçamos a exata função do sexo em nossas vidas: gerar vidas, proporcionar prazer e manter nosso equilíbrio emocional, para que os demais desejos fluam naturalmente e não como vícios. Dê-nos a devida proteção, para que nunca cometamos erros, falhas e pecados em nome de Pombagira, Exu e dos demais Orixás, Divindades de Olorum. Propicie-nos vontade inquebrantável, para que jamais abdiquemos da fé e crença nos poderes dos Divinos Orixás. Que nossos íntimos só abriguem virtudes e que elas sejam estimuladas pelo seu mistério, tornando permanente a vontade de buscar luz e nela permanecer.

Sagrada Orixá dos Desejos! Desejamos que nossas ambições se tornem capacidade de repartir com nossos irmãos, que nossos orgulhos se transmutem em benevolências e as vaidades, em desprendimento. Que aqueles que nos olharem vejam as belezas de nossas almas. Desestimule em nós os sentimentos que não possam encontrar fundamentos nas leis de Olorum, nosso Criador Divino, que só gera virtudes.

Que suas bênçãos nos cheguem como estímulos e vontades de tornar o mundo melhor. Estimule-nos e motive-nos, para buscarmos as qualidades que possam nos tornar fortes, virtuosos, capazes e certos da vitória, trilhando o caminho correto para que só recebamos graças, e graças suas, dos Orixás e do Grande Pai Olorum. Amém!

Salve a Senhora Pombagira! (Todos deverão responder: "Pombagira, Saravá!")

CLAMORES

Rogamos-lhe, Divina Orixá Pombagira, que suas irradiações vivas e divinas ativem os princípios sagrados e energéticos destes elementos oferendados, consagrando, imantando e potencializando-os, para o nosso benefício. Que seu mistério divino nos envolva completamente, descarregando, desaglomerando; descarregando nossos campos vibratórios, os de nossos familiares, de nossas casas, de nosso trabalho profissional e espiritual. Livre-nos de toda magia negativa, de vibrações mentais, elementais e emocionais negativas, recolhendo todos os seres, criaturas, cordões energéticos e energias sexuais desequilibradas. Atue em nós anulando, bloqueando, desestimulando, apatizando seus ativadores espirituais e humanos em seus desejos negativos, desvirtuados e destrutivos, vibrados e ativados contra nós, nossas evoluções e crescimentos em todos os sentidos da vida.

Pedimos também, Senhora do Desejo Divino, que suas vibrações neutralizem todas as energias de maldições, inveja, cobiças e vinganças que estejam a nós direcionadas e perseguindo-nos, desmagnetizando-as. E que tudo e todos sejam recolhidos em seu mistério, purificados, esgotados e anulados em seus negativismos e em suas desvirtudes, para que assim, transformados em seus íntimos, possam ser reequilibrados, realinhados, reordenados e redirecionados em suas evoluções, já conscientizados, preparados e estimulados a buscarem o caminho do equilíbrio e da Luz.

Clamamos-lhe, Sagrado Mistério do Desejo, que nos fortaleça, em nossas jornadas evolucionistas, auxiliando cada um de nós a reconhecermos nossas imperfeições, vícios, falhas e limites humanos que nos conduzem aos abismos de nós mesmos. Ampare-nos nas situações problemáticas, nos tormentos e aflições, gerados pelas consequências de nossas escolhas erradas. Defenda-nos das más influências que muitas vezes são atraídas para nossas vidas, por afinidades do próprio negativismo que carregamos em nosso íntimo. Oriente-nos, conscientize-nos e liberte-nos. Amém!

Pedimos à Senhora, Sagrada Orixá Pombagira, que equilibre nossos emocionais, estimulando positivamente todos os sentidos de nossas vidas. Amarre, emaranhe e subjugue tudo e todos que queiram tirar nossas motivações de crescimento, nossas alegrias, satisfações e conquistas; enfim, tudo que nos proporciona prazer e nos eleva, bem como daqueles que estão ligados a nós.

Neste momento, cada um deve pensar em suas dificuldades e clamar por suas dissoluções; procurem, também, mentalizar seus inimigos ou seus perseguidores e opressores e clamar pela transmutação dos seus sentimentos negativos (ódio, inveja, etc.), anulando da vida e do destino deles e dos seus todas as coisas contrárias aos desígnios divinos para com todos nós.

(Aguardar alguns minutos, para que cada um pense.)

Amada Orixá Pombagira, Sagrado Mistério do Desejo! Que, a partir deste momento, sua Luz Cósmica esteja iluminando nossas vidas, energizando e encorajando-nos a enfrentar e vencer a nós mesmos. Que suas irradiações vivas e divinas abram, prosperem e positivem nossos caminhos em todos os sentidos das nossas vidas, protegendo e cobrindo-nos com seu Véu de Força e Poder. Amém!

Salve a Senhora Pombagira! Pombagira, Saravá!

ORAÇÃO DE AGRADECIMENTO E ENCERRAMENTO

Agradecemos, com todo amor e respeito, a Deus, nosso Divino Criador Olorum! Agradecemos ao Sagrado Mistério do Desejo, na

Divina Orixá Pombagira, pelas bênçãos concedidas neste momento em nossas vidas, bem como a todos aqueles que estão ligados a nós!

Também agradecemos ao nosso Divino Criador e à Orixá Pombagira pela oportunidade de estarmos aqui reunidos, neste culto familiar de louvação à Divindade do Desejo, e que cada um de nós se sinta fortalecido na prática do bem, na fé e no amor ao próximo e desperto para a vida superior.

Desejamos igualmente que todas as palavras proferidas neste culto sejam proveitosas aos espíritos sofredores, nossos irmãos ainda ignorantes e viciosos que tenham assistido a esta reunião, para os quais imploramos a misericórdia de Deus.

Sagrada Orixá! Pedimos que nos sustente em sua Luz e que cada um receba as suas graças conforme o seu merecimento. Amém!

Que seu poder divino se estenda para o infinito por este momento de fé, reverência e amor em que nos colocamos diante de seus Mistérios, para que eles cubram de luzes aqueles que buscam o equilíbrio em seus caminhos, e, assim, sejam conduzidos e amparados em todos os sentidos pela sua fonte poderosa de Desejo da Criação Divina. Amém!

Agradecemos ao Divino Criador o rumo que gentilmente nos indicou, a Umbanda Sagrada, a segurança e o conforto de poder pedir e encontrar respostas a tudo que em justa medida nos tem outorgado, de acordo com a Lei Maior. Agradecemos por ter recebido a graça de comungar com a divindade dos Abismos, do Desejo e da Vontade, nossa amada Orixá Pombagira.

Divina Orixá Pombagira, Senhora do Desejo e da Vontade! Ilumine, oriente e proteja todos aqueles que aqui entraram e entrarão, zelando, guardando esta casa e fazendo com que os irmãos, parentes, amigos, vizinhos e demais frequentadores tenham a satisfação de estar conosco, partilhando nossa amizade e carinho e desenvolvendo sua religiosidade com calma e sabedoria, em conformidade com as leis divinas, com amor e fé, para que suas vidas transcorram de acordo com os desígnios de nosso Pai Maior. Rogamos-lhe, Senhora Pombagira, que se manifeste em cada centímetro de área desta casa e que ela seja protegida, purificada e abençoada com seu poder e mistérios, hoje e sempre. Amém!

Salve a Senhora Pombagira! (Todos deverão responder: "Pombagira, Saravá!")

Após a evocação, a oração de agradecimento e o encerramento, todos devem agradecer mentalmente a Olorum e ao Seu mistério do Desejo, a Divina Orixá Pombagira; permanecer em absoluto silêncio por alguns minutos, só mentalizando luzes e vibrando bons sentimentos, cruzar o solo com respeito e reverência, deixando as cadeiras postas ao redor da mesa, até a queima de todas as velas.

LÍQUIDOS, FRUTOS, ERVAS E FLORES

Os líquidos energizados serão oferecidos aos participantes. As frutas serão distribuídas e levadas para casa ou consumidas no local, como alimentos, aguardando pelo menos 30 minutos após o encerramento do ritual. O champanhe, se houver, poderá ser oferecido aos presentes em pequenos cálices ou levado para casa, para uso posterior. Cada participante poderá levar ervas, para os banhos de energização na força de Pombagira.

Cada participante poderá guardar uma das moedas como talismã e as demais deverão ser colocadas em circulação.

No dia seguinte, os restos das velas e dos frutos ingeridos deverão ser recolhidos e despachados na terra de um vaso, de um jardim ou mata, ou em água corrente, pedindo à natureza que absorva os restos do que ela, generosamente, havia nos propiciado.

XXVI – CULTO FAMILIAR À DIVINDADE DAS INTENÇÕES: O DIVINO ORIXÁ EXU-MIRIM

PREPARAÇÃO

Os participantes deverão ser comunicados, antecipadamente, que poderão trazer frutas (limão, jabuticaba, ameixa-preta, amora e cana descascada e cortada em rodelas), pimenta dedo-de-moça, azeitonas pretas chilenas, chocolate escuro, rapadura, pé de moleque, cocadas pretas, balas "ardidas", cravos vermelhos, cristas-de-galo vermelhas, cactos e moedas, que levarão para casa ao término da cerimônia. Se quiserem, poderão usar um tapetinho ou almofada para se ajoelhar.

Banho de ervas – O anfitrião responsável pela condução do Culto Familiar deverá tomar um banho de folhas de limoeiro, casca de alho e de cebola, carapiá e casca de limão, do pescoço para baixo, e poderá ensiná-lo aos demais participantes do culto para que também o façam, caso queiram.

O banho indicado é excelente para purificar, abrir caminhos e possibilidades, repor energias vitais, dar disposição no dia a dia, além de ajudar a desenrolar situações difíceis e a curar e encaminhar espíritos perturbadores. Pode ser preparado colocando dois litros de água para ferver. Após a fervura, desligar o fogo, adicionar as ervas, abafar por uns cinco minutos. Aguardar até a temperatura ficar amena. Tomar o banho normalmente.

Após enxaguar, eleve a vasilha com o banho acima de sua cabeça e peça: "Divino Pai Olorum! Amado Orixá Exu-Mirim! Irradiem suas energias neste banho, para o meu benefício". Derrame a água de ervas do pescoço para baixo. Recolha os restos e deposite na terra de um vaso ou de um jardim, agradecendo à natureza.

Pequeno altar – Sobre a mesa, ao redor da qual será realizado o ritual, estender uma toalha preta e outra vermelha (sobrepostas, alternando as cores). Enfeitar com vasos de louça ou vidro transparente, com cravos vermelhos e um minivaso de cacto. Distribuir alguns caroços de mamona.

Fazer um círculo com sete velas bicolores (preta e vermelha); ao lado das velas, colocar sete copos, que podem conter aguardente com mel, suco de limão, aguardente com coca-cola ou caldo de cana. Dentro do círculo de velas, colocar a travessa com as frutas, com as pimentas entre elas, o prato com os doces, um potinho com as azeitonas pretas, um pires com um limão cortado em cruz e regado com mel e outro pires com o limão regado com dendê, uma pedra obsidiana ou algumas bolinhas de vidro (gude), um recipiente com moedas douradas e sete charutinhos acesos em um cinzeiro.

O anfitrião ou um dos participantes poderá preparar uma defumação ou acender incenso de cascas de limão e bagaço de cana-de-açúcar seco.

PRELEÇÃO

A pessoa que está conduzindo o culto deverá fazer uma pequena preleção sobre o motivo de estarem reunidos, explicando o que é o culto familiar, a sua finalidade, e, no caso deste culto, falar sobre o Orixá Exu-Mirim, Divindade das Intenções do Divino Criador, nosso divino Pai.

Sugestão: Hoje, estamos aqui reunidos para louvar o Orixá Exu-Mirim, Divindade do Nada e das Intenções. Olorum é o nosso Divino Criador, e criou tudo que nos cerca e se mostra aos nossos olhos na grandeza infinita da Sua criação. Ele criou a Divindade do Nada, o Orixá Exu-Mirim, que, com a Orixá Pombagira-Mirim, rege as intenções e os interesses. Enquanto ela atua regendo os interesses, ele age regendo as intenções. Exu-Mirim é sinônimo de intenções.

ORIXÁ EXU-MIRIM – A DIVINDADE DAS INTENÇÕES

Exu-Mirim Orixá é pouco cultuado e muito discutido na Umbanda, mas também é uma divindade de Olorum. Ele rege o nada e, se sem Exu não se faz nada, sem Exu-Mirim nem o nada é possível fazer. Esse plano foi denominado de nada absoluto porque no plano das intenções nada existe de forma concreta e não passa de intenções, ainda sem existência própria. É o estado abstrato do nada.

O nome simbólico da Divindade desse estado é Exu-Mirim porque seu nome sagrado, assim como os nomes sagrados de todos os outros Orixás, é impronunciável. Como mistério manifestado de Deus, é poder atuando sobre os seres e sobre os meios. Se conhecermos os poderes Divinos como Princípios, nada nos parecerá castigo ou punição, mas, sim, a ação justa da Lei.

Cada Orixá é um dos estados da Criação (Fé, Amor, Conhecimento, Justiça, Lei, Evolução e Geração). Por serem estados, são indispensáveis, insubstituíveis e imprescindíveis à harmonia e ao equilíbrio do todo, e cada um é guardado e mantido por todos os outros. Os mistérios dos Orixás são responsáveis pelo equilíbrio na Criação, sustentando as faculdades daqueles que dão bom uso a elas e fechando as faculdades daqueles que prejudicam seus semelhantes. Não tem como descrever os mistérios, mas apenas aceitar que eles existem.

Exu-Mirim Orixá é responsável pela criação de situações e meios para o desenvolvimento do intelecto e pelo amadurecimento das pessoas, pois, com seu fator "complicador", nos estimula a vencer e superar as dificuldades e evoluirmos como espíritos humanos. Ele pode ser evocado para resolver situações dificílimas, uma vez que descomplica as vidas dos seres equilibrados e merecedores do amparo da Lei, retirando as encrencas dos seus caminhos, aliviando sua caminhada, para a concretização de seus projetos justos e bons. Seu fator "desenrolador" leva as complicações para longe. Além disso, é ótimo para identificar trabalhos ou forças negativas atuantes, revelando-os e desativando-os. Graças ao fator avessador, Exu-Mirim é ótimo para atuar de dentro para fora das pessoas, avessando instantaneamente o que elas têm de ruim, virando ações mágicas negativas, recolhendo, anulando e neutralizando fontes negativas.

Ao aplicar seu mistério divino, o Orixá Exu-Mirim atua principalmente a partir das intenções negativas dos seres, nem sempre reveladas, reduzindo-as a "nada". Como executor da Lei Divina, é marrento e irreverente, corta o mal pela raiz, identificando aquelas criaturas maldosas, traiçoeiras, invejosas e colocando-as em seus lugares de merecimento. Ele possui, dentre outros, os fatores descomplicador e desirritador e ajuda os que se dirigem a ele, desde que suas intenções sejam realmente boas para eles e para os semelhantes.

Até os 13 anos de idade dos seres humanos, enquanto Mistério manifestado pelo Divino Criador, Exu-Mirim atua criando um equilíbrio imperceptível entre os polos da Direita e da Esquerda. Se esse equilíbrio é rompido, ele entra na vida da criança para colocar as coisas no seu devido lugar, auxiliando, bloqueando, etc. Nos adultos, ele atua como regredidor, refreando os maus instintos.

Exu-Mirim tem seus fundamentos desconhecidos, mas é fator indispensável na Criação. O Mistério desse Orixá é pouco estudado; ele, com sua capacidade de conhecer as intenções, aplica seu fator complicador e traz a solução para isso. Exu-Mirim usa seu fator complicador para que as intenções negativas não se concretizem; cria complicações para quem está dando mau uso aos conhecimentos, aos recursos financeiros, atentando contra a vida, etc. Esses seres têm de regredir, deixando de usar o que não souberam usar bem, caso contrário, cristalizam-se e se tornam um mal permanente.

Esse Orixá Divino também tem a função de fazer regredir todos os espíritos que atentam contra os princípios da vida e contra a paz e a harmonia entre os seres. Com seu Mistério, ele fecha as faculdades dos seres que deram mau uso a elas, uso negativo, recolhendo-lhes as capacidades, o poder, e fazendo-os regredir. Por exemplo, o ser cheio de soberba, orgulho, vaidade e egoísmo se negativou e, sob a atuação do Orixá Exu-Mirim, perde essas faculdades, não consegue mais realizá-las e se recolhe; regride.

A atuação de Exu-Mirim Orixá ocorre em todos os aspectos, inclusive no campo religioso. Ou tudo volta ao normal, ao eixo, ou tudo regride à estaca zero, quando Exu-Mirim é ativado pela Lei Maior e pela Justiça Divina. Não há meio-termo. Não existem dois pesos e duas medidas. Exu-Mirim julga tudo a partir das intenções que motivaram e concretizaram as ações.

Os Mistérios dos Orixás são capazes de nos influenciar positiva ou negativamente; são fatores evolutivos nas nossas vidas que só se tornarão fatores regredidores na vida dos seres que derem mau uso aos seus conhecimentos e capacidades. Os Orixás à Esquerda do Criador aplicam seus fatores regredidores àqueles que se desvirtuaram, considerando que usaram mal o seu livre-arbítrio. Seus campos são fechados e não conseguem mais ocupar os espaços que ocuparam indevida e erroneamente. A Lei retira do ser os meios que ele usava para fazer mal aos semelhantes. Com isso, também está salvando; o Orixá Exu-Mirim é salvador inclusive de almas. Senão, o espírito não tem mais conserto. Espírito degenerado violenta, mata, etc. e acha que é certo.

"Exu-Mirim está ali, bem no limite entre o bem e o mal; entre o bom e o malvado; entre o justo e o injusto; entre o racional e o instintivo; entre a luz e as trevas; entre a bondade e a maldade; entre a virtude e o vício; entre a generosidade e o egoísmo; entre a beleza e a vaidade; entre a moral e a imoralidade; entre a verdade e a falsidade; entre a lealdade e a traição; entre... tudo e todos, até entre o positivo e o negativo" (SARACENI, Rubens. *Orixá Exu-Mirim* – Madras Editora).

Dentre os vários fatores do Orixá Exu-Mirim, vamos citar alguns: intencionador, regredidor, apavorador, dementador, ocultador, revertedor, embirrador, complicador, atrasador, bisbilhotador, espionador e outros mais.

AS INTENÇÕES

Se não houver frutos, valeu a beleza das flores;
se não houver flores, valeu a sombra das folhas;
se não houver folhas, valeu a intenção da semente.

Henfil

Intenções são abstrações que motivam e concretizam as ações. Existem intenções de todos os tipos, desde as mais nobres, virtuosas e elevadas até as mais chulas, viciadas e baixas. Por trás de todo ato concreto houve uma ou várias intenções estimulando a concretização dos mesmos.

Quando as intenções se concretizam, podem gerar situações boas, que deixam as pessoas felizes, ou situações terríveis, insuportáveis para aqueles que as vivem.

Os Orixás emitem fatores, conforme suas funções na Criação, que chegam até nós. Fatores são energias vivas e divinas que têm por função realizar o trabalho identificado por seu nome, como, por exemplo, fator agregador, equilibrador, intencionador, ordenador, direcionador e outros. Quando internalizamos energias (fatores) em grande quantidade, por algo ou por alguém, sobrecarregamo-nos, tornamo-nos imantados e devolvemos a qualidade ou propriedade desses fatores àqueles que estão ao nosso redor ou ligados a nós de alguma forma.

No caso das intenções, o fator intencionador é o principal gerado e emitido pelo Orixá Exu-Mirim; e por meio de sua tela mental, refletidora de todas as intenções, ele faz a captação de todas elas. Por meio de sua onisciência (parcial), esse Orixá sabe se são sustentadoras da vida, da paz e harmonia ou contrárias e atentatórias a essas condições básicas de evolução dos seres.

Na Criação, a função do fator intencionador é secundar os instintos que, sem uma intenção aceitável pelas leis que mantêm a Criação, tornam-se crueldade pura. Nosso livre-arbítrio está limitado ao nosso modo de pensar e agir; ou nos sujeitamos aos desígnios divinos para conosco ou desenvolveremos um magnetismo negativo tão baixo em nosso mental, vibratoriamente falando, que seremos atraídos para faixas vibratórias terríveis e insuportáveis, após o desencarne. Nosso livre-arbítrio se restringe a pensar e agir, mas dentro dos limites da Lei Maior.

Um ser com apego obsessivo a uma intenção negativa, que se torna motora do seu potencial, negativa seu magnetismo mental de tal forma que começa a absorver uma quantidade enorme de fatores reativos, cuja função é impedir a concretização da intenção negativa, para não perturbar a paz, a harmonia e o equilíbrio da vítima ou do meio (um lar, um casamento, um negócio, um namoro, um projeto, um emprego, um estudo, etc.). Os fatores reativos às intenções negativas (paralisador, regredidor, idiotizador, esburacador, atrasador, dementador e outros) visam a enfraquecer e paralisar essas más intenções, antes que elas se concretizem.

Nenhum Orixá ou Mistério da Lei Divina é ruim, mau ou nocivo, mas visa sempre ao nosso benefício. Exu-Mirim, na sua essência divina, é neutro e seu mistério, no plano das intenções, é ativado automaticamente, antes que as mesmas se concretizem.

CANTO

Mirim de Pirim-pim-pim

Lurdes de Campos Vieira

É Mirim, é Mirim, é Mirim,
é Mirim de pirim-pim-pim!
É Mirim, é Mirim, é Mirim,
é Mirim de pirim-pim-pim!
Pisa no galho, pisa no toco,
Tira a encrenca, sai do sufoco!
Pisa no galho, pisa no toco,
Tira a encrenca, sai do sufoco!

ORAÇÃO AO ORIXÁ EXU-MIRIM

Evocamos em nome de Deus, nosso Divino Criador Olorum, Senhor Supremo do nosso destino e princípio Criador de tudo e de todos, o Mistério Masculino das Intenções, em Sua Divindade intencionadora, o Divino Orixá Exu-Mirim! Amém! Pedimos Sua permissão, Divino Olorum, para ofertar nossa fé a um de Seus mistérios divinos, que é o Orixá Exu-Mirim.

Divino Orixá Exu-Mirim, Trono do Mistério das Intenções do nosso Criador Olorum! Nós o reverenciamos e reunidos estamos aqui para louvá-lo, cultuá-lo, adorá-lo e aclamá-lo com todo o nosso amor e fé em seu divino poder. Com respeito e amor, rogamos-lhe que derrame suas bênçãos sobre nós, fortalecendo a nossa fé, religiosidade e as nossas intenções e projetos.

Sagrado Orixá Exu-Mirim! Afaste de nossas vidas vibrações paralisadoras projetadas contra nós, que possam nos fazer regredir, consciencial, material e espiritualmente; retire de nós os bloqueios e as amarras, para que possamos assimilar com amor e paz no coração as energias irradiadas por todos os sagrados Orixás, mistérios divinos à nossa disposição e indispensáveis às nossas vidas.

Senhor das Intenções! Dê-nos sua proteção, para que seu fatores reativos jamais sejam ativados contra nós; conduza-nos por caminhos de retidão, desbloqueando possíveis entraves em nossas vidas, para que usemos o nosso livre-arbítrio com dignidade e confiança de estarmos trilhando os caminhos do bem e do equilíbrio na Criação.

Cubra-nos com seus fatores evolucionistas, abrindo nossos caminhos de prosperidade e de possibilidades de ajuda aos nossos irmãos, especialmente para ensiná-los sobre as coisas divinas, para que possam acelerar suas evoluções e nós as nossas.

Amado Exu-Mirim! Com seu mistério divino, descomplique a nossa existência e a nossa compreensão nos desígnios de nosso Divino Pai para conosco. Faça com que nossas intenções sejam sempre sustentadoras da vida, da paz e da harmonia, para que nunca tenhamos intenções contrárias e atentatórias a essas condições básicas da evolução dos seres.

Descomplique-nos, para que sejamos amorosos, compreensivos, equilibrados e simples. Que possamos afastar as complicações e os obstáculos interpostos em nossos caminhos e seguirmos o caminho de volta ao Pai Maior com mais facilidade. Amém!

Salve o sagrado Orixá Exu-Mirim! (Todos deverão responder: "Exu-Mirim é Mojubá!" Significa: Exu-Mirim é poderoso.)

CLAMORES

Rogamos-lhe, Divino Orixá Exu-Mirim, que suas irradiações vivas e divinas ativem os princípios sagrados e energéticos destes elementos oferendados, consagrando, imantando e potencializando-os, para o nosso benefício. Que seu mistério divino nos envolva completamente, revelando e desocultando todas as forças e seres negativos que possam estar ativados e atuando contra nós, contra nossos familiares, contra nossas forças espirituais, naturais e divinas, contra nosso trabalho espiritual e profissional, complicando, assim, nosso desenvolvimento, equilíbrio, crescimento e prosperidade em todos os sentidos de nossas vidas. E, ao serem desocultados, que tudo e todos sejam envolvidos e recolhidos em seu mistério sagrado, anulados, esgotados e purificados de seus negativismos, desvirtudes, e encaminhados para regressarem em seus caminhos evolutivos.

Pedimos-lhe, Divindade Encantada assentada à Esquerda do Criador, que suas irradiações adentrem em nossos campos vibratórios, purificando nossos campos energéticos de toda energia e vibração mental, elemental, espiritual e emocional que estejam sobrecarregando, desequilibrando e irracionalizando-nos, impedindo-nos, assim, de encontrarmos as melhores soluções e condições para que possamos superar, vencer e evoluirmos em nossos caminhos.

Clamamos-lhe, Divino Mistério da Criação, que nos fortaleça em nossas jornadas evolucionistas, equilibrando nosso emocional e ativando em nosso racional a percepção para reconhecermos, primeiramente em nós, as intenções que vibram em nosso íntimo, tanto dos sentidos, quanto direcionados aos nossos semelhantes, para assim reajustarmo-nos e, também, percebermos as verdadeiras intenções dos outros, para não cairmos em "ciladas" e ilusões que possam nos prejudicar e retardar nossa evolução.

Pedimos-lhe, Sagrado Orixá Exu-Mirim, que nos auxilie, descomplicando, desparalisando, desnegativando, desbloqueando e positivando nosso ser. Que possamos alcançar e desenvolver, amparados pelo seu mistério, a conscientização e o amadurecimento necessários para desenrolarmos todas as situações de conflitos e desafios que tivermos de superar e resolver, com a finalidade de crescermos e evoluirmos como espíritos humanos gerados pelo nosso Divino Criador, trilhando o caminho de volta à nossa essência divina. Amém!

Amado Orixá Exu-Mirim! Que seu poder divino desenvolva nosso raciocínio, para sempre encontrarmos saudáveis e equilibradas soluções para os problemas que surgirem. Que estejamos fortificados pelo seu poder e protegidos pelos Exus-Mirins manifestadores do seu mistério, guardando a cada um de nós, zelando pelo descanso de nosso físico depois de um dia de trabalho e luta pelo nosso pão de cada dia, transformando possíveis atuações e pesadelos em amparos noturnos. Amém!

Laroiê, Exu-Mirim! (Todos deverão responder: "Exu-Mirim é Mojubá!")

Neste momento, cada um deve pensar em suas dificuldades e clamar por suas dissoluções; procurem, também, mentalizar seus inimigos ou seus perseguidores e opressores e clamar pela transmutação dos seus sentimentos negativos (ódio, inveja, etc.), anulando da vida e do destino deles e dos seus todas as coisas contrárias aos desígnios divinos para com todos nós.

(Aguardar alguns minutos, para que cada um pense.)

Divino Orixá Exu-Mirim, Sagrado Mistério das Intenções! Que, a partir deste momento, seu poder divino esteja positivado, renovado e potencializado em nossas vidas, descomplicando nossa existência, possibilitando ganhos e benefícios em todos os sete sentidos de nossas vidas, abrindo nossos caminhos para trilharmos com paz, saúde, harmonia, equilíbrio mental, físico, espiritual, emocional e com prosperidade. Amém!

ORAÇÃO DE ENCERRAMENTO E AGRADECIMENTO

Agradecemos, com todo amor e respeito, a Deus, nosso Divino Criador Olorum! Agradecemos ao Sagrado Mistério das Intenções, no Divino Orixá Exu-Mirim, pelas bênçãos concedidas neste momento em nossas vidas, bem como a todos aqueles que estão ligados a nós!

Também agradecemos ao nosso Divino Criador e ao Orixá Exu-Mirim pela oportunidade de estarmos aqui reunidos, neste culto familiar de louvação à Divindade das Intenções, e que cada um de nós se sinta fortalecido na prática do bem, na fé, no amor ao próximo e a tudo na Criação e desperto para a vida superior.

Desejamos, igualmente, que todas as palavras proferidas neste culto sejam proveitosas aos espíritos sofredores, nossos irmãos ainda ignorantes e viciosos que tenham assistido a esta reunião, para os quais imploramos a misericórdia de Deus.

Sagrado Orixá! Pedimos que nos sustente em sua Luz e que cada um receba as suas graças conforme o seu merecimento. Amém!

Que seu poder divino se estenda para o infinito por este momento de fé, reverência e amor em que nos colocamos diante de seus Mistérios, Senhores do nosso destino e razões das nossas existências, para que cubram de luzes aqueles que buscam o equilíbrio em seus caminhos e, assim, sejam conduzidos e amparados em todos os sentidos pela sua fonte poderosa de Intenções na Criação Divina. Amém!

Agradecemos ao Divino Criador o rumo que gentilmente nos indicou, a Umbanda Sagrada, a segurança e o conforto de poder pedir e encontrar respostas a tudo que em justa medida nos tem outorgado, de acordo com a Lei Maior. Agradecemos por ter recebido a graça de comungar com a divindade das Intenções, nosso amado Orixá Exu-Mirim.

Divino Orixá Exu-Mirim, Senhor das Intenções e do Nada! Ilumine, oriente e proteja todos aqueles que aqui entraram e entrarão, zelando, guardando esta casa e fazendo com que os irmãos, parentes, amigos, vizinhos e demais frequentadores tenham a satisfação de estar conosco, partilhando nossa amizade e carinho e desenvolvendo sua religiosidade com calma e sabedoria, em conformidade com as leis divinas, com amor e fé, para que suas vidas transcorram de acordo com os desígnios de nosso Pai Maior. Rogamos-lhe, Senhor Exu-Mirim, que se manifeste em cada centímetro de área desta casa e que ela seja protegida, purificada e abençoada com seu poder e mistérios, hoje e sempre. Amém!

Laroiê, Exu-Mirim! (Todos deverão responder: "Exu-Mirim é Mojubá!")

Após a evocação, a oração de agradecimento e o encerramento todos devem agradecer mentalmente a Olorum e ao seu mistério das Intenções, o Divino Orixá Exu-Mirim; permanecer em absoluto silêncio por alguns minutos, só mentalizando luzes e vibrando bons sentimentos, cruzar o solo com respeito e reverência, deixando as cadeiras postas ao redor da mesa, até a queima de todas as velas.

LÍQUIDOS, FRUTOS, ERVAS E FLORES

Os líquidos energizados serão oferecidos aos participantes. As frutas e os doces serão distribuídos e levados para casa ou consumidos no local, como alimentos, aguardando pelo menos 30 minutos após o encerramento do ritual. A aguardente, se houver, poderá ser oferecida aos presentes em pequenos cálices ou levada para casa, para uso posterior. Cada participante poderá levar flores e ervas, para os banhos de energização na força de Exu-Mirim.

As bolinhas de vidro podem ser colocadas em um recipiente de vidro, que ficará à vista, na entrada da casa. Poderão ser reutilizadas no próximo culto a Exu-Mirim. Uma das moedas poderá ser guardada como talismã e as demais devem ser colocadas em circulação.

No dia seguinte, os restos das velas e dos frutos ingeridos deverão ser recolhidos e despachados na terra de um vaso, de um jardim ou mata, ou em água corrente, pedindo à natureza que absorva os restos do que ela, generosamente, havia nos propiciado.

XXVII – CULTO FAMILIAR À DIVINDADE DOS INTERESSES: A DIVINA ORIXÁ POMBAGIRA-MIRIM

PREPARAÇÃO

Os participantes deverão ser comunicados, antecipadamente, de que poderão levar frutas (maçã, morango, uva rosada e cereja), pimenta dedo-de-moça, rosinhas vermelhas, pequenos antúrios, balas de canela, de hortelã, azeitonas pretas chilenas, fitas de cetim vermelha (50 centímetros) e moedas, que levarão para casa ao término da cerimônia. Se quiserem, poderão usar um tapetinho ou almofada para se ajoelhar.

Banho de ervas – O anfitrião responsável pela condução do Culto Familiar deverá tomar um banho de patchuli, malva-rosa, pétalas de rosas vermelhas, canela, amora, hibisco e folhas de pitanga, do pescoço para baixo, e poderá ensiná-lo aos demais participantes do culto para que também o façam, caso queiram.

O banho indicado é excelente estimulador, equilibrador, fortalecedor e regenerador do corpo espiritual. É atrator do sexo oposto, expansor e movimentador de energias. É ótimo para melhorar a sensibilidade, a percepção espiritual, a concentração, o ânimo e abre caminhos e saídas para problemas. Além disso, melhora o magnetismo, o afeto, a harmonia, a suavidade, a tranquilidade e a paz interior. Pode ser preparado colocando dois litros de água para ferver. Após a fervura, desligar o fogo, adicionar as ervas, abafar por uns cinco minutos. Aguardar até a temperatura ficar amena. Tomar o banho normalmente.

Após enxaguar, eleve a vasilha com o banho acima de sua cabeça e peça: "Divino Pai Olorum! Amada Orixá Pombagira-Mirim! Irradiem suas energias neste banho, para o meu benefício". Derrame a água de ervas do pescoço para baixo. Recolha os restos e deposite na terra de um vaso ou de um jardim, agradecendo à natureza.

Pequeno altar – Sobre a mesa, ao redor da qual será realizado o ritual, estender uma toalha vermelha. Enfeitar com vasos de louça ou vidro transparente com rosas vermelhas ou pequeninas rosas vermelhas. Distribuir confetes de chocolate e pétalas de rosas vermelhas.

Fazer um círculo com sete velas vermelhas aromatizadas; ao lado das velas colocar sete copos ou taças, que podem conter: champanhe *rosé* com mel (sem álcool), licor de cereja, sucos de frutas vermelhas ou ácidas, chá de morango ou chá de maçã adocicados com mel. Dentro do círculo de velas, colocar a travessa com as frutas e doces (balas de canelas, chocolate com cereja, cocada escura) e distribuir entre elas as pimentas, uma pedra coralina, um pires com maçã regada com dendê e outro com azeite de oliva, um potinho com as azeitonas e outro com as moedas douradas, sete cigarros de aroma (menta, cereja ou chocolate), acesos em um cinzeiro, e um perfume ou essência de rosas, que poderá ser borrifado nas mãos dos participantes e no ambiente, ao término do "clamor".

O anfitrião ou um dos participantes poderá preparar uma defumação ou acender incenso de canela, açúcar cristal ou patchuli.

PRELEÇÃO

O condutor do culto deverá fazer uma pequena preleção sobre o motivo de estarem reunidos, explicando o que é o culto familiar, a sua finalidade, e, no caso deste culto, falar sobre a Orixá Pombagira-Mirim, Divindade dos Interesses do Divino Criador, nosso Divino Pai.

Sugestão: Hoje, estamos aqui reunidos para louvar a Orixá Pombagira-Mirim, a Senhora dos Interesses e Curiosidades. Olorum é o nosso Divino Criador, e criou tudo que nos cerca e se mostra aos nossos olhos na grandeza infinita da Sua criação. Ele criou a Divindade dos Precipícios, a Orixá Pombagira-Mirim, Mistério dos Interesses que, com o Orixá Exu-Mirim, rege as intenções e os interesses. Enquanto ele atua regendo as intenções, ela age regendo os interesses. Pombagira-Mirim é sinônimo de Interesses.

ORIXÁ POMBAGIRA-MIRIM – A DIVINDADE DOS INTERESSES

A Divindade Orixá Pombagira-Mirim quase nunca é cultuada, por desconhecimento de sua real função na Criação e de seu poder realizador enquanto Mistério do Divino Criador, que ampara e acelera a evolução dos seres. Esse Mistério Divino só agora está sendo revelado, esclarecido, desmistificado e codificado na Umbanda.

Tudo tem função na Criação, cujos Mistérios sempre se mostram aos pares e nem sempre são perceptíveis a nós. A Matriz Divina gerou o Exu-Mirim e a Pombagira-Mirim, um ser feminino análogo a ele em poderes e mistérios e que também se manifesta na Umbanda.

O fator interessador, que tem por função sustentar todos os interesses gerados na Criação, é gerado e irradiado pela Orixá Pombagira-Mirim. Esse é o seu principal fator, embora gere muitos outros, como os fatores despertador, favorecedor, instigador, simpatizador, empenhador e mais.

A Orixá Pombagira-Mirim coloca cada ser em confronto e questionamento com o que vibra em seu íntimo, instigando-o a refletir sobre si mesmo, auxiliando-o em sua jornada evolutiva.

Pombagira-Mirim e Exu-Mirim "são mistérios complementares e formam um par natural que se polariza em vários campos, sentidos e aspectos da Criação" (EGÍDIO, Cris. *Mistério Pombagira-Mirim* – Madras Editora). Pombagira-Mirim foi criada no interior de Pombagira. É o oposto complementar de Exu-Mirim, no plano das realizações, das concretizações, abrindo os caminhos e barrando as más intenções e interesses.

Já vimos, na descrição do Orixá Exu-Mirim, que, até os 13 anos de idade dos seres humanos, ele atua criando um equilíbrio imperceptível entre os polos da Direita e da Esquerda. Se esse equilíbrio é rompido, ele entra na vida da criança para colocar as coisas no seu devido lugar, auxiliando, bloqueando, etc. Nos adultos, ele atua como regredidor, refreando os maus instintos.

Já a Orixá Pombagira-Mirim cuida de tudo o que está imaturo e precisa crescer sem se degenerar, sem se estragar ou sofrer influências negativas que possam colocar em risco o correto desenvolvimento de cada ser ou coisa.

Pombagira-Mirim também representa o aspecto "Mãe", o Sagrado Feminino desse Mistério da Criação. É um poder feminino, em tudo análogo a Exu-Mirim em poderes e mistérios. Após a concepção, ela também cuida do crescimento, até o amadurecimento do ser, momento em que chega à adolescência e também está pronto para procriar.

Já vimos que os mistérios dos Orixás são responsáveis pelo equilíbrio na Criação, pelo fechamento das faculdades daqueles que prejudicam seus semelhantes. Vimos que Exu-Mirim usa seu fator complicador, para que as intenções negativas não se concretizem; cria complicações para quem está dando mau uso aos conhecimentos, aos recursos financeiros, atentando contra a vida, etc. Esses seres têm de regredir, deixando de usar o que não souberam usar bem, caso contrário, cristalizam-se e se tornam um mal permanente. Pombagira-Mirim também é aplicadora de seu Mistério na Criação, sustentando os que dão bom uso às suas faculdades e fazendo regredir os que lhe dão mau uso.

Esse par de Divindades Mirins atua sobre todos os seres da Criação, sobre tudo e todos como fatores divinos, das intenções e dos interesses. Quando alguém usa mal suas faculdades mentais e sua inteligência, aí começa a ação imperceptível dos Mistérios Exu-Mirim e Pombagira-Mirim. Eles não estão punindo, estão ajudando, fazendo o ser regredir em suas intenções e em seus interesses, para que não alcance um nível de negativação mental tão profundo que o fará passar por horríveis transformações nas esferas negativas.

Deus e as Divindades não punem, mas exercem funções benéficas; existe a conscientização ou a regressão, para a preservação daquela vida. Regride, para começar de uma forma melhor. O ser é retirado do meio onde está sendo um corpo estranho e deixa de ser um problema para a Criação. A partir daí, passa a se interessar por outras coisas, outras atividades, outras religiões, etc. As experiências negativas atuarão como inibidoras de outras possíveis ações deletérias, quando o ser pretender dar um passo que irá levá-lo ao erro.

O Exu é retornador, a Pombagira é desestimuladora e desfavorecedora, o Exu-Mirim é complicador e regredidor e Pombagira-Mirim é desinteressadora. Recolhem o ser negativado ao "reformatório" de Exu--Mirim, segundo Pai Rubens Saraceni.

Um dos atributos das Pombagiras-Mirins é a esperteza, juntamente à sua curiosidade aguçada, pois conhece os segredos de todos, chegando mesmo a ser temida. Tal como o Exu-Mirim, também é exímia desatadora de nós e complicações e na resolução de problemas de difícil solução. Recolhe e anula intrigas, difamações injustas, situações complicadas e profundos bloqueios íntimos.

Na Criação Divina, em todos os planos e dimensões, tudo o que existe tem sua função e as Leis Divinas atuam permanentemente para o resguardo da ordem e do equilíbrio. São mecanismos divinos que nos protegem, mesmo que desses fatos não tenhamos conhecimento ou compreensão.

As Pombagiras-Mirins e os Exus-Mirins atuam cortando intenções e interesses negativos, anulando as maldades e as energias desequilibradas completa e definitivamente, recolhendo e dissolvendo-as. As projeções negativas contra o próximo, quando recolhidas pelos Mirins, pela Lei da Ação e Reação são devolvidas para seus emissores, que colherão o que plantaram.

OS INTERESSES – AÇÕES CONCRETAS

Meu interesse está no futuro, pois é lá que vou passar o resto de minha vida.
Charles Kettering

A autora Cris Egídio, em seu livro *Mistério Pombagira-Mirim*, nos diz que a Orixá Pombagira-Mirim é uma exteriorização de Pai Olorum, manifestadora de Suas virtudes Divinas, como todos os outros Orixás. Diz ainda que ela "gera e irradia o fator interessador, cuja função é dar sustentação a todos os interesses gerados na Criação".

Nada existe de forma concreta no plano das intenções, regido pelo Orixá Exu-Mirim. Já no estado dos interesses de Pombagira-Mirim, saiu-se do abstrato plano das intenções para um estado de ações concretas. O interesse está sempre ligado a coisas concretas, existentes no plano material. Interesse é aquilo que é importante, útil ou vantajoso, moral, social ou materialmente.

"No Mistério Pombagira-Mirim, refletem-se todos os interesses, desde os negativos até os positivos; se positivos, favorecem os seres; se negativos, desfavorecem-nos e, em sua tela vibratória mental, refletem todos os interesses gerados na Criação"; "o fator interessador, enquanto mental divino, capta todos os interesses e, através de sua onisciência, sabe se são sustentadores da vida, da paz e da harmonia ou se são contrários e atentadores a essas condições básicas, para que tudo e todos evoluam na Criação".

"Pombagira-Mirim, enquanto mistério Divino, é ativada para nos instigar (fator instigador) ou nos precipitar (fator precipitador) a partir de nossos interesses."

"O fator interessador é determinante na Criação em todos os sentidos, pois é a 'mola' de todas as nossas ações para a realização satisfatória de uma necessidade em algum momento; a cada instante decide o sentido de nossas reações. Os seres só realizarão alguma ação exterior ou interior quando impulsionados por um 'interesse'."

"Dizemos que algo nos interessa quando nos importa no momento em que o consideramos ou quando corresponde a uma necessidade física, emocional, intelectual ou espiritual; logo, o interesse exprime uma relação adequada, uma relação de conveniência recíproca entre os seres."

"Na verdade, tudo na nossa vida é movido pelo interesse, e o principal é o de sobrevivência: com base nele, tudo se move em torno desse eixo. Esse nosso instinto de sobreviver estabelece um modelo de como vamos viver no dia a dia e que tipo de interesses cabem nesse molde criado por nós."

O interesse aguça a nossa atenção para aquilo que nos é favorável, vantajoso, benéfico e relevante; é a mola propulsora de todas as nossas ações, para realizarmos as nossas necessidades, reais ou criadas, em algum momento de nossas vidas. As ações interiores ou exteriores só se concretizarão impulsionadas por algum interesse.

CANTO

Naquela Aldeia

Lurdes de Campos Vieira

Naquela aldeia pequeninas todas são,
Mas não se engane com o tamanho, não! } bis

Elas protegem com carinho e com cuidado,
Nos defendem com amor, estão sempre ao nosso lado! } bis

ORAÇÃO À ORIXÁ POMBAGIRA-MIRIM

Evocamos em nome de Deus, nosso Divino Criador Olorum, Senhor Supremo do nosso destino e princípio Criador de tudo e de todos, o Mistério Feminino dos Interesses, em Sua Divindade a Divina

Pombagira-Mirim! Amém! Pedimos Suas permissão, Divino Olorum, para ofertar nossa fé a um de Seus mistérios divinos, que é a Senhora Pombagira-Mirim.

Divina Pombagira-Mirim, Senhora do Mistério dos Interesses do nosso Criador Olorum! Nós a reverenciamos e reunidos estamos aqui para louvá-la, cultuá-la, adorá-la e aclamá-la com todo o nosso amor e fé em seu divino poder. Com respeito e amor, rogamos-lhe, amada Pombagira-Mirim, que derrame suas bênçãos sobre nós, fortalecendo a nossa fé, a nossa religiosidade, os nossos interesses, curiosidades e projetos.

Sagrada Orixá Pombagira-Mirim! Afaste de nossas vidas vibrações paralisadoras projetadas contra nós, que possam nos fazer regredir, consciencial, material e espiritualmente; retire de nós os bloqueios e as amarras, para que possamos assimilar com amor e paz no coração as energias irradiadas por todos os sagrados Orixás, mistérios divinos à nossa disposição e indispensáveis às nossas vidas.

Senhora dos Interesses! Dê-nos sua proteção, para que seus fatores reativos jamais sejam ativados contra nós; conduza-nos por caminhos de retidão, desbloqueando possíveis entraves em nossas vidas, para que usemos o nosso livre-arbítrio com dignidade e confiança de estarmos trilhando os caminhos do bem e do equilíbrio na Criação.

Cubra-nos com seus fatores evolucionistas, abrindo nossos caminhos de prosperidade e de possibilidades de ajuda aos nossos irmãos, especialmente para ensiná-los sobre as coisas divinas, para que possam acelerar suas evoluções e nós, as nossas. Que jamais pensemos em auxiliar nossos semelhantes por interesses, visando tirar proveito de qualquer situação; que sejamos sempre fraternos, amorosos e bondosos em nossas ações individuais ou coletivas.

Amada Mãe Pombagira-Mirim! Com seu mistério divino, desparalise os nossos bloqueios ao entendimento da nossa existência e da nossa compreensão dos desígnios de nosso Divino Pai para conosco. Faça com que nossos interesses sejam sempre sustentadores da vida, da paz e da harmonia, para que nunca tenhamos interesses contrários e atentatórios a essas condições básicas da evolução dos seres.

Descomplique-nos, para que sejamos amorosos, compreensivos, equilibrados e simples. Que possamos afastar os interesses escusos e mesquinhos e os obstáculos interpostos em nossos caminhos e seguirmos o caminho de volta ao Pai Maior com mais facilidade. Amém!

Com suas bênçãos, amada Pombagira-Mirim, seremos entusiasmados, motivados com impulsos corajosos, para transformarmos de forma positiva a realidade ao nosso redor, sem fragilidades emocionais, construindo caminhos harmoniosos entre os seres e o Todo. Que tenhamos as bênçãos de estar em equilíbrio, harmonia e estabilidade com tudo e com todos na Criação!

Salve a sagrada Orixá Pombagira-Mirim! (Todos deverão responder: "Pombagira-Mirim, Saravá!")

CLAMORES

Rogamos-lhe, Divina Orixá Pombagira-Mirim, que suas irradiações vivas e divinas ativem os princípios sagrados e energéticos desses elementos oferendados, consagrando, imantando e potencializando-os, para o nosso benefício. Que o mistério divino nos envolva completamente, desestabilizando, fragmentando, expulsando, destroçando e anulando todas as energias, seres, atuações, vibrações mentais, elementais e emocionais negativas que estejam ativados e atuando em nossas vidas, campos vibratórios, lares, contra nossos familiares, nossas forças espirituais, naturais e divinas, prejudicando e desfavorecendo nosso desenvolvimento e crescimento espiritual, profissional, financeiro e pessoal. Que tudo e todos sejam recolhidos em seu mistério, encurralados, consumidos, esgotados, purificados em seus negativismos e desvirtudes, para que assim, transformados em seus íntimos, possam ser reequilibrados, realinhados, reordenados e encaminhados para retornarem em seus caminhos evolutivos.

Pedimos também, Senhora dos Interesses Divinos, que seu poder desmascare, mostre e revele todas as situações, sejam elas espirituais ou humanas, cujos interessados estejam agindo com interesses inescrupulosos, ludibriando, manipulando e induzindo-nos a ações que beneficiam somente a eles e nos prejudicam. E, ao serem desmascarados, que a Lei que rege o seu mistério seja ativada para reajustar-lhes, segundo o merecimento de cada um.

Clamamos-lhe, Divindade Encantada assentada à esquerda do Criador, que nos ampare em nossa jornada evolucionista, envolvendo-nos e purificando nosso emocional, anulando em nós todas as fontes geradoras de ansiedade, tristeza, mágoa, frustrações e demais sentimentos e emoções que estejam nos desequilibrando, tornando-nos desinteressados, desentusiasmados e desvalorizados. Ajude-nos a reconhecermos em nossos íntimos os precipícios emocionais criados por nós para nós mesmos, a fim de nos reajustarmos e elevarmos perante os mistérios de Deus.

Auxiliai-nos, Graciosa Pombagira-Mirim, a recuperarmos o amor-próprio e a jovialidade em nosso ser, nossa autoestima, para resgatarmos nosso verdadeiro valor como seres gerados pelo Divino Criador e, assim, trilharmos os caminhos da evolução com vivacidade, confiança, entusiasmo, desapegos, empatia e alegria de viver.

Amada Orixá Pombagira-Mirim! Conduza-nos, instigando nossos sentidos positivamente, indicando os caminhos certos para crescermos e evoluirmos, despertando em nós interesses luminosos que irão nos favorecer e beneficiar em todos os sentidos da vida! Amém!

Neste momento, cada um deve pensar em suas dificuldades e clamar por suas dissoluções; procurem, também, mentalizar seus inimigos ou seus perseguidores e opressores e clamar pela transmutação dos seus sentimentos negativos (ódio, inveja, etc.), anulando da vida e do destino deles e dos seus todas as coisas contrárias ao desígnios divinos para com todos nós.

(Aguardar alguns minutos, para que cada um pense.)

Divina Orixá Pombagira-Mirim, Sagrado Mistério dos Interesses! Que, a partir deste momento, seu poder divino esteja ativado, positivado e potencializado em nossas vidas, favorecendo nossa existência. Proteja e cubra-nos com seu maravilhoso véu, agraciando, afortunando e recompensando-nos com suas irradiações divinas, que fluirão, a partir deste momento, por todo nosso ser e nossos caminhos! Amém!

Salve a Senhora Pombagira-Mirim! (Todos deverão responder: "Pombagira-Mirim, Saravá!")

ORAÇÃO DE AGRADECIMENTO E ENCERRAMENTO

Agradecemos, com todo amor e respeito, a Deus, nosso Divino Criador Olorum! Agradecemos ao Sagrado Mistério dos Interesses, na Divina Orixá Pombagira-Mirim, pelas bênçãos concedidas neste momento em nossas vidas, bem como a todos aqueles que estão ligados a nós!

Também agradecemos ao nosso Divino Criador e à Orixá Pombagira-Mirim pela oportunidade de estarmos aqui reunidos neste culto familiar de louvação à Divindade dos Interesses, e que cada um de nós se sinta fortalecido na prática do bem, na fé e no amor ao próximo e desperto para a vida superior.

Desejamos igualmente que todas as palavras proferidas neste culto sejam proveitosas aos espíritos sofredores, nossos irmãos ainda ignorantes e viciosos que tenham assistido a esta reunião, para os quais imploramos a misericórdia de Deus.

Sagrada Orixá! Pedimos que nos sustente em sua Luz e que cada um receba as suas graças conforme o seu merecimento. Amém!

Que seu poder divino se estenda para o infinito por este momento de fé, reverência e amor em que nos colocamos diante de seus Mistérios, Senhores do nosso destino e razões das nossas existências, para que cubram de luzes aqueles que buscam o equilíbrio em seus caminhos, e, assim, sejam conduzidos e amparados em todos os sentidos pela sua fonte poderosa de Interesses da Criação Divina. Amém!

Agradecemos ao Divino Criador o rumo que gentilmente nos indicou, a Umbanda Sagrada, a segurança e o conforto de poder pedir e encontrar respostas a tudo que em justa medida nos tem outorgado, de acordo com a Lei Maior. Agradecemos por ter recebido a graça de comungar com a divindade dos Interesses, nossa amada Orixá Pombagira-Mirim.

Senhora dos Interesses, Divina Orixá Pombagira-Mirim! Ilumine, oriente e proteja todos aqueles que aqui entraram e entrarão, zelando, guardando esta casa e fazendo com que os irmãos, parentes, amigos, vizinhos e demais frequentadores tenham a satisfação de estar conosco, partilhando nossa amizade e carinho e desenvolvendo sua religiosidade com calma e sabedoria, em conformidade com as leis divinas, com amor e fé, para que suas vidas transcorram de acordo com os desígnios de nosso Pai Maior. Rogamos-lhe, Senhora Pombagira-Mirim, que se manifeste em cada centímetro de área desta casa e que ela seja protegida, purificada e abençoada com seu poder e mistérios, hoje e sempre. Amém!

Salve a Senhora Pombagira-Mirim! (Todos deverão responder: "Pombagira-Mirim, Saravá!")

Após a evocação, a oração de agradecimento e o encerramento, todos devem agradecer mentalmente a Olorum e ao seu mistério dos Interesses, a Divina Orixá Pombagira-Mirim; permanecer em absoluto silêncio por alguns minutos, só mentalizando luzes e vibrando bons sentimentos, cruzar o solo com respeito e reverência, deixando as cadeiras postas ao redor da mesa, até a queima de todas as velas.

LÍQUIDOS, FRUTOS, ERVAS E FLORES

Os líquidos energizados serão oferecidos aos participantes. As frutas serão distribuídas e levadas para casa ou consumidas no local, como alimentos, aguardando pelo menos 30 minutos após o encerramento do ritual. O champanhe, se houver, poderá ser oferecido aos presentes em pequenos cálices ou levado para casa, para uso posterior. Cada participante poderá levar flores e ervas, para os banhos de energização na força de Pombagira-Mirim.

No dia seguinte, os restos das velas, as maçãs com dendê e azeite e as cascas dos frutos ingeridos deverão ser recolhidos e despachados na terra de um vaso, de um jardim ou mata, ou em água corrente, pedindo à natureza que absorva os restos do que ela, generosamente, havia nos proporcionado.

XXVIII – CONSIDERAÇÕES FINAIS

A IMPORTÂNCIA DA RELIGIOSIDADE E DO CULTO FAMILIAR

Na vida familiar harmoniosa e em seu serviço religioso estabelecemos um contínuo contato com a Luz e com a Palavra de Deus.

Toda religião que surge na Terra atende a uma vontade do Divino Criador. Ele reserva lugares específicos no plano espiritual para acolher seus fiéis após o desencarne, para que sua religiosidade não sofra interrupção. A Umbanda é uma via rápida de evolução e nos coloca, enquanto fiéis, em contato direto com o mundo dos espíritos e com o universo dos Orixás, hierarquias divinas aceleradoras e sustentadoras das evoluções.

Os Orixás são poderes divinos do Divino Criador Olorum que já vêm sendo cultuados na face da Terra há milênios, sem que se saiba com exatidão quando o culto a eles começou. Em virtude do crescimento contínuo do número de seguidores dos Orixás pelo mundo, muitos precisam ser orientados sobre as várias formas de cultuá-los, para que se beneficiem dos seus poderes divinos. Assim, podem escolher a que melhor lhes agradar, livrando-se da dependência dos intermediários, já que muitos deles, por interesses diversos, vêm fazendo de suas pregações formas de dominarem seus semelhantes que buscam auxílio, cobrando caríssimo por suas assistências "religiosas" aos necessitados.

Para alcançarmos o bem duradouro da fé e da luz para toda a vida, nós umbandistas podemos frequentar o Templo, principalmente nos dias de cultos doutrinários, com o atendimento dos Guias Espirituais, podemos ir aos cultos coletivos, estudar e entender a religião de Umbanda, fazer as nossas orações e praticar os cultos familiares, explicados detalhadamente no decorrer deste livro.

É importantíssimo cultuarmos os Orixás no Templo, cultuarmos mentalmente, com orações e cantos, e realizarmos cultos religiosos domésticos, para o fortalecimento da fé no núcleo de nossa família, amigos e vizinhos. O culto familiar nos coloca em sintonia e comunhão religiosa com o Templo que frequentamos habitualmente e com os sagrados Orixás, os senhores do alto do Altíssimo, Divindades de Olorum, o Criador Divino de tudo e de todos.

A partir do momento em que somos recebidos e aceitos em uma religião, passamos a fazer parte de uma família espiritual e de uma comunidade (irmandade), que alguns chamam de egrégora; encontramos, também, nossa morada espiritual.

Vivenciando nossa religiosidade com fé, amor e dedicação, estaremos desenvolvendo em nós os recursos, para que deixemos de ser dependentes dos guias espirituais, dos médiuns e dos trabalhos práticos para tudo. Estaremos nos capacitando para estabelecer nossa comunhão direta com os Sagrados Orixás e estaremos fazendo parte da poderosa egrégora umbandista, que irradiará sua luz sobre nossas vidas materiais e sobre nossas moradas. Egrégora é a força de um pensamento coletivo, é a força gerada pela mediação de energias físicas, emocionais e mentais de um grupo de pessoas, no plano da matéria e do espírito. Quanto mais elevado for o indivíduo, mais força estará fornecendo à egrégora da qual faz parte.

O culto coletivo aos Orixás foi idealizado e inspirado pelos Mestres da Luz e psicografado pelo sacerdote, mestre e escritor Pai Rubens Saraceni (*in memoriam*), a partir do livro *O Código de Umbanda*.* No capítulo "A Renovação dos Orixás" é abordada a necessidade de um procedimento religioso umbandista que seja apresentado de forma universal, para que todos possam se socorrer nos poderes divinos e sentirem-se amparados e confortados intimamente. Um procedimento que desenvolva a espiritualidade e fortaleça a religiosidade dos adeptos e simpatizantes umbandistas, em cultos aos sagrados Orixás.

No início desta obra esclarecemos que o Culto Coletivo aos Orixás, iniciado por Pai Rubens Saraceni, já é ou pode ser realizado nos Templos. O objetivo desta obra, como dissemos no início, foi a apresentação dos Cultos Familiares aos Orixás, os quais são poderes manifestados pelo Criador Olorum (Deus), mistérios da Criação Divina, colocados para TODOS QUE QUEIRAM CULTUÁ-LOS, adorá-los e neles se fortalecerem religiosa e espiritualmente, a partir da fé.

Somos inundados com as vibrações divinas de Deus, nosso Divino Criador Olorum e de suas Divindades, os sagrados Orixás, com o simples ato de nos colocarmos com reverência, respeito e fé, mentalmente conectados a eles, pois somos Suas centelhas vivas.

---

* N.E.: Obra publicada pela Madras Editora.

O culto a cada divindade não é um fim em si mesmo, mas um meio de chegarmos a Deus, o plano divino da criação, onde de fato reside todo o poder. É o culto intenso a Deus, na sua forma mais elevada, onde podemos explicar racionalmente a presença do Criador nas nossas vidas e o porquê do culto às Suas Divindades Orixás. As palavras têm poder e podemos explorar suas possibilidades quando realizamos os Cultos Familiares.

Pai Rubens Saraceni, em seu artigo "A Fé na Umbanda" nos disse: "Fé, na Umbanda, é sinônimo de trabalho em prol do próximo, de evolução consciencial e transcendência espiritual para os seus adeptos e seus praticantes. [...] A Umbanda é Sagrada porque é uma religião onde os mistérios de Deus têm uma feição humanitária e estão voltados para nossa evolução e nosso amparo espiritual. [...] Tenham consciência do momento atual de sua religião e portem-se à altura do que de vocês esperam os sagrados Orixás".

Esse nosso Pai espiritual divino é árvore que deu frutos. Somos seus frutos e sementes e podemos, e devemos, ensinar e auxiliar aqueles que ainda desconhecem ou conhecem pouco sobre os Orixás e precisam apenas de uma mão amiga para que iniciem suas caminhadas rumo à Luz Divina. Esse Pai nos ensinou que devemos mostrar o caminho às outras pessoas, mas nunca impor um caminho a elas.

"Olhe o que faço em nome de Deus e, caso encontre nisso algum sentido, então me siga, porque se assim não for, de nada adiantará eu lhe falar do reino dos céus. É preciso entender que ele existe apenas na medida em que nós o construímos com o trabalho que não visa a outro objetivo que não o de criar em cada coração um reino luminoso. Posso não poder fazer muito, mas o pouco que consigo fazer, faço por amor aos meus semelhantes e uma fé que se baseia nos conhecimentos das leis divinas a mim proporcionados pela luz do saber das coisas divinas" (SARACENI, Rubens. *Diálogo com um Executor* – Madras Editora).

Na realização dos cultos familiares proporcionaremos a divulgação dos conhecimentos umbandistas aos nossos familiares e amigos, que muito se beneficiarão com as conexões e com as energias do alto do altíssimo. Também temos a certeza de que esses cultos serão benéficos para o recolhimento de muitos espíritos que vagam no astral, sofrendo e sem consciência do seu estado de desencarnados.

Porém, com a prática dos cultos familiares, estaremos também dignificando e honrando nosso mestre e pai espiritual Rubens Saraceni e realizando o que ele espera de nós, que é amarmos muito, e acima de tudo, Pai Olorum, os Tronos Divinos, os sagrados Orixás e todos os nossos irmãos, expandindo a Umbanda, com orgulho da nossa religião e paz e amor no coração.

Transcrevemos a seguir uma das mensagens do Mestre Pena Branca,[5] que trata exatamente sobre fazer crescer a Luz Divina nos corações:

"Vamos seguir cada nova caminhada com a satisfação de podermos servir ao Divino Pai Criador, com humildade e perseverança, com fé e confiança. Vamos louvá-lo sempre, através das suas divindades, intensificando o nosso amor. Esse é o principal sentimento que devemos aprimorar – o amor ao Criador e aos nossos semelhantes, pois, para demonstrar amor ao Pai, é preciso amar nossos irmãos. A repetição que tenho feito sobre alguns assuntos é proposital. É necessário falarmos muito de amor. É preciso falarmos até que o coração de cada um que ouve comece a se iluminar, pois está se religando à Luz do Pai Celeste. É primordial reacender a Luz Divina nos corações em que ela se apagou e fazê-la crescer nos corações que já começaram a se iluminar. Tarefa árdua, mas necessária.

Plantar a Luz nos corações enegrecidos é uma lavoura que nem sempre nos dá uma boa safra. A colheita pode ser bem pequena, mas é preciso ser muito persistente, pois uma 'Colheita de luz' é um tesouro maravilhoso aos olhos do Criador. É uma bênção gratificante, um crédito tão grande que não há como quantificá-lo. 'Colheitas de Luz' é uma figura de retórica, mas, ao mesmo tempo, é algo que não tem preço, tão grande é o seu valor na espiritualidade. Plantem-se boas palavras, bons ensinamentos e bons exemplos e será possível colher 'Luz'.

Dificuldades cotidianas são comuns, mas possíveis de serem superadas. Difícil é superar as dúvidas e as dependências do coração e da mente humana. Por isso é necessário ensinar, falar muito sobre o amor a Deus, aos Orixás e ao semelhante, sem receio de ser taxado de piegas. Nosso Divino Criador está muito acima de adjetivações que possamos receber. Não se incomodem com a indiferença de alguns e com o orgulho e a vaidade de tantos outros. Na maioria dos casos, eles vão sendo, aos poucos, lentamente suplantados. O importante é terem a palavra, é terem o dom de se dirigir ao semelhante e despertar no seu íntimo o amor ao Pai e à religiosidade.

Façam as suas partes, utilizando todas as maneiras que puderem, sem medo, sem receio, sem censuras, mas com muito bom senso. Semeiem a Luz do Pai e tenham suas colheitas de luz. Cada ser que se reergue, que sai da penumbra das trevas e chega aos campos luminosos, é uma flor que colhemos e que irá engrandecer os campos do Divino Criador.

---

5. In: *Sermões de um Mestre Pena Branca* – Psic. Lurdes de Campos Vieira.

É uma flor que ofertamos ao Pai, como resultado do nosso trabalho de socorro e resgate dos seres caídos. Cada uma dessas flores irá compor o grande buquê, nossa oferenda ao Pai Maior: o ramalhete da vida liberta e elevada para os campos de luz. São ramalhetes luminosos que exalam a luz e o perfume das coisas sublimadas. São a glória que conquistamos em nossos caminhos evolutivos, pois nós também ainda estamos em processo de evolução.

Quanto maior a quantidade de ramalhetes e de flores, maior será a recompensa que receberemos de nosso Pai Celeste.

Nossos campos de trabalho podem ser espinhosos, difíceis e árduos, mas resgatar irmãos para a luz é uma felicidade imensa, uma alegria divina e celestial. Cada 'colheita de luz' produz ramalhetes que podem ser belas oferendas ao Pai, mas são, principalmente, oferendas a nós mesmos, pois aceleram nossa evolução e nos tornam seres cada vez melhores, graças à alegria advinda como resultado do nosso trabalho. Graças, amado Pai Criador, por podermos abraçar nossos irmãos, em um abraço tão amplo e tão amoroso, que se formam ramalhetes de flores humanas, para ofertarmos aos Vossos pés, agradecendo-vos por todas as oportunidades a nós concedidas.

'Colheitas de Luz' e 'ramalhetes de flores humanas', em ascensão, são as melhores conquistas que um espírito pode obter, nesta esfera luminosa. 'Colheitas de Luz', 'campos de flores humanas', melhoradas e prontas para novas experiências, no campo material ou no espiritual, eis a nossa missão. Preparar para o reencarne ou para a ascensão."

BIOGRAFIA

CAMARGO, Adriano. *Rituais com Ervas.* São Paulo: Livre Expressão, 2012.

_____. "Espaço do Erveiro". *Jornal de Umbanda Sagrada,* São Paulo, vários.

EGÍDIO, Cris. *Pombagira-Mirim.* São Paulo: Madras Editora, 2016.

JORNAL DE UMBANDA SAGRADA: vários artigos, São Paulo.

JORNAL NACIONAL DA UMBANDA SAGRADA: vários artigos. São Paulo, 2012-2014.

MAES, Hercílio. *Elucidações do Além* (psicografia Ramatís). Limeira: Conhecimento, 2005.

MARSICANO, Alberto; VIEIRA, Lurdes de Campos. *O Poder Terapêutico dos Orixás e a Filiação Divina.* São Paulo: Madras Editora, 2013.

PEIXOTO, Norberto. *A Missão da Umbanda* (psicografia Ramatís). Limeira: Conhecimento, 2006.

_____. *Vozes de Aruanda* (psicografia Ramatís). Limeira: Conhecimento, 2005.

_____. *Umbanda Pé no Chão* (psicografia Ramatís). Limeira: Conhecimento, 2008.

QUEIROZ, Rodrigo. "Diversos". *Umbanda EAD,* São Paulo, 2010.

SARACENI, Rubens. *Aprendiz Sete: O Filho de Ogum.* São Paulo: Madras Editora, 2004.

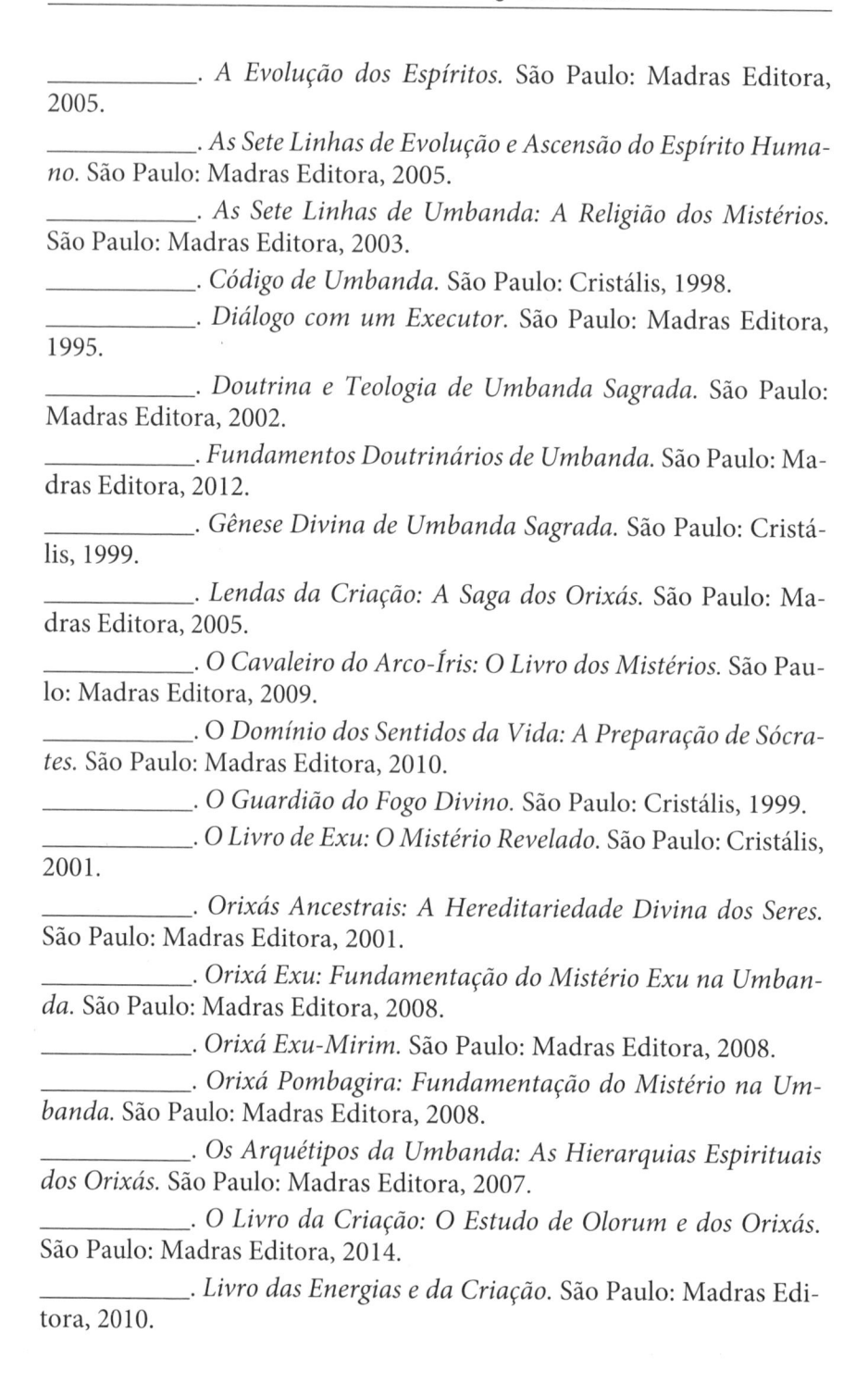

_____. *A Evolução dos Espíritos*. São Paulo: Madras Editora, 2005.

_____. *As Sete Linhas de Evolução e Ascensão do Espírito Humano*. São Paulo: Madras Editora, 2005.

_____. *As Sete Linhas de Umbanda: A Religião dos Mistérios*. São Paulo: Madras Editora, 2003.

_____. *Código de Umbanda*. São Paulo: Cristális, 1998.

_____. *Diálogo com um Executor*. São Paulo: Madras Editora, 1995.

_____. *Doutrina e Teologia de Umbanda Sagrada*. São Paulo: Madras Editora, 2002.

_____. *Fundamentos Doutrinários de Umbanda*. São Paulo: Madras Editora, 2012.

_____. *Gênese Divina de Umbanda Sagrada*. São Paulo: Cristális, 1999.

_____. *Lendas da Criação: A Saga dos Orixás*. São Paulo: Madras Editora, 2005.

_____. *O Cavaleiro do Arco-Íris: O Livro dos Mistérios*. São Paulo: Madras Editora, 2009.

_____. *O Domínio dos Sentidos da Vida: A Preparação de Sócrates*. São Paulo: Madras Editora, 2010.

_____. *O Guardião do Fogo Divino*. São Paulo: Cristális, 1999.

_____. *O Livro de Exu: O Mistério Revelado*. São Paulo: Cristális, 2001.

_____. *Orixás Ancestrais: A Hereditariedade Divina dos Seres*. São Paulo: Madras Editora, 2001.

_____. *Orixá Exu: Fundamentação do Mistério Exu na Umbanda*. São Paulo: Madras Editora, 2008.

_____. *Orixá Exu-Mirim*. São Paulo: Madras Editora, 2008.

_____. *Orixá Pombagira: Fundamentação do Mistério na Umbanda*. São Paulo: Madras Editora, 2008.

_____. *Os Arquétipos da Umbanda: As Hierarquias Espirituais dos Orixás*. São Paulo: Madras Editora, 2007.

_____. *O Livro da Criação: O Estudo de Olorum e dos Orixás*. São Paulo: Madras Editora, 2014.

_____. *Livro das Energias e da Criação*. São Paulo: Madras Editora, 2010.

_____. *Orixás: Teogonia de Umbanda*. São Paulo: Madras Editora, 2002.

_____. *Os Guardiões da Lei Divina: A Jornada de um Mago*. São Paulo: Madras Editora, 2000.

_____. *Rituais Umbandistas: Oferendas, Firmezas e Assentamentos*. São Paulo: Madras Editora, 2007

_____. *Formulário de Consagrações Umbandistas: Livro de Fundamentos*. São Paulo: Madras Editora, 2005.

_____. *Tratado Geral de Umbanda*. São Paulo: Madras Editora, 2005.

VIEIRA, Lurdes de Campos (coord.). *Manual Doutrinário, Ritualístico e Comportamental Umbandista*. São Paulo: Madras Editora, 2005.

_____. *Oxumarê: O Arco-Íris Sagrado*. São Paulo: Madras Editora, 2006.

_____. *Sermões de um Mestre Pena Branca* (psicografia). São Paulo: Madras Editora, 2011.

MADRAS®
Editora

Para mais informações sobre a Madras Editora,
sua história no mercado editorial
e seu catálogo de títulos publicados:

Entre e cadastre-se no site:

www.madras.com.br

Para mensagens, parcerias, sugestões e dúvidas, mande-nos um e-mail:

marketing@madras.com.br

SAIBA MAIS

Saiba mais sobre nossos lançamentos,
autores e eventos seguindo-nos no facebook e twitter:

@madrased

/madraseditora